KB056929

똑똑한 독해

똑똑
중학 국어
어휘

2
실력편

STAFF

발행인 김형중

퍼블리싱 총괄 남형주

기획·개발 홍경아 박연숙 김성준 육인선 권혜은

디자인 김정인 강윤정 | **마케팅** 윤경선

제작 박종택 | **유통** 서준성

똑똑 중학 국어 어휘 2 실력편   202111 제1판 1쇄

펴낸곳   이투스교육(주) 서울시 서초구 남부순환로 2547

전화   1599-3225

등록번호 제2007-000035호

ISBN   979-11-389-0140-6

똑독 중학 국어 어휘 2 실력편은

독해력과 **표현력**, 국어 학습의 기본이 되는
어휘력 향상 훈련서입니다.

『똑독 중학 국어 어휘 2 실력편』으로 중학교 주요 교과목의 필수 어휘를 학습할 수 있습니다.

중학교 주요 교과서에 자주 등장하는 필수 어휘들을 일차별 프로그램에 따라 학습할 수 있는 도서입니다. 꾸준한 교과서 어휘 학습으로 중학교 교과 수업에 대한 이해력을 높일 수 있습니다.

『똑독 중학 국어 어휘 2 실력편』으로 수능 독해의 기본이 되는 영역별 필수 어휘를 학습할 수 있습니다.

수능 독해의 근간이 되는 주요 어휘들을 주제별로 학습할 수 있는 도서입니다. 수능 지문으로 출제될 수 있는 주제별 빈출 어휘들을 학습함으로써 수능 독해에 대한 자신을 기를 수 있습니다.

『똑독 중학 국어 어휘 2 실력편』으로 문학 작품 감상에 필요한 필수 어휘를 학습할 수 있습니다.

문학 작품에 등장하는 고유어와 한자어, 생소한 표현들을 집중해 학습할 수 있는 도서입니다. 문학 작품에 자주 쓰이는 어휘들을 학습함으로써 작품에 대한 이해를 높이고 일상생활에서 활용 가능한 풍부한 표현력을 기를 수 있습니다.

『똑독 중학 국어 어휘 2 실력편』으로 국어 실력을 다질 수 있는 개념어를 학습할 수 있습니다.

중학 국어 교과 과정에서 익혀야 할 국어 개념 어휘들을 학습할 수 있는 도서입니다. 국어 공부에 필요한 기초 개념들을 상세하고 친절한 예시와 함께 학습함으로써 국어 실력을 쌓는 것은 물론 국어 내신 시험에 대비할 수 있습니다.

이 책의 구성과 특징

필수 어휘와 국어 개념어를 완벽하게 익힐 수 있는
똑똑 중학 국어 어휘력

일차별·주제별로 중학교 필수 어휘 익히기

필수 어휘와 개념어 학습

중학교 주요 교과서에 등장하는 필수 어휘와 국어 교과의 개념어를 주제별로 일차에 따라 학습할 수 있도록 구성하였습니다.

어휘의 알맞은 쓰임 확인

각 어휘에는 명확한 뜻풀이와 함께 어휘의 알맞은 쓰임을 확인할 수 있는 문제를 덧붙여 학습 어휘에 대한 이해를 높이고자 하였습니다.

헷갈리기 쉬운 어휘 설명

일차별 학습 어휘 중 헷갈리기 쉬운 어휘들을 구분해 사용할 수 있도록 어휘에 대한 친절한 풀이를 달아 두었습니다.

다양한 유형의 문제로 어휘력 다지기

어휘 확인하기

'어휘 익히기'에서 학습한 모든 어휘를 다양하고 재미있는 문제 풀이를 통해 확인할 수 있도록 하였습니다.

풍부한 예문 활용

문제에 다양한 예문들을 활용하여 문제를 풀면서 어휘가 쓰이는 양상을 자연스럽게 학습할 수 있도록 하였습니다.

종합 문제로 어휘력 점검하기

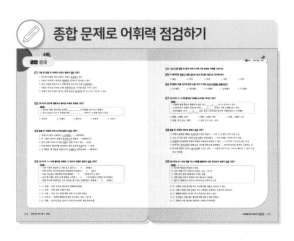

주차별 종합 문제

한 주의 마지막 학습으로 단원 내 주요 어휘들을 종합적으로 점검할 수 있도록 하였습니다. 주로 내신형 문제와 같은 오지선다 문제들로 구성하여 학습 어휘에 대한 종합적인 이해와 점검을 할 수 있도록 하였습니다.

재미있는 연상 퀴즈로 속담 학습하기

≫ 속담 연상 퀴즈

중학생이 꼭 알아야 할 속담들을 연상되는 그림을 통해 완성하고, 그 뜻을 숙지할 수 있도록 하였습니다.

테스트 문제로 어휘력 평가하기

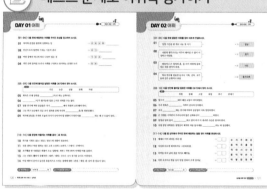

≫ 일차별 어휘 TEST

일차별로 학습한 어휘를 쪽지 시험과 같은 형태로 테스트하고, 앞에서 익힌 어휘의 이해 정도를 확인할 수 있도록 하였습니다.

정답과 해설

≫ 친절하고 상세한 문제 해설

친절하고 상세한 해설을 통해 문제와 어휘의 의미에 대해 더욱 쉽고 명확하게 이해할 수 있도록 하였습니다.

이 책의 차례와 학습 계획표

I

독해력을 위한
주제 어휘

DAY 01

철학·윤리와 관련된 말

*Q1~Q7에서 괄호 안의 알맞은 표현을 골라 보세요. 채점 후, 틀린 어휘는 ☐에 표시해 두세요.

☐ **01 가설**
거짓 假 / 말씀 說

연구에서 어떤 내용을 설명하려고 예상한 것으로 아직 증명되지 않은 가정◆
예 그는 자신의 <u>가설</u>을 발표한 후 아직 증명된 것은 아니라고 덧붙였다.

◆ **가정** 사실이 아니거나 또는 사실인지 아닌지 분명하지 않은 것을 임시로 인정함.

☐ **02 논증**
논의할 論 / 증거 證

옳고 그름을 이유를 들어 밝힘. 또는 그 근거나 이유
예 학문에서는 <u>논증</u>이 불가능한 현상을 근거로 내세우지 않는다.

○ **Q1 알맞은 단어는?**

그는 (◨가설 / ◧논증)을 세운 후 몇 가지 실험과 관찰을 통해 과학적으로 (◨가설 / ◧논증)하였다. 관찰이나 실험을 통해 증명되었으므로 그가 세운 (◨가설 / ◧논증)은 적용될 수 있는 범위 안에서 타당한 진리가 된다.

☐ **03 관념**
볼 觀 / 생각할 念

어떤 일에 대한 견해나 생각
예 시간 <u>관념</u>이 철저하면 약속을 잘 지킨다.

☐ **04 인권**
사람 人 / 권세 權

인간으로서 당연히 가지는 기본적 권리
예 개인의 <u>인권</u>이 무시되는 사회는 더 이상 발전이 없는 사회이다.

○ **Q2 알맞은 단어는?**

남녀의 차이나 역할에 대한 고정 (◨관념 / ◧인권)을 버려야 한다. 사람을 능력으로 판단하고 누구에게나 똑같은 기회를 주는 것이 (◨관념 / ◧인권)이 보장되는 사회로 나아가는 길이기 때문이다.

☐ **05 성찰**
살필 省 / 살필 察

자기의 마음을 반성하고 살핌.
예 인간은 자신의 행위를 <u>성찰</u>하고 그 안에서 잘못을 깊이 뉘우친다.

☐ **06 직면**
곧을 直 / 낯 面

어떠한 일이나 사물을 직접 당하거나 접함.
예 인류는 전염병의 대유행으로 위기에 <u>직면</u>해 있다.

○ **Q3 알맞은 단어는?**

오늘날 지구에서 살아가는 동식물은 환경 오염으로 생존을 위협당하는 상황에 (◨성찰 / ◧직면)해 있다. 편리함과 물질적 풍요만을 추구하여 환경을 파괴하는 삶의 방식을 (◨성찰 / ◧직면)하고, 환경친화적인 삶을 살도록 노력해야 한다.

☐ **07 개별적**
낱 個 / 다를 別 / 과녁 的

여럿 중에서 하나씩 따로 나뉘어 있는. 또는 그런 것
예 문화재는 하나하나마다 <u>개별적</u> 가치를 지닌다.

☐ **08 보편적**
널리 普 / 두루 遍 / 과녁 的

모든 것에 두루 미치거나 통하는. 또는 그런 것
예 기후의 급격한 변화는 전 세계적으로 점점 <u>보편적</u>인 현상이 되고 있다.

○ **Q4 알맞은 단어는?**

인간은 생김새나 성격, 취향 등이 각기 다른 (◨개별적 / ◧보편적)인 존재이지만 인간의 존엄성, 자유, 평등과 같이 시대와 장소를 초월하는 (◨개별적 / ◧보편적) 가치를 존중한다.

09 대체
대신할 代 / 바꿀 替

다른 것으로 대신함.
⑩ 월요일이지만 대체 공휴일이라 학교에 가지 않는다.

10 발상 ☆
필 發 / 생각 想

어떤 생각을 해 냄. 또는 그 생각
⑩ 사람도 자원이 될 수 있다니 그것 참 놀라운 발상이군!

Q5 알맞은 단어는?

자원이라고 하면 흔히 천연 자원을 떠올리기 쉬운데, (㉮대체 / ㉯발상)의 전환을 통해 자원의 폭을 넓힐 필요가 있다. 종교, 관습, 전통 등과 같은 문화도 자원이 될 수 있고, 사람도 자원이 될 수 있다. 새로운 자원을 찾아 부족한 천연 자원을 (㉮대체 / ㉯발상)함으로써 국가 경쟁력을 높일 수 있을 것이다.

11 정의
바를 正 / 옳을 義

개인 간의 올바른 도리. 또는 사회를 구성하고 유지하는 공정◆한 도리
⑩ 민주 사회의 과제 중의 하나는 경제적 정의를 실현하는 것이다.

◆**공정** 공평하고 올바름.

12 차원
버금 次 / 으뜸 元

사물을 보거나 생각하는 처지. 또는 어떤 생각이나 의견 따위를 이루는 사상이나 학식의 수준
⑩ 이것은 인도적 차원에서 해결할 문제이다.

Q6 알맞은 단어는?

노력에 따라 정당한 대가를 받는 사회적 (㉮정의 / ㉯차원)이/가 이루어지려면 국가적 (㉮정의 / ㉯차원)에서 공평한 규칙과 제도를 마련해야 한다.

13 전제
앞 前 / 끌 提

① 어떠한 사물이나 현상을 이루기 위하여 먼저 내세우는 것
⑩ 헌법에서는 모든 인간은 평등하다고 전제한다.

② 추리◆를 할 때, 결론의 기초가 되는 판단

◆**추리** 어떠한 판단을 근거로 삼아 다른 판단을 이끌어 냄.
◆**자아** 자기 자신에 대한 인식이나 생각
◆**본질** 본래 가지고 있는 사물의 성질이나 모습

14 자아실현
스스로 自 / 나 我 / 열매 實 / 나타날 現

자아◆의 본질◆을 완전히 실현하는 일
⑩ 자아실현이란 하고 싶은 일을 했을 때 성취감을 맛보는 것이다.

Q7 알맞은 단어는?

타고난 소질과 재능을 발휘하여 (㉮전제 / ㉯자아실현)을/를 이루기 위해서는 몇 가지 (㉮전제 / ㉯자아실현) 조건이 있다. 그중 첫 번째가 육체와 정신의 건강이다.

> '**발상**'이 단순히 어떤 생각을 떠올리는 행위를 의미한다면, '**착상**'은 어떤 생각의 시작점 또는 계기의 의미를 담고 있어요.

☆ 헷갈리기 쉬운 어휘

발상 필 發 / 생각 想
어떤 생각을 해 냄. 또는 그 생각
⑩ 교육을 하는 데 체벌이 필요하다는 것은 케케묵은 발상이다.

VS

착상 나타날 着 / 생각 想
어떤 일이나 창작의 실마리가 되는 생각이나 구상 따위를 잡음. 또는 그 생각이나 구상
⑩ 이 작품은 예술이 반드시 모든 사람에게 감동을 줄 필요는 없다는 착상에서 비롯되었다.

어휘 확인하기

＊'어휘 익히기'에서 ◻에 표시된 어휘를 다시 한번 학습한 후, 다음 문제를 풀어 보세요!

[01-03] 주어진 초성과 뜻에 알맞은 어휘를 빈칸에 넣어 문장을 완성하시오.

01 ㅅ ㅊ : 자기의 마음을 반성하고 살핌.

→ 깨달음을 얻는 일은 오랜 _____을 통해서만 가능하다.

02 ㅈ ㅁ : 어떠한 일이나 사물을 직접 당하거나 접함.

→ 우리 사회는 정치 · 경제적으로 많은 어려움에 _____해 있다.

03 ㅈ ㅈ : 어떠한 사물이나 현상을 이루기 위하여 먼저 내세우는 것

→ 약속은 당사자들끼리 지킬 것을 _____로 성립한다.

[04-06] 〈보기〉의 글자 카드를 조합하여 문장의 빈칸에 들어갈 알맞은 어휘를 쓰시오.

> 보기
>
> 권　　논　　의　　정　　증　　인

04 그의 인간에 대한 사랑은 _____ 운동으로 나타나고 있다.

　　　　인간으로서 당연히 가지는 기본적 권리

05 우리는 옳고 그름을 따져 _____를 실천하려고 노력해야 한다.

　　　　개인 간의 올바른 도리. 또는 사회를 구성하고 유지하는 공정한 도리

06 충분한 _____을 거치지 않은 연구는 진정한 학문으로 인정받기 어렵다.

　　　　옳고 그름을 이유를 들어 밝힘.

[07-09] 다음 문장에 어울리는 어휘를 골라 ○표 하시오.

07 인류는 석유를 (대체 / 대표)할 연료 개발에 힘을 쏟고 있다.

08 나는 병을 앓고 난 후부터 건강이 제일이라는 (관념 / 이념)이 뚜렷해졌다.

09 우리 제과점은 각 고객들의 요구 사항에 맞게 (개별적 / 일반적)으로 케이크를 만들어 판매합니다.

[10-13] 밑줄 친 어휘의 뜻으로 적절한 것을 찾아 ○표 하시오.

10 학자들은 독서가 <u>자아</u> 형성에 큰 도움을 준다고 주장했다.

→ (자기 자신에 대한 인식이나 생각 / 지혜와 지식)

11 영화감독은 소설에서 <u>착상</u>을 얻어 이번 영화를 만들었다고 말했다.

→ (창작의 실마리가 되는 생각이나 구상 / 어떤 사물의 효과나 작용이 다른 것에 미치는 일)

12 공룡이 멸종한 것은 소행성 충돌 때문이라는 <u>가설</u>이 널리 알려져 있다.

→ (거짓으로 판명된 가정 / 아직 증명되지 않은 가정)

13 도덕적 문제의 원인을 사회 제도나 정책과 같은 사회적 <u>차원</u>에서도 찾아보아야 한다.

→ (담당하고 있는 지위나 역할 / 사물을 보거나 생각하는 처지)

[14-17] 다음 말 상자에서 주어진 뜻에 해당하는 어휘를 찾아 쓰시오.

14 공평하고 올바름. → ☐☐

15 어떤 생각을 해 냄. → ☐☐

16 자아의 본질을 완전히 실현하는 일 → ☐☐☐☐

17 사실이 아니거나 또는 사실인지 아닌지 분명하지 않은 것을 임시로 인정함. → ☐☐

인	착	개	체	가
직	자	세	전	정
발	수	아	적	공
상	성	찰	실	정
별	가	편	면	현

[18-20] 다음 대화를 읽고 밑줄 친 어휘의 뜻을 찾아 바르게 연결하시오.

> 미정: 여행을 다니면서 사람들이 사는 모습을 살펴보았어. 문화와 풍속에 따라 사는 모습은 서로 달랐지만, 가족과 이웃을 사랑하며 더불어 사는 것이 삶의 <u>본질</u>이 아닐까 하는 생각이 들었지.
> 현우: 결국 사람들이 추구하는 <u>보편적</u> 가치가 가족과 이웃에 대한 '사랑'이라는 거구나?
> 미정: 오, 그렇게 <u>추리</u>해도 되겠군.

18 본질 •

                 • ㉠ 모든 것에 두루 미치거나 통하는

19 보편적 •

                 • ㉡ 본래 가지고 있는 사물의 성질이나 모습

20 추리 •

                 • ㉢ 어떠한 판단을 근거로 삼아 다른 판단을 이끌어 냄.

DAY 02
어휘 익히기

역사와 관련된 말

*Q1~Q7에서 괄호 안의 알맞은 표현을 골라 보세요. 채점 후, 틀린 어휘는 ☐에 표시해 두세요.

☐ **01 역대**
지낼 歷 / 대신할 代

대대로 이어 내려온 여러 대. 또는 그동안
예 우리나라는 이번 올림픽에서 역대 최고의 성적을 거두었다.

☐ **02 반세기**
반 半 / 세대 世 / 벼리 紀

한 세기의 절반인 50년
예 반세기 동안 떨어져 있던 이산가족이 만났다.

○ **Q1 알맞은 단어는?**
조선 시대 (■역대 / ■반세기) 왕 중 가장 오랫동안 임금의 자리에 있었던 왕은 21대 영조이다. 1724년에 형인 경종의 뒤를 이어 임금이 된 영조는 1776년까지 약 (■역대 / ■반세기) 동안 왕좌를 지켰다.

☐ **03 전기**
앞 前 / 기약할 期

일정 기간을 몇 개로 나눈 첫 시기
예 프로 야구 전기 리그가 오늘부터 시작된다.

☐ **04 후기**
뒤 後 / 기약할 期

일정 기간을 둘이나 셋으로 나누었을 때의 맨 뒤 기간
예 이 소설은 조선 후기를 배경으로 한 작품이다.

○ **Q2 알맞은 단어는?**
조선 시대는 임진왜란과 병자호란을 겪으면서 사회적으로 여러 가지 변화가 일어났다. 문학을 창작하고 즐기는 계층도 조선 (■전기 / ■후기)에는 양반이 중심이었지만, (■전기 / ■후기)에 들어서는 평민이나 여성으로 확대되었다.

☐ **05 발굴**✩
필 發 / 팔 掘

❶ 땅속이나 큰 덩치의 흙, 돌 더미 따위에 묻혀 있는 것을 찾아서 파냄.
예 유적지 발굴을 위해 많은 준비를 하였다.

❷ 세상에 널리 알려지지 않거나 뛰어난 것을 찾아 밝혀냄.

☐ **06 복원**
돌아올 復 / 으뜸 元

원래대로 회복함.
예 이 궁궐은 원래의 모습대로 복원이 되었다.

○ **Q3 알맞은 단어는?**
천마총은 신라 시대의 고분이다. 1973년에 (■발굴 / ■복원)된 이 고분에서는 신라 금관, 천마도 등 만여 점의 유물이 나왔다. 경주시에 위치해 있으며 무덤 내부를 (■발굴 / ■복원)하여 유물들을 전시하고 있다.

☐ **07 번창**
번성할 繁 / 창성할 昌

어떤 조직이나 활동 등이 한창 잘되어 크게 일어남.
예 사장님은 사업의 번창을 기원하며 회사 입구에 나무를 심었다.

☐ **08 소멸**
꺼질 消 / 멸망할 滅

사라져 없어짐.
예 산불이 나서 숲의 대부분이 소멸되었다.

○ **Q4 알맞은 단어는?**
이탈리아 남동부에 자리 잡고 있던 폼페이는 로마 시대에 가장 (■번창 / ■소멸)한 도시 중의 하나였다. 아름답고 규모가 컸던 이 도시는 79년 8월 베수비오 화산의 대폭발로 2~3m 두께의 용암 조각과 화산재에 묻혀 (■번창 / ■소멸)하고 말았다.

정답 Q : 1 ㄱ, ㄴ 2 ㄱ, ㄴ 3 ㄱ, ㄴ 4 ㄱ, ㄴ

09 왜곡
비뚤 歪 / 굽을 曲

사실과 다르게 해석하거나 그릇되게◆ 함.
예 언론은 있는 사실을 <u>왜곡</u>하여 보도해서는 안 된다.

◆**그릇되다** 어떤 일이 사리에 맞지 아니하다.

10 사료
역사 史 / 헤아릴 料

역사 연구에 필요한 문서나 기록, 건축, 조각 등과 같은 문헌◆이나 유물
예 공사 현장에서 고려 시대의 유물로 보이는 <u>사료</u>가 발견되었다.

◆**문헌** 옛날의 제도나 문물을 아는 데 증거가 되는 자료나 기록

Q5 알맞은 단어는?

독도는 삼국 시대 이래로 우리나라의 영토이다. 『삼국사기』나 「대한전도」 등 여러 (ᵃ**왜곡** / ᵇ**사료**)에 독도가 우리 땅임이 분명히 드러나 있다. 그러나 일본은 독도가 일본 땅이라 주장하고 그 내용을 일본 교과서에 싣는 등 역사 (ᵃ**왜곡** / ᵇ**사료**)을/를 일삼고 있다.

11 봉쇄
봉할 封 / 쇠사슬 鎖

굳게 막아 버리거나 잠금.
예 적군은 성을 함락하지 못하자 <u>봉쇄</u> 전략을 썼다.

12 유입
흐를 流 / 들 入

❶ 문화, 지식, 사상 따위가 들어옴.
예 전통문화와 외국에서 <u>유입</u>된 문화가 만나 새로운 문화가 탄생했다.

❷ 사람이 어떤 곳으로 모여듦.
예 그 도시는 외부로부터 인구 <u>유입</u>이 늘어나고 있다.

Q6 알맞은 단어는?

아프리카와 중동 지역의 난민들이 경제적으로 부유하고 치안이 좋은 서유럽으로 계속 (ᵃ**봉쇄** / ᵇ**유입**)되고 있다. 쏟아져 들어오는 난민들 때문에 일부 유럽 국가들은 국경 (ᵃ**봉쇄** / ᵇ**유입**)도 고려할 정도로 어려움을 겪고 있다.

13 약탈
노략질할 掠 / 빼앗을 奪

폭력을 써서 남의 것을 억지로 빼앗음.
예 권력을 이용하여 자신의 이익을 얻는 것은 <u>약탈</u>이나 다름없다.

14 불가사의
아닐 不 / 옳을 可 / 생각 思 / 의논할 議

사람의 생각으로는 미루어 헤아릴 수 없이 이상하고 야릇함◆.
예 이집트의 피라미드는 세계 7대 <u>불가사의</u>의 하나이다.

◆**야릇하다** 무엇이라 표현할 수 없이 묘하고 이상하다.

Q7 알맞은 단어는?

이집트의 기자 지역에 있는 대피라미드는 크기가 거대하여 세계 7대 (ᵃ**약탈** / ᵇ**불가사의**)로 꼽힌다. 대피라미드를 완성한 뒤 입구를 막아 도굴꾼의 (ᵃ**약탈** / ᵇ**불가사의**)을/를 방지했지만 도굴꾼들은 20톤이나 되는 돌덩이를 헤치고 피라미드 허리에 구멍을 뚫어 내부까지 침입하였다.

> '**발굴**'은 땅에 묻혀 있는 물건을 '파내는' 행위에 중점을 둔 말이고, '**출토**'는 땅에 묻혀 있는 물건이 밖으로 '나오는' 상황에 중점을 둔 말이에요.

☆ 헷갈리기 쉬운 어휘

발굴 필 發 / 팔 掘
❶ 땅속이나 큰 덩치의 흙, 돌 더미 따위에 묻혀 있는 것을 찾아서 파냄.
예 문화재 발굴 작업은 오랜 기간에 걸쳐 진행되었다.
❷ 세상에 널리 알려지지 않거나 뛰어난 것을 찾아 밝혀냄.

VS

출토 날 出 / 흙 土
땅속에 묻혀 있던 물건이 밖으로 나옴. 또는 그것을 파냄.
예 진시황의 무덤에서 수많은 진흙상이 <u>출토</u>되었다.

어휘 확인하기

* '어휘 익히기'에서 ☐에 표시된 어휘를 다시 한번 학습한 후, 다음 문제를 풀어 보세요!

[01 - 03] 밑줄 친 어휘의 알맞은 뜻을 찾아 번호를 쓰시오.

01 조선 시대 전기에는 양반층보다 천민층이 많았다.　　　　　　　　（　　　）
　　① 한 사람의 일생을 기록한 글
　　② 일정한 기간을 몇 개로 나눈 첫 시기

02 서양 문화가 유입되면서 한국인들의 사고방식이 많이 바뀌었다.　　（　　　）
　　① 꾀어 들임.
　　② 문화, 지식, 사상 따위가 들어옴.

03 세계 곳곳에는 현대 과학으로도 밝히지 못하는 신비한 불가사의들이 있다.　（　　　）
　　① 이제까지 들어 본 적이 없음.
　　② 사람의 생각으로는 미루어 헤아릴 수 없이 이상하고 야릇함.

[04 - 06] 빈칸에 공통으로 들어갈 어휘를 〈보기〉에서 찾아 쓰시오.

보기
번창　　　약탈　　　왜곡

04 가세가 (　　　)하다. / 사업이 (　　　)하다.　　　　→ _____

05 역사를 (　　　)하다. / 진실을 (　　　)하다.　　　　→ _____

06 음식을 (　　　)하다. / 재물을 (　　　)하다.　　　　→ _____

07 다음 중 밑줄 친 어휘의 쓰임이 적절하지 **않은** 것은?
　　① 새로운 소재의 발굴이 창작의 원천이다.
　　② 조선 시대 후기에는 상공업이 발달하였다.
　　③ 세종 대왕은 우리나라 역대 최고의 왕이다.
　　④ 작가는 새로운 문헌을 끊임없이 생각해서 창작한다.
　　⑤ 이번 발굴 작업에서 새로운 사료가 많이 발견되었다.

[08-11] 다음 문장에 어울리는 어휘를 골라 ○표 하시오.

08 학자들은 손상된 그림을 원형 그대로 (복원 / 복귀)하기 위해 애썼다.

09 오래된 시골집을 수리하던 중 조선 시대 그릇들이 (출품 / 출토)되었다.

10 정부는 전염병 확산을 막기 위해 도시 (봉합 / 봉쇄)(이)라는 결정을 내렸다.

11 강한 바람과 큰 비를 몰고 온 태풍은 많은 피해를 일으키고 (파멸 / 소멸)하였다.

[12-15] 다음 말 상자에서 주어진 뜻에 해당하는 어휘를 찾아 쓰시오.

12 한 세기의 절반인 50년 → ☐☐☐

13 일정 기간을 둘이나 셋으로 나누었을 때의 맨 뒤 기간
→ ☐☐

사	문	쇄	후	야
자	리	기	산	릇
화	반	하	케	하
문	원	세	번	다
헌	다	진	기	창

14 무엇이라 표현할 수 없이 묘하고 이상하다.
→ ☐☐☐☐

15 옛날의 제도나 문물을 아는 데 증거가 되는 자료나 기록
→ ☐☐

16 〈보기〉의 빈칸에 공통으로 들어갈 어휘로 가장 알맞은 것은?

> **보기**
> 　말포이는 승부욕이 강해서 이길 수만 있다면 _____ 방법이라도 서슴없이 실행하였다. 말포이의 이런 성격을 잘 알고 계신 선생님께서는 말포이가 _____ 길로 빠지지 않도록 엄하게 타이르셨다.

① 옳은　　　　　② 고단한　　　　　③ 험난한
④ 그릇된　　　　　⑤ 진실된

DAY 03

어휘 익히기

사회와 관련된 말

*Q1~Q7에서 괄호 안의 알맞은 표현을 골라 보세요. 채점 후, 틀린 어휘는 ☐에 표시해 두세요.

☐ **01 규제**
법 規 / 억제할 制

규칙이나 규정에 의하여 일정한 한도◆를 정하거나 정한 한도를 넘지 못하게 막음.
예 부동산 규제가 풀리면 집값이 더 오를 것이다.

◆ 한도 그 이상을 넘지 않도록 정해진 정도

☐ **02 분쟁**
어지러울 紛 / 다툴 爭

말썽을 일으키어 시끄럽고 복잡하게 다툼.
예 국제 분쟁을 평화적으로 해결하도록 노력해야 한다.

○ **Q1 알맞은 단어는?**
아파트 등의 공동 주택에서 층간 소음으로 이웃 간 (¹규제 / ²분쟁)이/가 자주 발생한다. 이웃 간의 다툼을 넘어 심각한 사회 문제로 자리 잡은 층간 소음 문제를 해결하기 위해 정부는 그동안 층간 소음 (¹규제 / ²분쟁)을/를 꾸준히 강화해 왔다.

☐ **03 유례** ☆
무리 類 / 법식 例

❶ 같거나 비슷한 예
예 가수의 인기가 이렇게 높은 것은 세상에서 유례를 찾기 힘들다.
❷ 이전부터 있었던 사례
예 역사상 유례가 없는 사건이다.

☐ **04 여파**
남을 餘 / 물결 波

❶ 큰 물결이 지나간 뒤에 일어나는 잔물결
❷ 어떤 일이 끝난 뒤에 남아 미치는 영향
예 경제 대공황의 여파로 많은 실업자가 발생하였다.

○ **Q2 알맞은 단어는?**
호주에서는 수년간 이어진 가뭄에 전 세계적으로 (¹유례 / ²여파)가 없는 산불이 발생해 삼림의 20% 이상이 불탄 것으로 알려졌다. 기후학자들은 이 같은 재난이 기온 상승에 어떤 (¹유례 / ²여파)를 미쳤는지 살펴보고 있다.

☐ **05 고령화**
높을 高 / 나이 齡 / 될 化

한 사회에서 노인의 인구 비율이 높은 상태로 나타나는 일
예 농어촌 사회는 고령화 현상이 가속화되고 있다.

☐ **06 저출산**
낮을 低 / 날 出 / 낳을 産

아이를 적게 낳음.
예 정부는 저출산 문제를 해결하기 위한 정책들을 제시하였다.

○ **Q3 알맞은 단어는?**
의학의 발달과 생활 수준의 향상으로 평균 수명이 늘어나면서 (¹고령화 / ²저출산) 현상이 심화되고 있다. 또한 여성의 사회 참여가 증가하고 결혼이나 출산에 대한 가치관이 변화하면서 (¹고령화 / ²저출산) 문제도 심각한 수준에 이르렀다.

☐ **07 방침**
모 方 / 바늘 針

앞으로 일을 치러 나갈 방향과 계획
예 일정을 새로 짜자는 의견이 많지만 기존 방침대로 진행할 계획이다.

☐ **08 투기**
던질 投 / 버릴 棄

내던져 버림.
예 쓰레기 불법 투기로 인해 동네 주민 간에 싸움이 벌어졌다.

○ **Q4 알맞은 단어는?**
○○아파트는 폐기물 무단 (¹방침 / ²투기)(으)로 골머리를 앓고 있다. 관리 사무소는 경고문을 통해 CCTV를 이용해 폐기물을 버리고 간 사람을 찾아내서 책임을 물을 (¹방침 / ²투기)(이)라고 밝혔다.

정답 Q : 1 ㄴ, ㄱ 2 ㄱ, ㄴ 3 ㄱ, ㄴ 4 ㄴ, ㄱ

☐ ⁰⁹ **익명성**

숨길 匿 / 이름 名 / 성
품 性

어떤 행위를 한 사람이 누구인지 드러나지 않는 특성

예 인터넷의 익명성 뒤에 숨어서 악성 댓글을 다는 사람이 있다.

☐ ¹⁰ **유언비어**

흐를 流 / 말씀 言 / 바
퀴 蜚 / 말씀 語

아무 근거 없이 널리 퍼진 소문

예 사람들이 유언비어로 술렁거리기 시작했다.

☐ ¹¹ **자초지종**

스스로 自 / 처음 初 /
이를 至 / 마칠 終

처음부터 끝까지의 과정

예 그 사람은 이번 사건의 자초지종을 꿰뚫고 있다.

○ **Q5 알맞은 단어는?** 선거철에는 종종 후보자에 대한 (ᵃ익명성 / ᵇ유언비어 / ᶜ자초지종)이/가 떠돈다. 특히 (ᵃ익명성 / ᵇ유언비어 / ᶜ자초지종)을/를 특징으로 하는 사이버 공간에서는 (ᵃ익명성 / ᵇ유언비어 / ᶜ자초지종)이/가 쉽게 생겨나고 전파도 빠르다. 떠도는 말만 듣고 판단하기보다는 어떤 근거로 그런 소문이 생겼는지 (ᵃ익명성 / ᵇ유언비어 / ᶜ자초지종)을/를 알아보아야 한다.

☐ ¹² **동원하다**

움직일 動 / 인원 員

어떤 목적을 달성하고자 사람을 모으거나 수단과 방법을 집중하다.

예 해당 군청에서 수해 복구를 위해 인력을 동원하였다.

☐ ¹³ **호도하다**

풀칠할 糊 / 칠할 塗

명확하게 결말을 내지 않고 감추거나 흐지부지 덮어 버리다.

예 엉터리 논리를 내세워 사건의 본질을 호도하지 마라.

○ **Q6 알맞은 단어는?** 건설 업체를 운영하는 김 모씨는 재개발 현장에 용역 업체 직원들을 (ᵃ동원 / ᵇ호도)하여 강제 철거 작업을 진행하는 한편, 이곳에 터를 잡고 살고 있는 사람들이 터무니없는 보상금을 요구한다고 진실을 (ᵃ동원 / ᵇ호도)하였다.

☐ ¹⁴ **수반하다**

따를 隨 / 짝 伴

어떤 일과 더불어 생기다. 또는 그렇게 되게 하다.

예 힘든 일은 그만큼의 보람을 수반한다.

☐ ¹⁵ **열악하다**

못할 劣 / 악할 惡

품질이나 능력, 시설 따위가 매우 떨어지고 나쁘다.

예 아이들은 열악한 교육 환경 속에서도 열심히 공부했다.

○ **Q7 알맞은 단어는?** 강원도 지역의 몇몇 도로는 구불구불하고 도로 상태도 (ᵃ수반 / ᵇ열악)하다. 사고 위험이 높고 이동 시간도 오래 걸리므로 도로를 정비하자는 주장이 많다. 그러나 도로 공사는 환경 문제를 (ᵃ수반 / ᵇ열악)할 수 있으므로 여러 방면에서 검토할 필요가 있다.

> '유례'는 주로 없거나 적다는 뜻의 서술어와 함께 쓰여 '같거나 비슷한 예' 또는 '이전부터 있었던 사례'라는 뜻을 나타내는 말이고, '유래'는 '사물이나 일이 생기게 된 원인'을 뜻하는 말이에요.

☆ 헷갈리기 쉬운 어휘

유례 무리 類 / 법식 例
1 같거나 비슷한 예
2 이전부터 있었던 사례
예 그 영화에는 사상 유례 없는 제작비가 투입되었다.

VS

유래 말미암을 由 / 올 來
사물이나 일이 생겨남. 또는 그 사물이나 일이 생겨난 바
예 이 민속 행사는 어떻게 시작되었는지 유래를 찾기 어렵다.

어휘 확인하기

*'어휘 익히기'에서 □에 표시된 어휘를 다시 한번 학습한 후, 다음 문제를 풀어 보세요!

[01-03] 주어진 초성과 뜻에 알맞은 어휘를 빈칸에 넣어 문장을 완성하시오.

01 ㅂ ㅊ : 앞으로 일을 치러 나갈 방향과 계획

→ 교육부는 폭설로 교통이 마비되자 휴교한다는 _____을 세웠다.

02 ㅂ ㅈ : 말썽을 일으키어 시끄럽고 복잡하게 다툼.

→ 정부는 국민의 안전을 위해 _____ 지역으로의 여행을 금지한다고 밝혔다.

03 ㅇ ㄹ : 같거나 비슷한 예

→ 명량 해전에서 이순신 장군은 13척의 배로 133척의 왜군과 맞서 _____가 없는 대승을 하였다.

[04-06] 다음 밑줄 친 어휘의 뜻을 〈보기〉에서 찾아 그 기호를 쓰시오.

> **보기**
> ㉠ 사물이나 일이 생겨남.
> ㉡ 처음부터 끝까지의 과정
> ㉢ 한 사회에서 노인의 인구 비율이 높은 상태로 나타나는 일

04 현대 사회의 문제점 중 하나는 <u>고령화</u> 현상이 심해진다는 것이다.　　　　　(　　　)

05 이 사찰의 <u>유래</u>와 역사를 알고자 한다면 안내문을 살펴볼 필요가 있다.　　　　(　　　)

06 할머니께서 어떻게 표창장을 받은 것인지 물어보셔서 <u>자초지종</u>을 말씀드렸다.　　(　　　)

[07-08] 밑줄 친 어휘의 뜻풀이에 알맞은 어휘를 찾아 ○표 하시오.

07 자유는 의무를 <u>수반한다</u>.

→ 어떤 일과 (더불어 / 따로) 생기다.

08 우리는 문제를 해결하기 위해 온갖 방법을 <u>동원해</u> 보았다.

→ 어떤 목적을 달성하고자 사람을 모으거나 수단과 방법을 (제시 / 집중)하다.

[09-11] 〈보기〉의 글자 카드를 조합하여 문장의 빈칸에 들어갈 알맞은 어휘를 쓰시오.

보기

| 규 | 산 | 여 | 저 | 제 | 출 | 파 |

09 코로나19의 _____로 관광업계에서 일하는 많은 사람들이 일자리를 잃었다.

어떤 일이 끝난 뒤에 남아 미치는 영향

10 아버지가 다녔던 초등학교는 _____의 영향으로 학생 수가 줄어들어 폐교되었다.

아이를 적게 낳음.

11 불법 다운로드에 대한 _____가 강화되어 영화나 음악을 무료로 감상할 수 없다.

규칙이나 규정에 의하여 일정한 한도를 정하거나 정한 한도를 넘지 못하게 막음.

[12-14] 다음 말 상자에서 주어진 뜻에 해당하는 어휘를 찾아 쓰시오.

12 그 이상을 넘지 않도록 정해진 정도   → ☐ ☐

13 어떤 행위를 한 사람이 누구인지 드러나지 않는 특성

→ ☐ ☐ ☐

유	착	개	체	익
래	호	세	례	명
발	수	도	적	성
상	한	도	하	정
유	언	비	어	다

14 명확하게 결말을 내지 않고 감추거나 흐지부지 덮어 버리다.

→ ☐ ☐ ☐ ☐

[15-17] 다음 밑줄 친 말과 바꿔 쓰기에 가장 알맞은 어휘를 고르시오.

15 사람들은 근거도 없이 널리 퍼진 소문을 듣고 허둥거리며 두려워했다.
① 가가호호 ② 유언비어 ③ 조삼모사 ④ 소탐대실 ⑤ 감언이설

16 그는 근무 시설이 매우 떨어지고 나빠 다른 곳으로 옮기려고 노력했다.
① 아늑하여 ② 평범하여 ③ 열악하여 ④ 특이하여 ⑤ 무난하여

17 앞으로는 쓰레기를 불법으로 내던져 버리다가 적발되면 20만 원 이하의 벌금을 물게 된다.
① 규제하다가 ② 보관하다가 ③ 보수하다가 ④ 폐기하다가 ⑤ 투기하다가

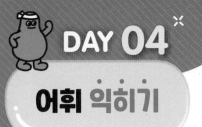

정치와 관련된 말

*Q1~Q7에서 괄호 안의 알맞은 표현을 골라 보세요. 채점 후, 틀린 어휘는 ☐에 표시해 두세요.

01 공약
공평할 公 / 맺을 約

정부, 정당, 입후보자◆ 등이 어떤 일에 대하여 국민에게 실행할 것을 약속함. 또는 그런 약속
예 그는 안전한 놀이터를 만들 것을 공약으로 내놓았다.

◆**입후보자** 선거에 후보자로 나선 사람

02 당선
마땅 當 / 가릴 選

선거에서 뽑힘.
예 이번에는 당선 가능성이 높은 후보를 내세웠다.

Q1 알맞은 단어는? (□공약 / □당선)은 후보자와 투표자 간의 약속이다. 따라서 선거에서 (□공약 / □당선)이 되면 정치인으로서 자기가 한 약속을 최선을 다해 지켜야 한다.

03 보수적
지킬 保 / 지킬 守 / 과녁 的

새로운 것이나 변화를 반대하고 전통적인 것을 옹호하며◆ 유지하려는. 또는 그런 것
예 그는 매우 보수적이어서 화려한 옷을 좋아하지 않았다.

◆**옹호하다** 편들고 도움을 주어 지키다.

04 진보적
나아갈 進 / 걸음 步 / 과녁 的

사회의 변화와 발전을 추구하는. 또는 그런 것
예 시대의 흐름에 진보적으로 대응하는 사람도 있다.

Q2 알맞은 단어는? 그는 옛것을 유지하려는 (□보수적 / □진보적)인 성향이었다. 반면 친구는 전통적 가치나 제도를 시대에 뒤떨어진 것이라 여기고 변화를 추구하는 (□보수적 / □진보적)인 성향이었으므로 자주 대립하였다.

05 수립☆
나무 樹 / 설 立

국가나 정부, 제도, 계획 따위를 이룩하여 세움.
예 국토 개발을 위한 계획을 수립하였다.

06 신임
믿을 信 / 맡길 任

믿고 일을 맡김. 또는 그 믿음
예 그는 번번이 약속을 어겨 동료의 신임을 잃었다.

Q3 알맞은 단어는? 이번 정부는 부동산 정책 (□수립 / □신임)에 힘을 쏟고 있다. 집값이 안정되어 서민들이 부담 없이 집을 구할 수 있게 되면 국민의 (□수립 / □신임)을 얻어 다음 선거에서도 유리한 위치를 차지하게 될 것이다.

07 강행하다
강할 强 / 다닐 行

❶ 어려운 점을 무릅쓰고 행하다.
예 비가 쏟아지는데 경기를 강행하였다.

❷ 강제로 시행하다◆.
예 고종은 많은 선비들의 반발에도 단발령을 강행하였다.

◆**시행하다** 실제로 행하다.

08 교섭하다
사귈 交 / 건널 涉

어떤 일을 이루기 위하여 서로 의논하고 절충하다◆.
예 이 문제에 관해 우리는 한 달 정도 기한을 달라고 회사와 교섭했다.

◆**절충하다** 서로 다른 사물이나 의견, 관점 등을 조절하여 서로 잘 어울리게 하다.

Q4 알맞은 단어는? 지역 주민들의 발이 묶였다. 일주일 전 시내버스 기사들이 임금 인상을 요구하며 회사와 (□강행 / □교섭)했지만 실패로 돌아갔다. 시내버스 기사들은 파업을 (□강행 / □교섭)했고 오늘부터 버스 운행이 멈춰 버린 것이다.

☐ 09 **적대**
대적할 敵 / 대할 對

적으로 대함. 또는 적과 같이 대함.
⑩ 그와 친구는 의견이 맞지 않자 즉시 <u>적대</u> 관계로 되돌아섰다.

☐ 10 **우호적**
벗 友 / 좋을 好 / 과녁 的

개인끼리나 나라끼리 서로 사이가 좋은. 또는 그런 것
⑩ 최근 두 나라의 관계는 눈에 띄게 <u>우호적</u> 분위기로 바뀌고 있다.

○ **Q5 알맞은 단어는?**

남한과 북한은 같은 언어와 문화를 가지고 있는 같은 민족이므로 (ㄱ적대 / ㄴ우호적) 관계에서 벗어나야 한다. 앞으로 남한과 북한이 협력해서 평화롭게 살아가고 (ㄱ적대 / ㄴ우호적) 관계가 되기 위해서는 계속 대화하고 노력해야 한다.

☐ 11 **우세**
넉넉할 優 / 기세 勢

상대편보다 힘이나 세력이 강함. 또는 그 힘이나 세력
⑩ 상대 팀보다는 우리 팀의 실력이 <u>우세</u>를 보이고 있다.

☐ 12 **출마**
날 出 / 말 馬

선거에 후보자로 나섬.
⑩ 그는 국회의원 선거에 <u>출마</u>를 결심했다.

○ **Q6 알맞은 단어는?**

여론 조사를 통해 대통령 선거 예비 후보자들을 지지하는 비율이 나왔다. 다른 후보자에 비해 지지율에서 (ㄱ우세 / ㄴ출마)를 보인 후보는 나라를 위해 몸을 던지는 것은 당연한 일이라며 (ㄱ우세 / ㄴ출마) 의사를 밝혔다.

☐ 13 **여당**
더불 與 / 무리 黨

현재 정권을 잡고 있는 정당◆
⑩ 국민은 <u>여당</u>이 야당과 힘을 모아 국가의 어려움을 해결하기 바란다.

☐ 14 **야당**
들 野 / 무리 黨

현재 정권을 잡고 있지 않은 정당
⑩ <u>야당</u>은 여론을 등에 업고 정부를 비판했다.

☐ 15 **정권**
정사 政 / 권세 權

정치를 맡아 행하는 권력
⑩ 국민을 무시한 <u>정권</u>이 오래가는 법은 없다.

◆ **정당** 정치적인 생각이나 주장이 같은 사람들이 정권을 잡고 정치적 이상을 실현하기 위하여 조직한 단체

○ **Q7 알맞은 단어는?**

여러 개의 정당 중에서 대통령을 배출한 정당이 (ㄱ여당 / ㄴ야당 / ㄷ정권)이 되고, 나머지 당은 모두 (ㄱ여당 / ㄴ야당 / ㄷ정권)이 된다. (ㄱ여당 / ㄴ야당 / ㄷ정권)은 대통령과 함께 자신들이 생각한 방향으로 정치하려고 노력한다. (ㄱ여당 / ㄴ야당 / ㄷ정권)은 정부의 정책을 감시하고, 다음 선거 때 대통령을 배출해 (ㄱ여당 / ㄴ야당 / ㄷ정권)을 잡으려고 노력한다.

'수립'은 주로 정부, 제도, 정책, 계획 등을 이룩하여 세운다는 뜻이고, '설립'은 시설이나 법인 등 기관이나 단체를 만든다는 뜻이에요.

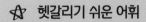 **헷갈리기 쉬운 어휘**

수립 나무 樹 / 설 立
국가나 정부, 제도, 계획 따위를 이룩하여 세움.
⑩ 일제 강점기에는 독립 국가 <u>수립</u>이 가장 큰 꿈이었다.

VS

설립 베풀 設 / 설 立
기관이나 조직체 따위를 만들어 일으킴.
⑩ 국제 연합의 <u>설립</u> 목적은 무엇인가?

어휘 확인하기

[01 - 03] 다음 밑줄 친 어휘의 뜻을 〈보기〉에서 찾아 그 기호를 쓰시오.

> 보기
> ㉠ 선거에서 뽑힘.
> ㉡ 정치를 맡아 행하는 권력
> ㉢ 정부, 정당, 입후보자 등이 어떤 일에 대하여 국민에게 실행할 것을 약속함.

01 입후보자들은 당선을 목표로 열심히 선거 운동을 했다. ( )

02 이번 대통령 선거에서 여당과 야당이 정권을 다투고 있다. ( )

03 대통령은 선거 때 내세운 공약들을 잘 지키려고 노력하였다. ( )

[04 - 07] 다음 밑줄 친 말을 〈보기〉의 어휘를 활용하여 문맥에 맞게 바꿔 쓰시오.

> 보기
>   교섭   신임   적대   야당

04 회사 대표는 총파업을 막기 위해 노조와 서로 의논하고 절충하였다. → _____

05 그는 우리와 의견이 맞지 않자 즉시 적으로 대하는 관계로 되돌아섰다. → _____

06 현재 정권을 잡고 있지 않은 정당들이 서로 합쳐 힘을 모으기로 하였다. → _____

07 그는 안전 의식이 철저했으므로 마을 사람들은 그를 믿고 일을 맡겼다. → _____

[08 - 10] 다음 문장에 어울리는 어휘를 골라 ○표 하시오.

08 대통령을 배출한 (여당 / 야당)은 지방 선거에서도 승리하였다.

09 신라는 백제와 고구려를 멸망시키고 통일 정부를 (수립 / 분립)하였다.

10 주민들은 폐기물 소각장 건설을 (강행 / 강화)한다는 방침에 반발하였다.

[11-14] 주어진 뜻풀이를 참고하여 십자말풀이를 완성하시오.

[가로 열쇠]

11 ① 상대편보다 힘이나 세력이 강함.

12 ② 사회의 변화와 발전을 추구하는. 또는 그런 것

[세로 열쇠]

13 ① 개인끼리나 나라끼리 서로 사이가 좋은. 또는 그런 것

14 ③ 새로운 것이나 변화를 반대하고 전통적인 것을 옹호하며 유지하려는. 또는 그런 것

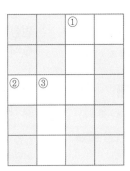

[15-17] 밑줄 친 어휘의 뜻으로 적절한 것을 찾아 ○표 하시오.

15 민주주의 이념을 <u>옹호하다가</u> 목숨을 잃은 청년들이 있다.

　→ (편들어 돕고 지키다가 / 실천하고 전하다가)

16 그는 주위에서 출마하라고 권유했지만 정치에는 뜻이 없었다.

　→ (정당에 입당하라고 / 선거에 후보자로 나서라고)

17 코로나19 감염을 예방하기 위해 재택근무를 <u>시행하는</u> 회사가 많아졌다.

　→ (실제로 행하는 / 요청하고 받아들이는)

18 〈보기〉의 ㉠~㉢에 들어갈 어휘를 순서대로 짝지은 것은?

> **보기**
>
> 　○○당은 환경 보호를 목적으로 (　㉠　)되었다. 이 (　㉡　)에서는 당 대표를 뽑는 선거를 하였는데, (　㉢　)들은 당원들의 지지를 얻기 위해 경쟁적으로 공약을 내놓았다.

① 설립, 당파, 지지자　　　　　　② 건축, 정당, 대표자

③ 수립, 조직, 대표자　　　　　　④ 건축, 조직, 입후보자

⑤ 설립, 정당, 입후보자

DAY 05

어휘 익히기

경제와 관련된 말

*Q1~Q7에서 괄호 안의 알맞은 표현을 골라 보세요. 채점 후, 틀린 어휘는 ☐에 표시해 두세요.

☐ **01 번영**
번성할 繁 / 영화 榮

번성◆하고 귀하게 되어 이름이 세상에 빛남.
예 이 도시는 관광 산업이 발달하면서부터 번영을 누렸다.

◆ **번성** 한창 성하게 일어나 퍼짐

☐ **02 증대**
더할 增 / 클 大

양이 많아지거나 규모가 커짐. 또는 양을 늘리거나 규모를 크게 함.
예 기계로 농사를 짓게 되면서 농가의 소득이 증대되었다.

○ **Q1 알맞은 단어는?**

산업 혁명은 유럽 전역이 경제적으로 (ㄱ번영 / ㄴ증대)을/를 누릴 수 있게 된 크나큰 사건이었다. 산업 혁명 이후로는 대량 생산이 가능해지면서 생산력이 크게 (ㄱ번영 / ㄴ증대)되었기 때문이다.

☐ **03 전략**
싸움 戰 / 간략할 略

① 전쟁을 전반적으로 이끌어 가는 방법이나 책략
예 우리 군은 뛰어난 전략으로 전투에서 승리했다.

② 정치, 경제 따위의 사회적 활동을 하는 데 필요한 책략◆
예 상품을 소비자에게 잘 알릴 수 있는 광고 전략을 생각해 보자.

◆ **책략** 어떤 일을 꾸미고 이루어 나가는 교묘한 방법

☐ **04 마케팅**
marketing

상품을 소비자에게 알리고 많이 판매하기 위하여 생산자가 펼치는 전반적인 활동
예 마케팅 효과 덕분인지 상품이 불티나게 팔려 나갔다.

○ **Q2 알맞은 단어는?**

회사는 상품을 많이 팔아 이익을 남기는 것을 목적으로 한다. 제품을 만든 후에 제품을 더 잘 판매하기 위한 (ㄱ전략 / ㄴ마케팅)을 세운다. 이렇게 상품을 판매하기 위한 모든 활동을 (ㄱ전략 / ㄴ마케팅)이라고 한다.

☐ **05 비중** ✿
견줄 比 / 무거울 重

다른 것과 비교할 때 차지하는 중요도
예 음주 운전으로 인한 교통사고의 비중이 갈수록 높아지고 있다.

☐ **06 추세**
달릴 趨 / 기세 勢

어떤 현상이 일정한 방향으로 나아가는 경향
예 건강식으로 식단을 짜는 것이 요즘의 추세이다.

○ **Q3 알맞은 단어는?**

결혼을 미루거나 결혼을 하더라도 자녀를 낳지 않으려는 사람들이 늘어나는 (ㄱ비중 / ㄴ추세)이/가 계속되면서 해마다 우리나라 전체의 인구 중에서 노인이 차지하는 (ㄱ비중 / ㄴ추세)이/가 점점 높아지고 있다.

☐ **07 불황**
아닐 不 / 상황 況

경제 활동이 일반적으로 침체◆되는 상태
예 계속되는 경기 불황으로 서민들의 생활이 더욱 힘들어지고 있다.

◆ **침체** 어떤 현상이나 사물이 진전하지 못하고 제자리에 머무름.

☐ **08 확산**
넓힐 擴 / 흩을 散

흩어져 널리 퍼짐.
예 바이러스의 확산을 막기 위해 세계 각국이 노력하고 있다.

○ **Q4 알맞은 단어는?**

코로나19의 (ㄱ불황 / ㄴ확산)으로 모임이 줄어들고 여행도 가지 않는 등 소비가 줄어들고 있다. 이는 경기 (ㄱ불황 / ㄴ확산)으로 이어져 기업들이 투자를 하지 않음으로써 청년들은 취업에 어려움을 겪고 있다.

정답 Q : 1 ㄱ, ㄴ 2 ㄱ, ㄴ 3 ㄴ, ㄱ 4 ㄴ, ㄱ

☐ **⁰⁹ 납부**
들일 納 / 줄 付

세금이나 공과금 따위를 관계 기관에 냄.
예 요즘은 온라인으로도 세금을 <u>납부</u>하는 것이 가능하다.

☐ **¹⁰ 탈세**
벗을 脫 / 세금 稅

납세자가 납세액의 전부 또는 일부를 내지 않는 일
예 정부는 기업의 <u>탈세</u>를 막기 위해 대대적인 조사를 했다.

○ **Q5 알맞은 단어는?**
국민들은 정해진 때에 해마다 벌어들인 금액을 신고하고 그에 맞는 세금을 (ㄱ납부 / ㄴ탈세)한다. 정부는 벌어들인 금액을 제대로 신고하지 않거나 제때 세금을 내지 않으면 이를 (ㄷ납부 / ㄹ탈세)로 여기고 벌금을 물린다.

☐ **¹¹ 물가**
만물 物 / 값 價

물건의 값
예 <u>물가</u>가 오른다는 것은 돈의 값어치가 떨어졌다는 것을 의미한다.

☐ **¹² 실업**
잃을 失 / 업 業

일할 의사와 노동력이 있는 사람이 일자리를 잃거나 일할 기회를 얻지 못하는 상태
예 <u>실업</u> 문제를 해결하려면 기업이 고용을 늘리도록 만들어야 한다.

☐ **¹³ 자금**
재물 資 / 쇠 金

특정한 목적에 쓰는 돈
예 그는 집을 사기 위해 은행에서 <u>자금</u>을 빌렸다.

○ **Q6 알맞은 단어는?**
사회 경제가 좋아지면 기업들이 기술을 개발하는 데 투자를 늘리고 사람을 더 많이 뽑아 쓰게 되면서 (ㄱ물가 / ㄴ실업 / ㄷ자금) 문제가 해소될 수 있다. 다만 투자가 늘어남에 따라 시장에 (ㄹ물가 / ㅁ실업 / ㅂ자금)이/가 많이 풀리면서 돈의 가치가 낮아지고 상품의 가격이 비싸지는 등 (ㅅ물가 / ㅇ실업 / ㅈ자금)이/가 크게 올라갈 수 있다.

☐ **¹⁴ 적정**
맞을 適 / 바를 正

알맞고 바른 정도
예 이 물건의 쓰임새를 생각해 볼 때 <u>적정</u> 가격은 만 원이다.

☐ **¹⁵ 합리적**
합할 合 / 다스릴 理 / 과녁 的

이론이나 이치에 합당한◆. 또는 그런 것
예 도매 시장에서 제품을 <u>합리적</u>인 가격에 구매했다.

◆ **합당하다** 어떤 기준, 조건, 용도, 도리 따위에 꼭 알맞다.

○ **Q7 알맞은 단어는?**
사무실에 근무하는 사람 수에 따라 실내 (ㄱ적정 / ㄴ합리적) 온도를 조절하는 것은 관리 비용을 줄일 수 있는 (ㄷ적정한 / ㄹ합리적인) 선택이다.

> '비율'이 다른 것과의 단순한 정도 차이를 나타내는 개념이라면, '비중'은 다른 것과의 중요도 차이를 나타내는 개념이에요.

☆ 헷갈리기 쉬운 어휘

비중 견줄 比 / 무거울 重
다른 것과 비교할 때 차지하는 중요도
예 이 회사는 신입 사원을 뽑을 때 시험 점수보다 면접 점수에 큰 <u>비중</u>을 둔다.

VS

비율 견줄 比 / 율 率
다른 수나 양에 대한 어떤 수나 양의 비(比)
예 버스 요금이 작년과 같은 <u>비율</u>로 올랐다.

＊'어휘 익히기'에서 ▢에 표시된 어휘를 다시 한번 학습한 후, 다음 문제를 풀어 보세요!

[01-03] 주어진 초성과 뜻에 알맞은 어휘를 빈칸에 넣어 문장을 완성하시오.

01 ㅊ ㅅ : 어떤 현상이 일정한 방향으로 나아가는 경향

→ 대학에 진학하는 학생의 수가 해마다 줄어드는 _____이다.

02 ㅈ ㄹ : 경제 따위의 사회적 활동을 하는 데 필요한 책략

→ 저희 회사의 판매 _____은 다른 회사의 제품보다 싼 값에 제품을 공급하는 것입니다.

03 ㅅ ㅇ : 일할 의사와 노동력이 있는 사람이 일자리를 잃거나 일할 기회를 얻지 못하는 상태

→ 정부는 대규모 공공사업을 벌여 _____ 문제를 해결하기로 했다.

[04-06] 〈보기〉의 글자 카드를 조합하여 문장의 빈칸에 들어갈 알맞은 어휘를 쓰시오.

> 보기
>
> 가   금   물   자   적   정

04 사업을 하기에는 _____이 턱없이 부족하다.
특정한 목적에 쓰는 돈

05 운동선수들은 _____ 체중을 유지하기 위해 노력한다.
알맞고 바른 정도

06 몇 달 새 _____가 급격하게 올라 원하는 물건을 사려면 돈을 더 보태야 한다.
물건의 값

[07-10] 다음 문장에 어울리는 어휘를 골라 ○표 하시오.

07 그는 뇌물을 받고 (납세 / 탈세)를 눈감아 주었다는 죄목으로 체포되었다.

08 이 음식은 맛이나 재료로 보았을 때 가격이 (구체적 / 합리적)이라고 볼 수 없다.

09 최근 경제 (불황 / 호황)으로 소비가 줄어들자 상인들의 어려움이 커지고 있다.

10 이번 경기에서 이기려면 수비보다는 공격에 (비율 / 비중)을 두는 것이 바람직하다.

[11-13] 밑줄 친 어휘의 뜻으로 적절한 것을 찾아 ○표 하시오.

11 병충해가 <u>확산되어</u> 많은 농가가 어려움을 겪고 있다.

→ (오래 계속되어 / 흩어져 널리 퍼져)

12 이 신용 카드로 아파트 관리비를 <u>납부하면</u> 혜택이 있다.

→ (관계 기관에 내면 / 정하여진 몫만큼 내면)

13 인구의 증가로 식량의 생산을 <u>증대해야</u> 할 필요성이 커졌다.

→ (양을 늘리거나 규모를 크게 해야 / 미리 갖추어 모아 두거나 저축해야)

[14-16] 다음 말 상자에서 주어진 뜻에 해당하는 어휘를 찾아 쓰시오.

14 어떤 기준, 조건, 용도, 도리 따위에 꼭 알맞다.

→ ☐☐☐☐

15 다른 수나 양에 대한 어떤 수나 양의 비 → ☐☐

16 상품을 소비자에게 알리고 많이 판매하기 위하여 생산자가 펼치는 전반적인 활동 → ☐☐☐

사	합	당	하	다
자	리	추	산	팅
화	적	하	케	하
구	율	마	번	다
비	다	진	결	영

[17-19] 다음 밑줄 친 어휘의 뜻을 찾아 바르게 연결하시오.

> 오랜 전쟁으로 많은 젊은이들이 사망하고 삶의 터전이 무너졌으며 경기 또한 <u>침체</u>되었다. 정부는 경제적 문제를 해결하기 위해 온갖 <u>책략</u>을 동원하였고, 그 결과 나라가 부유해져 다시 <u>번영</u>을 누리게 되었다.

17 침체 ·

· ㉠ 번성하고 귀하게 되어 이름이 세상에 빛남.

18 책략 ·

· ㉡ 어떤 일을 꾸미고 이루어 나가는 교묘한 방법

19 번영 ·

· ㉢ 어떤 현상이나 사물이 진전하지 못하고 제자리에 머무름.

DAY 06

어휘 익히기

법률과 관련된 말

*Q1~Q7에서 괄호 안의 알맞은 표현을 골라 보세요. 채점 후, 틀린 어휘는 ☐에 표시해 두세요.

☐ **01 법규**
법도 法 / 법 規

법으로 정해져서 지키거나 따라야 할 규칙이나 규범◆
예 국회는 깨끗한 환경을 보전하기 위해 관련 법규를 새로 만들었다.

◆ **규범** 인간이 행동하거나 판단할 때에 마땅히 따르고 지켜야 할 가치 판단의 기준

☐ **02 적발**
딸 摘 / 필 發

숨겨져 있는 일이나 드러나지 아니한 것을 들추어냄.
예 무허가 의약품을 판 업자들이 무더기로 적발되었다.

Q1 알맞은 단어는?

연휴에는 고속 도로 정체가 심해 교통 (ㄱ법규 / ㄴ적발)을/를 어기는 사람들이 많아진다. 한국 도로 공사는 드론을 띄워 버스 전용 차로를 이용하는 일반 차 운전자나 속도 위반 운전자를 (ㄱ법규 / ㄴ적발)할 예정이다.

☐ **03 원고**
근원 原 / 아뢸 告

법원에 재판을 신청한 사람
예 판사는 피고가 원고에게 삼백만 원을 주라고 판결했다.

☐ **04 피고**
입을 被 / 아뢸 告

개인 간의 권리나 이익 문제 등에 대한 재판에서 소송◆을 당한 사람
예 증인은 피고에게 유리한 증언을 했다.

◆ **소송** 사람들 사이에 일어난 다툼을 법률에 따라 판결해 달라고 법원에 요구함.

Q2 알맞은 단어는?

민사 재판에서는 재판을 신청한 사람이 (ㄱ원고 / ㄴ피고)가 되고, 재판을 받게 된 상대방이 (ㄱ원고 / ㄴ피고)가 된다. 형사 재판에서는 검사가 원고의 역할을 하고, 죄를 지은 범죄자가 피고인이 된다.

☐ **05 쌍방**
쌍 雙 / 모 方

이쪽과 저쪽 또는 이편과 저편을 아울러 이르는 말
예 이 같은 원칙은 쌍방이 합의한 내용이다.

☐ **06 가해자**
더할 加 / 해로울 害 / 놈 者

다른 사람의 생명이나 신체, 재산, 명예 따위에 해를 끼친 사람
예 인류는 환경 오염의 가해자가 되는 동시에 피해자가 된다.

Q3 알맞은 단어는?

교통사고가 났을 때 증거를 충분히 확보하기 어려운 경우가 많아 가해자와 피해자 모두 책임이 있는 (ㄱ쌍방 / ㄴ가해자) 과실로 처리되는 경우가 흔했다. 그러나 이제 피해 차량이 예측하기 어렵거나 피할 수 없는 사고인 경우에는 (ㄱ쌍방 / ㄴ가해자)에게만 책임을 물어 억울한 피해자가 생기지 않도록 하였다.

☐ **07 이의**
다를 異 / 의논할 議

❶ 다른 의견이나 논의
예 이의가 있으신 분은 말씀해 주십시오.

❷ 민법◆에서, 타인의 행위에 대하여 반대 또는 불복◆의 의사를 표시하는 일
예 법원의 결정에 이의 신청을 냈다.

◆ **민법** 개인의 권리와 관련된 법규를 통틀어 이르는 말
◆ **불복** 명령이나 결정에 따르지 않음.

☐ **08 특허**
특별할 特 / 허락할 許

어떤 발명품에 대하여 그것을 발명한 사람만이 이용하거나 권리를 가질 수 있도록 법률로써 허락하는 일
예 신소재를 개발해 특허를 획득했다.

Q4 알맞은 단어는?

발명가인 A는 B 기업이 자신의 (ㄱ이의 / ㄴ특허) 기술을 허락 없이 사용하였다고 소송을 걸었다. 이에 B 기업은 직원들이 연구하여 개발한 기술이고 (ㄱ이의 / ㄴ특허) 받은 기술인지 몰랐다며 (ㄱ이의 / ㄴ특허)를 제기했다.

정답 Q: 1 ㄱ, ㄴ 2 ㄱ, ㄴ 3 ㄱ, ㄴ 4 ㄴ, ㄴ, ㄱ

⁰⁹ 선고 ☆
베풀 宣 / 아뢸 告

1 선언하여 널리 알림.
예 그는 의사에게 폐암 선고를 받았다.

2 법정에서 재판장이 판결◆을 알리는 일
예 그는 무죄 선고를 받았다.

◆ **판결** 법원이 변론을 거쳐 소송 사건에 대하여 판단하고 결정하는 재판

¹⁰ 판명
판가름할 判 / 밝을 明

어떤 사실을 판단하여 명백하게 밝힘.
예 과거에 벌어진 일이 사실인지 판명을 하였다.

○ **Q5 알맞은 단어는?**
그는 재판에서 사형 (ᵃ선고 /ᵇ판명)을/를 받고 감옥에서 생활하던 중 유전자 검사가 범죄 수사에 활용된 후, 범행 현장에 남아 있던 범인의 DNA를 통해 무죄라는 사실이 (ᵃ선고 /ᵇ판명)되었다.

¹¹ 영장
명령할 令 / 문서 狀

형사 사건에서, 사람이나 물건에 대한 체포, 구속, 압수◆ 등을 허락하는 내용의 명령서
예 용의자를 영장 없이 체포할 수는 없다.

◆ **압수** 물건을 가져가는 강제 처분

¹² 용의자
얼굴 容 / 의심할 疑 / 놈 者

범죄를 저지른 범인으로 의심받는 사람
예 엉뚱한 사람이 용의자로 내몰렸다.

○ **Q6 알맞은 단어는?**
경찰은 여러 가지 정황으로 미루어 볼 때 피해자의 동업자가 유력한 (ᵃ영장 /ᵇ용의자)(이)라고 판단하였다.
경찰은 그가 도주할 우려가 있다고 보고 법원에 (ᵃ영장 /ᵇ용의자)을/를 신청하였다.

¹³ 권익
권세 權 / 더할 益

권리와 그에 따르는 이익
예 한국 소비자 연맹은 소비자의 권익을 보호하는 단체이다.

¹⁴ 법안
법도 法 / 책상 案

법으로 제정하고자 하는 사항을 항목별로 정리하여 국회에 제출하는 문서나 안건◆
예 국회는 법안의 검토에 들어갔다.

◆ **안건** 토의하거나 조사하여야 할 사실

○ **Q7 알맞은 단어는?**
산업 현장에서 근무 환경이 안전하지 않아 노동자의 (ᵃ권익 /ᵇ법안)이 보호받지 못하는 경우가 종종 있었다. 국회의원들은 이러한 문제점을 해결하기 위한 (ᵃ권익 /ᵇ법안)을 마련하여 국회에 제출하였다.

> '선고'는 어떤 결정이나 판단을 내려 상대에게 알릴 때 사용하는 말이고, '선언'은 개인이나 집단의 의견이나 주장을 정식으로 널리 알리는 것을 뜻하는 말이에요.

☆ **헷갈리기 쉬운 어휘**

선고 베풀 宣 / 아뢸 告
1 선언하여 널리 알림.
예 심판은 반칙을 한 선수에게 퇴장 선고를 내렸다.
2 법정에서 재판장이 판결을 알리는 일
예 판사는 피고를 징역 일 년에 처한다고 선고를 했다.

VS

선언 베풀 宣 / 말씀 言
1 널리 펴서 말함. 또는 그런 내용
예 그는 친구에게 절교를 선언하였다.
2 국가나 집단이 자기의 방침, 의견, 주장 따위를 외부에 정식으로 표명함.
예 우리나라는 독립국임을 선언하였다.

어휘 확인하기

＊ '어휘 익히기'에서 □에 표시된 어휘를 다시 한번 학습한 후, 다음 문제를 풀어 보세요!

[01 - 03] 다음 빈칸에 알맞은 말을 채워 어휘의 뜻풀이를 완성하시오.

01 원 고 : 법원에 (   )을/를 신청한 사람

02 법 규 : 법으로 정해져서 지키거나 따라야 할 (   )(이)나 규범

03 영 장 : 사람이나 물건에 대한 체포, 구속, 압수 등을 허락하는 내용의 (   )

[04 - 06] 밑줄 친 어휘의 알맞은 뜻을 찾아 번호를 쓰시오.

04 국회에서는 노동자의 <u>권익</u>을 보호하는 법을 통과시켰다.   (   )
① 편리하고 유익함.
② 권리와 그에 따르는 이익

05 우리 조상들은 충효를 가장 중요한 생활 <u>규범</u>으로 삼아 왔다.   (   )
① 따르고 지켜야 할 가치 판단의 기준
② 여러 사람이 다 같이 지키기로 작정한 법칙

06 그 발명가는 수십 개에 달하는 발명 <u>특허</u>를 따냈다.   (   )
① 법에 의해 금지되어 있는 행위를 특정한 경우에 한해 허용하여 이를 행할 수 있게 함.
② 어떤 발명품에 대하여 그것을 발명한 사람만이 이용하거나 권리를 가질 수 있도록 법률로써 허락하는 일

[07 - 09] 빈칸에 공통으로 들어갈 어휘를 〈보기〉를 찾아 쓰시오.

> **보기**
>
> 선고   소송   안건

07 (   )을/를 걸다. / (   )을/를 당하다.   → _____

08 실형을 (   )하다. / 무죄를 (   )하다.   → _____

09 (   )이/가 통과되다. / (   )(으)로 채택하다.   → _____

[10-13] 주어진 뜻풀이를 참고하여 십자말풀이를 완성하시오.

10 ㉠ 개인의 권리와 관련된 법규를 통틀어 이르는 말

11 ㉡ 법으로 제정하고자 하는 사항을 항목별로 정리하여 국회에 제출하는 문서나 안건

12 ㉢ 다른 의견이나 논의

13 ㉣ 범죄를 저지른 범인으로 의심받는 사람

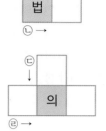

[14-18] 다음 문장에 어울리는 어휘를 골라 ○표 하시오.

14 변호사는 (원고 / 피고)의 무죄를 변론하였다.

15 경찰은 사고를 내고 도망간 (가해자 / 피해자)를 찾아다녔다.

16 새해 아침에 한 아버지의 금연 (선약 / 선언)은 3일 만에 실패했다.

17 그는 1심에서 받은 판결에 (불복 / 번복)하고 고등 법원에 항소하였다.

18 계약금을 지불하였으므로 (쌍방 / 일방)의 합의 없이는 계약을 깨뜨릴 수 없다.

[19-20] 밑줄 친 말과 바꿔 쓰기에 가장 알맞은 어휘를 고르시오.

19 오랜 재판 끝에 그가 무죄임이 판단되어 명백하게 밝혀졌다.
① 심판되었다　　② 판명되었다　　③ 설명되었다　　④ 오판되었다　　⑤ 구별되었다

20 경찰은 사회 복지 시설에서 보조금을 빼돌린 비리를 들추어냈다.
① 은폐하였다　　② 비판하였다　　③ 선고하였다　　④ 적발하였다　　⑤ 소송하였다

종합 문제

01 다음 중 밑줄 친 어휘의 쓰임이 알맞지 <u>않은</u> 것은?

① 갈수록 다양한 외국 문화가 국내로 <u>유입되고</u> 있다.
② 로봇이 인간의 노동력을 <u>대체하여</u> 일자리가 줄어들고 있다.
③ 김치 산업을 발전시키기 위해 세계 김치 연구소를 <u>수립하였다</u>.
④ 사람은 아무리 어려운 일에 <u>직면하더라도</u> 극복할 힘을 가지고 있다.
⑤ 자세가 바르지 않아 생기는 목의 통증을 <u>방치하면</u> 목 디스크로 이어질 수 있다.

02 〈보기〉의 빈칸에 공통으로 들어갈 어휘로 알맞은 것은?

> **보기**
> ㉠ 회사는 제품 생산비를 절약할 _____ 인 방법을 찾으려고 애썼다.
> ㉡ 통신 요금은 모두가 인정할 만한 _____ 가격으로 조정될 필요가 있다.

① 우호적 ② 구체적 ③ 합리적 ④ 주관적 ⑤ 기초적

03 밑줄 친 어휘와 바꿔 쓰기에 알맞지 <u>않은</u> 것은?

① 전쟁으로 많은 문화재가 <u>소실되었다</u>. → 소멸되었다
② 이 그림은 파손이 심해서 <u>복구되기가</u> 힘들다. → 복원되기가
③ 양국 간에 무역으로 인한 <u>마찰이</u> 점점 커지고 있다. → 분쟁
④ 어릴 때부터 외국어를 교육하는 것이 요즘의 <u>흐름이다</u>. → 추세
⑤ 김 의원은 내 선물을 뇌물이라고 <u>오해하고</u> 돌려보냈다. → 왜곡하고

04 〈보기〉의 ㉠~㉢에 들어갈 어휘와 그 의미의 연결이 알맞지 <u>않은</u> 것은?

> **보기**
> • 그의 가설이 충분한 근거를 갖고 있다고 (㉠)되었다.
> • 어떤 약이든 지나치게 많이 복용하면 부작용이 (㉡)된다.
> • 오늘 신문들은 대통령의 특별 담화를 (㉢) 있게 다루고 있다.
> • 조선 후기에는 현실 문제 해결을 고민한 (㉣) 지식인들이 실학을 연구하였다.
> • 멸종 위기에 처해 있는 보호 동물을 잡으려는 밀렵꾼들이 경찰에 (㉤)되었다.

① ㉠: 판명 – 어떤 사실을 판단하여 명백하게 밝힘.
② ㉡: 수반 – 어떤 일과 더불어 생김.
③ ㉢: 비율 – 다른 수나 양에 대한 어떤 수나 양의 비(比)
④ ㉣: 진보적 – 사회의 변화와 발전을 추구하는. 또는 그런 것
⑤ ㉤: 적발 – 숨겨져 있는 일이나 드러나지 아니한 것을 들추어냄.

[05-06] 다음 밑줄 친 말과 바꿔 쓰기에 가장 알맞은 어휘를 고르시오.

05 이 에어컨은 <u>알맞고 바른 정도</u>의 실내 온도를 자동으로 유지해 준다.

① 평균   ② 적정   ③ 일정   ④ 적합   ⑤ 일반

06 주민들은 마을 입구에 쌓인 눈을 치우기 위해 <u>수단과 방법을 집중하였다.</u>

① 보수했다   ② 개조했다   ③ 수리했다   ④ 동원했다   ⑤ 수선했다

07 〈보기〉의 ㉠~㉢에 들어갈 어휘를 순서대로 짝지은 것은?

> 보기
> • 사회의 경제 활동이 활발하지 않은 경기 ____㉠____ 이/가 길어지고 있다.
> • 노인의 인구 비율이 점점 높아지는 ____㉡____ 현상은 사회 문제를 낳고 있다.
> • 후보자들은 선거 ____㉢____ 들을 내걸고 당선되면 충실히 이행하겠다고 다짐했다.

① 불황, 고령화, 공약   ② 불황, 고령화, 계약   ③ 호황, 고령화, 공약

④ 침체, 인구 감소, 계약   ⑤ 침체, 인구 감소, 공약

08 밑줄 친 어휘의 의미로 알맞지 <u>않은</u> 것은?

① 사회가 혼란할 때에는 <u>유언비어</u>가 많이 떠돈다. → 아무 근거 없이 널리 퍼진 소문

② 그는 긴 시간 동안 사건의 <u>자초지종</u>을 설명하였다. → 모든 일에는 시작과 끝이 있음.

③ <u>익명성</u>이 보장되면 주장과 의견을 자유롭게 표현할 수 있다. → 누구인지 드러나지 않는 특성

④ 어머니는 <u>자아실현</u>을 위해 늦은 나이에 대학교에 입학했다. → 자아의 본질을 완전히 실현하는 일

⑤ 호수에 괴물이 산다는 <u>불가사의</u>한 소문이 났다. → 사람의 생각으로는 미루어 헤아릴 수 없이 이상하고 야릇함.

09 〈보기〉의 ⓐ~ⓔ의 뜻을 지닌 어휘를 활용하여 만든 문장으로 알맞지 <u>않은</u> 것은?

> 보기
> ⓐ 자기의 마음을 반성하고 살핌.
> ⓑ 모든 것에 두루 미치거나 통하는. 또는 그런 것
> ⓒ 어떤 일이 끝난 뒤에 남아 미치는 영향
> ⓓ 어떤 일을 이루기 위하여 서로 의논하고 절충함.
> ⓔ 법으로 정해져서 지키거나 따라야 할 규칙이나 규범

① ⓐ: 시련이 크면 클수록 자기 자신에 대한 성찰은 깊어질 수 있다.

② ⓑ: 사회 구성원 간의 갈등은 어느 사회에나 존재하는 보편적인 현상이다.

③ ⓒ: 태풍의 여파로 아직도 비가 부슬부슬 내리고 있다.

④ ⓓ: 우리들은 사형 제도 폐지에 대해 열띤 논쟁을 벌였다.

⑤ ⓔ: 경찰은 교통 법규를 위반하는 차량을 단속하였다.

지리와 관련된 말

*Q1~Q7에서 괄호 안의 알맞은 표현을 골라 보세요. 채점 후, 틀린 어휘는 ☐에 표시해 두세요.

☐ **01 비옥하다**
살찔 肥 / 기름질 沃

땅이 걸고 기름지다.
예 토양이 비옥하지 않으니 농사가 잘될 리가 없다.

☐ **02 울창하다**
막힐 鬱 / 푸를 蒼

나무가 빽빽하게 우거지고 푸르다.
예 저 너머 산에 나무가 울창하다.

○ **Q1 알맞은 단어는?** 파라과이의 남동부 지역에는 하천, 호수, 저수지가 많고 열대 산림이 (■비옥 / ■울창)하다. 또한 토양이 (■비옥 / ■울창)한 데다 강수량까지 풍부하여 농업과 목축업이 발달하였다. 이 지역에 파라과이 인구의 96%가 살아가고 있는 것은 어쩌면 당연한 결과인지 모른다.

☐ **03 온화하다**
따뜻할 溫 / 화목할 和

❶ 날씨가 맑고 따뜻하며 바람이 부드럽다.
예 우리나라의 사월은 날씨가 참 온화하다.
❷ 성격, 태도 따위가 온순하고 부드럽다.
예 그의 어머니는 참으로 온화한 성품을 지녔다.

☐ **04 완만하다**
느릴 緩 / 게으를 慢

❶ 움직임이 느릿느릿하다.
예 우리 차는 완만한 속도를 유지하며 달리고 있었다.
❷ 경사*가 급하지 않다.
예 산길이 험하지 않고 완만하니 오르내릴 만하다.

◆ **경사** 비스듬히 기울어짐. 또는 그런 상태나 정도

○ **Q2 알맞은 단어는?** 경북의 ○○ 해수욕장은 수심이 얕고 경사가 (■온화 / ■완만)한 해변이 이어져서 여름에 어린이를 동반하는 가족의 피서지로 인기가 높다. 추위가 잦아들고 기온이 차츰 (■온화 / ■완만)해지기 시작하는 3월에는 이곳에서 특산물 축제가 펼쳐지기도 한다.

☐ **05 건기**
마를 乾 / 기약할 期

기후가 건조한 시기
예 건기가 계속되어 온 나라가 가뭄으로 인한 피해를 입고 있다.

☐ **06 냉기**
찰 冷 / 기운 氣

찬 기운
예 방문을 열어 보니 한동안 사람이 살지 않았는지 냉기가 느껴졌다.

○ **Q3 알맞은 단어는?** 자갈밭 아래에는 점토 진흙층이 있는데 이것이 (■건기 / ■냉기)에 수분 저장고 역할을 함으로써 포도나무 뿌리가 6~7m까지 뻗어 내려갈 수 있게 해 준다. 한편 자갈은 태생적으로 (■건기 / ■냉기)를 싫어하는 포도나무에 열을 방출하여 포도나무의 냉해를 막아 주기도 한다.

☐ **07 폭염** ☆
사나울 暴 / 불탈 炎

매우 심한 더위 = 폭서(暴暑)
예 폭염이 기승을 부리자 빙과 제품의 수요가 늘고 있다.

☐ **08 한파**
찰 寒 / 물결 波

겨울철에 기온이 갑자기 내려가는 현상
예 갑작스러운 한파의 영향으로 농산물 가격이 급등했다.

○ **Q4 알맞은 단어는?** 기상 이변으로 인해 40℃를 웃도는 (■폭염 / ■한파)이/가 덮친 서유럽은 전력 수요가 폭증하면서 전기 요금이 치솟았다. 반면 브라질에는 25년 만에 (■폭염 / ■한파)이/가 닥쳐 열대성 나무인 커피나무의 수확량이 저조해졌고, 이에 따라 국제 커피 원두 가격이 급등했다.

정답 Q: 1 ㄴ, ㄱ 2 ㄴ, ㄱ 3 ㄱ, ㄴ 4 ㄱ, ㄴ

☐ ⁰⁹ **자오선**
아들 子 / 낮 午 / 선 線

천구(天球)의 두 극과 천정(天頂)을 지나 적도와 수직으로 만나는 큰
원. 시각의 기준이 된다. ≒ 천구자오선
예 <u>자오선</u>이 결정되지 않았을 때는 각 나라마다 시간도 차이가 났다.

☐ ¹⁰ **자외선**
자주빛 紫 / 바깥 外 /
선 線

파장이 엑스선보다 길고, 가시광선보다 짧은 전자기파. 파장은 대략
1억분의 1cm부터 10만분의 4cm에 이르는데 자색 광선보다 짧다.
예 여름철 <u>자외선</u>은 시력이나 피부에 손상을 입히므로 주의해야 한다.

○ **Q5 알맞은 단어는?**

정부가 우리나라 표준 시간을 규정하던 표준 (■<u>자오선</u> / ■<u>자외선</u>) 동경 127도 30분 선을 오늘부터 135도로
변경하기로 함으로써 한국의 표준시는 영국 그리니치보다 9시간 빠르게 됐다. 한편 오늘은 한낮에 30도 안
팎의 더위가 이어지므로 (■<u>자오선</u> / ■<u>자외선</u>) 지수가 높은 오전 10시부터 오후 2시까지는 외출을 삼가는 것
이 좋다.

☐ ¹¹ **경도**
지날 經 / 법도 度

지구 위의 위치를 나타내는 좌표축 중에서 세로로 된 것
예 일본 도쿄는 <u>경도</u>상으로 서울보다 동쪽에 있다.

☐ ¹² **위도**
씨 緯 / 법도 度

지구 위의 위치를 나타내는 좌표축 중에서 가로로 된 것. 적도를 중심
으로 하여 남북으로 평행하게 그은 선이다.
예 마라도는 <u>위도</u>상 국토 최남단에 자리한 탓에 겨울에도 수온이 따뜻하다.

○ **Q6 알맞은 단어는?**

자신이 서 있는 지구상의 위치를 표현하려면 경위도를 알아야 한다. (■<u>경도</u> / ■<u>위도</u>)는 적도를 기준으로 남
북을 각 90도로 구분하고, (■<u>경도</u> / ■<u>위도</u>)는 본초 자오선(영국 그리니치 천문대)을 기준으로 동서를 각 180
도로 나눈 가상의 선이다.

☐ ¹³ **반도**
반 半 / 섬 島

삼면이 바다로 둘러싸이고 한 면은 육지에 이어진 땅. 대륙에서 바다
쪽으로 좁다랗게 돌출한 육지를 말한다.
예 우리나라는 서해, 동해, 남해로 둘러싸여 있는 <u>반도</u> 국가이다.

☐ ¹⁴ **적도**
붉을 赤 / 길 道

위도의 기준이 되는 선. 지구의 남북 양극으로부터 같은 거리에 있는
지구 표면에서의 점을 이은 선이다.
예 <u>적도</u> 부근 국가들에서는 햇볕이 강렬하여 열대 과일이 잘 자란다.

○ **Q7 알맞은 단어는?**

이번 동계 올림픽에 첫 출전하는 나라로 태양과 가장 가까운 땅, 지구의 중심인 (■<u>반도</u> / ■<u>적도</u>)를 지키며
살아가는 나라 '에콰도르'가 있다. 또한 '코소보'는 아드리아해, 지중해, 에게해 등에 둘러싸여 있고 북쪽으로
유럽 대륙에 연결되어 있는 발칸 (■<u>반도</u> / ■<u>적도</u>)에 위치해 있다.

> '폭염'이 매우 심한 더위를 가리키는 것이라면 '폭한'은 매우 심한 추위를 가리키는 말이에요. 갑자
> 기 세차게 쏟아지는 비는 '폭우', 갑자기 많이 내리는 눈은 '폭설'이라고 하는 것도 알아 두세요.

☆ 헷갈리기 쉬운 어휘

폭염 사나울 暴 / 불탈 炎
매우 심한 더위 = 폭서(暴暑)
예 기록적 <u>폭염</u>에 일터에서 열사병에 걸리는 경우가 늘어났다.

VS

폭한 사나울 暴 / 찰 寒
갑자기 닥치는 몹시 심한 추위
예 <u>폭한</u>이 계속되어 동사자 수가 늘고 있다.

[01-03] 주어진 초성과 뜻에 알맞은 어휘를 빈칸에 넣어 문장을 완성하시오.

01 ㅍ ㅇ : 매우 심한 더위

→ _____이 길어지면서 피서지로 떠나는 사람들이 늘고 있다.

02 ㅂ ㅇ : 땅이 걸고 기름짐.

→ 토질이 얼마나 _____한지에 따라 곡물과 채소의 생산량이 달라진다.

03 ㅎ ㅍ : 겨울철에 기온이 갑자기 내려가는 현상

→ 호주 시드니가 37년 만에 찾아온 갑작스러운 _____로 꽁꽁 얼어붙었다.

[04-06] 다음 밑줄 친 말과 바꿔 쓰기에 알맞은 어휘를 〈보기〉에서 골라 문맥에 맞게 쓰시오.

> **보기**
>
> 온화하다   완만하다   울창하다

04 낮부터 날씨가 <u>맑고 따뜻하며 바람이 부드러워지면서</u> 일교차가 커질 것이다.   → _____

05 그 산은 산세가 험하지 않고 <u>경사가 급하지 않아서</u> 누구나 쉽게 오를 수 있었다.

→ _____

06 이 해안가는 소나무 숲이 <u>빽빽하게 우거지고 푸르러서</u> 관광객에게 볼거리를 제공한다.

→ _____

[07-09] 다음 문장에 어울리는 어휘를 골라 ○표 하시오.

07 여름철 강력한 (자오선 / 자외선)으로 인해 피부암 발생 확률이 높아지고 있다.

08 올 겨울에는 (폭염 / 폭한)이 이어져 난방비가 크게 상승할 것이라는 전망이 제기되고 있다.

09 최근 비가 오는 날이 많고 장마의 형태도 바뀌어, 우리나라의 기후도 (건기 / 냉기)와 우기로 나뉘었다는 말이 나오고 있다.

[10-13] 밑줄 친 어휘의 뜻으로 적절한 것을 찾아 ○표 하시오.

10 국내 경제가 <u>완만한</u> 속도로 회복하고 있다.

→ (움직임이 느릿느릿한 / 눈에 보이는 것처럼 아주 뚜렷한)

11 한동안 불을 때지 않은 방에는 <u>냉기</u>가 돌았다.

→ (찬 기운 / 정성을 들이지 않고 아무렇게나 하는 대접)

12 계단의 <u>경사</u>가 가파르니 내려갈 때 특히 조심해야 한다.

→ (축하할 만한 기쁜 일 / 비스듬히 기울어진 상태나 정도)

13 그녀는 얼굴빛이 <u>온화하고</u> 목소리가 조용해서 차분한 인상을 주었다.

→ (태도가 미적지근하고 / 성격, 태도 따위가 온순하고 부드럽고)

[14-17] 주어진 뜻풀이를 참고하여 십자말풀이를 완성하시오.

14 ㉠ 삼면이 바다로 둘러싸이고 한 면은 육지에 이어진 땅

15 ㉡ 지구 위의 위치를 나타내는 좌표축 중에서 세로로 된 것

16 ㉢ 지구 위의 위치를 나타내는 좌표축 중에서 가로로 된 것

17 ㉣ 위도의 기준이 되는 선. 지구의 남북 양극으로부터 같은 거리에 있는 지구 표면에서의 점을 이은 선

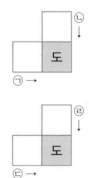

18 〈보기〉의 빈칸에 들어갈 어휘로 가장 알맞은 것은?

> 보기
>
> 1883년 미국에서 세계 시간의 기준인 기준 _____을 어디에 설치해야 하는지를 두고 문제를 제기했다. 결국 1884년에 국제 기준 경도 회의에서 세계적으로 통일된 시간대를 만들기 위한 논의가 이루어졌고, 그 결과 영국의 그리니치 천문대를 기준으로 지구상의 모든 국가가 하나의 세계시(universal time)로 통일되었다.

① 경계선   ② 수평선   ③ 자력선

④ 자오선   ⑤ 지평선

보건·의료와 관련된 말

*Q1~Q7에서 괄호 안의 알맞은 표현을 골라 보세요. 채점 후, 틀린 어휘는 ☐에 표시해 두세요.

☐ **01 경련**
경련 痙 / 경련할 攣

근육이 별다른 이유 없이 갑자기 수축하거나 떨게 되는 현상
예 그는 온몸에 심한 경련을 일으키더니 그 자리에 쓰러지고 말았다.

☐ **02 경화**
굳을 硬 / 될 化

물건이나 몸의 조직 따위가 단단하게 굳어짐.
예 갑자기 무리한 운동을 하면 근육이 경화될 수 있으므로 주의해야 한다.

○ **Q1 알맞은 단어는?**
고혈압은 동맥의 벽이 두꺼워지고 굳어지는 질환인 동맥 (￼경련 / ￼경화)을/를 유발할 수 있다. 이를 예방하기 위해서는 다시마나 견과류 등을 자주 섭취하는 것이 좋다. 한편 마그네슘이 부족하게 되면 운동 후 근육이 갑작스럽게 수축하면서 고통을 유발하는 근육 (￼경련 / ￼경화)이/가 나타날 수도 있다.

☐ **03 결절**
맺을 結 / 마디 節

살갗 밑에 비정상적인 조직◆이 생겨서 강낭콩 또는 그보다 크게 겉으로 솟아난 것
예 요산나트륨이 한데 몰리면 코, 귓바퀴 따위의 연골에 결절이 생길 수 있다.

◆**조직** 동일한 기능과 구조를 가진 세포의 집단

☐ **04 결핍**
이지러질 缺 / 가난할 乏

있어야 할 것이 없어지거나 모자람.
예 전쟁 당시에는 영양 결핍으로 많은 아이들이 죽어 갔다.

○ **Q2 알맞은 단어는?**
요오드는 갑상선 호르몬의 원료이다. 따라서 요오드를 충분히 섭취하지 않아 요오드 (￼결절 / ￼결핍)이 생기면 갑상선이 위치한 목 부분에 혹이 만져지는 갑상선 (￼결절 / ￼결핍)이 발생할 수 있다.

☐ **05 발현**
필 發 / 나타날 現

속에 있거나 숨은 것이 밖으로 나타나거나 그렇게 나타나게 함.
예 감염으로 인한 증상이 발현되는 시기는 저마다 다르다.

☐ **06 사멸** ✩
죽을 死 / 멸망할 滅

죽어 없어짐.
예 LED 살균 램프는 인체에 유해한 균들을 사멸시키는 제품이다.

○ **Q3 알맞은 단어는?**
이 의약품은 치매 유발 인자들이 신경 세포를 (￼발현 / ￼사멸)시키는 최종 단계를 차단함으로써 알츠하이머병의 (￼발현 / ￼사멸)을 막는 데 도움을 줄 수 있다.

☐ **07 항원**
막을 抗 / 근원 原

생체 속에 침입하여 항체를 형성하게 하는 단백성 물질. 세균이나 독소 따위
예 고양이 침에서 분비되는 'Fel d1'은 고양이 알레르기를 일으키는 항원이다.

☐ **08 항체**
막을 抗 / 몸 體

항원의 자극에 의하여 생체 내에 만들어져 특이하게 항원과 결합하는 단백질. 응집소 · 침강◆소 · 항독소의 작용을 가지며, 생체에 그 항원에 대한 면역성이나 과민성을 준다.
예 독감 예방 접종으로 독감 바이러스에 대한 항체가 형성되었다.

◆**침강** 밑으로 가라앉음.

○ **Q4 알맞은 단어는?**
위생 가설은 이른 나이에 먼지나 세균 등에 자주 노출되면 알레르기 유발 (￼항원 / ￼항체)에 대한 (￼항원 / ￼항체)이/가 생긴다는 주장이다.

정답 Q : 1 ㄴ, ㄱ 2 ㄴ, ㄱ 3 ㄴ, ㄱ 4 ㄱ, ㄴ

☐ **09 생장**
날 生 / 길 長

❶ 나서 자람. 또는 그런 과정
예 광합성은 식물의 생장 과정에서 자연스럽게 일어나는 현상이다.

❷ 생물체의 원형질과 그 부수물의 양이 늘어나는 일
예 상동나무 가지와 잎 추출물은 암세포의 생장을 억제하는 효과가 있다.

☐ **10 증식**
더할 增 / 번성할 殖

❶ 늘어서 많아짐. 또는 늘려서 많게 함.
예 이자를 받아 자본을 증식하는 것은 금융 제도의 기본 원리이다.

❷ 생물이나 조직 세포 따위가 세포 분열을 하여 그 수를 늘려 감.
예 바이러스 증식을 억제하기 위해 방역에 힘쓰고 있다.

☐ **11 축적**
쌓을 蓄 / 쌓을 積

지식, 경험, 자금 따위를 모아서 쌓음. 또는 모아서 쌓은 것
예 우리 회사는 그동안 축적된 기술을 바탕으로 새로운 사업에 도전한다.

○ **Q5 알맞은 단어는?** 이 음료는 과잉 탄수화물이 지방으로 전환되어 몸에 (ㄱ생장 / ㄴ증식 / ㄷ축적)되는 것을 억제한다. 원료로 쓰인 유칼립투스는 완전히 자라는 데 걸리는 기간이 12년으로 (ㄱ생장 / ㄴ증식 / ㄷ축적) 기간이 비교적 짧으며, 개체 수의 (ㄱ생장 / ㄴ증식 / ㄷ축적)을 촉진하는 화학 성분에 노출되지 않았다.

☐ **12 감염**
느낄 感 / 물들일 染

병원체인 미생물이 동물이나 식물의 몸 안에 들어가 증식하는 일
예 천연두의 감염을 막기 위해서는 예방 접종을 반드시 해야 한다.

☐ **13 면역**
면할 免 / 염병 疫

몸속에 들어온 병원 미생물에 대항하는 항체를 생산하여 독소를 중화◆ 하거나 병원 미생물을 죽여서 다음에는 그 병에 걸리지 않도록 된 상태
예 수두 예방 주사를 맞았더니 수두에 면역이 되었다.

◆ **중화** 서로 다른 성질을 가진 것이 섞여 각각의 성질을 잃거나 그 중간의 성질을 띠게 함.

○ **Q6 알맞은 단어는?** 바이러스에 (ㄱ감염 / ㄴ면역)되지 않으려면 구성원 모두가 백신을 접종하여 집단 (ㄱ감염 / ㄴ면역)을 형성해야 한다.

☐ **14 재활**
다시 再 / 살 活

신체장애자가 장애를 극복하고 생활함.
예 사고로 다리를 못 쓰게 되었지만 매일 재활 치료를 받고 있다.

☐ **15 호전**
좋을 好 / 구를 轉

병의 증세가 나아짐.
예 증상이 호전되더라도 약을 꾸준히 복용해야 병이 나을 수 있다.

○ **Q7 알맞은 단어는?** 할아버지께서는 인공 관절 수술 이후 무릎 통증이 약간 (ㄱ재활 / ㄴ호전)된 상태이나, 지속적인 (ㄱ재활 / ㄴ호전) 치료가 병행되어야 완전히 회복하실 수 있다고 한다.

> '사멸'은 없어야 좋은 것을 적극적으로 없애는 행위와 관련되고, '소진'은 있어야 좋은 것이 다 쓰여서 없어지는 경우와 관련된다고 볼 수 있어요.

☆ 헷갈리기 쉬운 어휘

사멸 죽을 死 / 멸망할 滅
죽어 없어짐.
예 바이러스를 100% 사멸시킬 수 있는 제품이 개발되었다.

VS

소진 꺼질 消 / 다할 盡
점점 줄어들어 다 없어짐. 또는 다 써서 없앰.
예 스트레스 때문에 에너지가 다 소진되어 버렸다.

어휘 확인하기

* '어휘 익히기'에서 ☐에 표시된 어휘를 다시 한번 학습한 후, 다음 문제를 풀어 보세요!

[01-03] 다음 뜻에 해당하는 어휘를 〈보기〉에서 찾아 쓰시오.

> **보기**
>
> 생장　　　증식　　　축적

01 나서 자람. 또는 그런 과정 → ＿＿＿＿＿

02 늘어서 많아짐. 또는 늘려서 많게 함. → ＿＿＿＿＿

03 지식, 경험, 자금 따위를 모아서 쌓음. 또는 모아서 쌓은 것 → ＿＿＿＿＿

[04-06] 다음 뜻에 해당하는 어휘에 V표 하시오.

04 죽어 없어짐. → ☐ 사멸　　☐ 침강

05 속에 있거나 숨은 것이 밖으로 나타나거나 그렇게 나타나게 함. → ☐ 중화　　☐ 발현

06 병원체인 미생물이 동물이나 식물의 몸 안에 들어가 증식하는 일 → ☐ 감염　　☐ 면역

[07-09] 다음 밑줄 친 말과 바꿔 쓰기에 가장 알맞은 어휘를 고르시오.

07 아버지께서는 퇴원 후 조금씩 병세가 <u>나아지는</u> 모습을 보이고 있다.
　① 중화되는　　② 이전되는　　③ 호전되는　　④ 악화되는　　⑤ 호송되는

08 우리 몸속 혈관인 동맥의 벽이 <u>굳어지면</u> 혈류 장애, 혈전 형성, 뇌중풍 등의 질환에 걸리기 쉽다.
　① 경화하면　　② 고착하면　　③ 강화하면　　④ 수축하면　　⑤ 강하하면

09 구루병은 뼈의 발육이 좋지 못하여 척추가 구부러지거나 뼈의 변형으로 안짱다리 등의 성장 장애가 나타나는 병으로, 비타민 디(D) <u>부족</u>으로 발병하는 경우가 많다.
　① 결정　　② 결석　　③ 결근　　④ 결집　　⑤ 결핍

[10-12] 다음 밑줄 친 어휘의 뜻을 〈보기〉에서 찾아 그 기호를 쓰시오.

> **보기**
> ㉠ 신체장애자가 장애를 극복하고 생활함.
> ㉡ 근육이 별다른 이유 없이 갑자기 수축하거나 떨게 되는 현상
> ㉢ 살갗 밑에 비정상적인 조직이 생겨서 강낭콩 또는 그보다 크게 겉으로 솟아난 것

10 몸의 어떤 부분에 없었던 결절이 만져지는 것은 좋지 않은 징조이다.　　　　　（　　　）

11 직업 훈련원은 몸이 불편한 사람들이 재활을 꿈꾸며 일을 배우는 곳이다.　　　　（　　　）

12 어린아이들은 고열로 인한 경련이 발생한 경우 위험한 상태에 이를 수 있다.　　　（　　　）

[13-16] 〈보기〉의 글을 읽고 밑줄 친 어휘의 뜻을 찾아 바르게 연결하시오.

> **보기**
> 　백신이란 전염병에 대하여 인공적으로 면역을 주기 위해 생체에 투여하는 항원의 하나로, 예방 접종으로 백신을 투여하면 인공적으로 항체가 형성될 수 있다. 확보된 백신이 소진되면 접종 예약이 마감되니 서둘러 예방 접종을 신청하는 것이 좋다.

13 면역 　•

14 항원 　•

15 항체 　•

16 소진 　•

• ㉠ 점점 줄어들어 다 없어짐.

• ㉡ 생체 속에 침입하여 항체를 형성하게 하는 단백성 물질

• ㉢ 항원의 자극에 의하여 생체 내에 만들어져 특이하게 항원과 결합하는 단백질

• ㉣ 몸속에 들어온 병원 미생물에 대항하는 항체를 생산하여 독소를 중화하거나 병원 미생물을 죽여서 다음에는 그 병에 걸리지 않도록 된 상태

17 〈보기〉의 빈칸에 공통으로 들어갈 어휘로 알맞은 것은?

> **보기**
> • 여당과 야당의 주장을 _____ 할 수 있는 정책이 마련되어야 한다.
> • 서방 문화와 동방 문화의 _____ 가 이루어진 ○○ 지역은 매우 흥미로운 관광지이다.
> • 생선회에 레몬즙을 뿌려서 먹으면 비린 맛이 줄어드는 이유는 산성을 띠는 레몬이 알칼리성인 비린 맛 성분을 _____ 시키기 때문이다.

① 동화　　　② 소화　　　③ 경화　　　④ 중화　　　⑤ 감화

과학·기술과 관련된 말

*Q1~Q7에서 괄호 안의 알맞은 표현을 골라 보세요. 채점 후, 틀린 어휘는 ☐에 표시해 두세요.

☐ **01 검증하다**
검사할 檢 / 증거 證

검사하여 증명하다.
예 자신의 말이 맞다는 것을 검증할 수 있어야 한다.

☐ **02 관측하다**
볼 觀 / 잴 測

육안이나 기계로 자연 현상 특히 천체나 기상의 상태, 추이*, 변화 따위를 관찰하여 측정하다.
예 인공위성이 우주에서 관측한 지구의 표면은 푸른빛이었다.

◆추이 일이나 형편이 시간의 경과에 따라 변하여 나감. 또는 그런 경향

○ **Q1 알맞은 단어는?**
심해 영상 카메라는 바다에서 해양 과학 자료를 (■검증 / ■관측)하는 장비로, 현재 그 성능을 (■검증 / ■관측)하기 위해 다양한 환경에서 조사가 이루어지고 있다.

☐ **03 중력**
무거울 重 / 힘 力

지구 위의 물체가 지구로부터 받는 힘. 지구와 물체 사이의 만유인력과 지구의 자전에 따른 물체의 구심력*을 합한 힘
예 지구에서 중력의 크기가 가장 작은 곳은 적도 부근이다.

◆구심력 원운동을 하는 물체나 입자에 작용하는, 원의 중심으로 나아가려는 힘

☐ **04 원심력** ☆
멀 遠 / 마음 心 / 힘 力

원운동을 하는 물체나 입자에 작용하는, 원의 바깥으로 나아가려는 힘
예 스케이팅 경기는 곡선 구간에서의 원심력을 극복하는 것이 중요하다.

○ **Q2 알맞은 단어는?**
사이클론 방식의 진공 청소기는 회전시킨 먼지를 (■중력 / ■원심력)에 의해 바깥쪽으로 돌게 한 후 (■중력 / ■원심력)에 의해 바닥으로 떨어뜨려 따로 모으는 방식이다.

☐ **05 분화**
나눌 分 / 될 化

단순하거나 등질*인 것에서 복잡하거나 이질인 것으로 변함.
예 산업화가 진행되면서 직업은 보다 다양하게 분화되었다.

◆등질 성분이나 특성이 고루 같음.

☐ **06 진화**
나아갈 進 / 될 化

❶ 일이나 사물 따위가 점점 발달하여 감.
예 동 주민 센터가 주민들의 문화·예술 체험 공간으로 진화하고 있다.
❷ 생물이 생명의 기원 이후부터 점진적으로 변해 감.
예 사지형어류는 물고기에서 육지 척추동물로 진화하는 과정을 보여 준다.

○ **Q3 알맞은 단어는?**
대도시에서는 빈부의 차이에 따라 지역 (■분화 / ■진화) 현상이 발생하였고, 부유한 지역은 문화, 예술적으로 성장하는 등 (■분화 / ■진화)하고 있다.

☐ **07 구동**
몰 驅 / 움직일 動

동력을 가하여 움직임.
예 해당 면허를 소지한 사람만 오토바이를 구동할 수 있다.

☐ **08 구축**
얽을 構 / 쌓을 築

❶ 어떤 시설물을 쌓아 올려 만듦.
예 군인들은 밤에 매복할 진지를 구축하기 위해 삽을 들고 나섰다.
❷ 체제, 체계 따위의 기초를 닦아 세움.
예 그는 이번 소설을 통해 새로운 작품 세계를 구축했다.

○ **Q4 알맞은 단어는?**
스마트 농기계가 전기로 (■구동 / ■구축)되기 위해서는 먼저 첨단 농기계의 완전 자동화 플랫폼이 (■구동 / ■구축)되어야 한다.

☐ **09 감쇄하다**
덜 減 / 죽일 殺

줄어 없어지다. 또는 줄여 없애다.
예 일을 처음 시작할 때의 열정은 어느새 감쇄해 버리고 말았다.

☐ **10 갱신하다**
고칠 更 / 새로울 新

① 이미 있던 것을 고쳐 새롭게 하다. = 경신하다
예 매일의 생활을 갱신해 나가려는 태도는 매우 중요하다.

② 법률관계의 존속 기간◆이 끝났을 때 그 기간을 연장하다.
예 전세 계약을 갱신했다.

◆ **존속 기간** 권리나 그 밖의 법률 따위가 유효한 기간

☐ **11 수렴하다**
거둘 收 / 거둘 斂

광선, 유체, 전류 따위가 한 점에 모이다.
예 가시광선은 파장이 짧으면 파란색으로 수렴한다.

○ **Q5 알맞은 단어는?** 기류가 한 지점에 집중되는 (🅐감쇄 / 갱신 / 수렴) 기류의 발생 건수가 (🅑감쇄 / 갱신 / 수렴)하여, 4년마다 (🅒감쇄 / 갱신 / 수렴)되는 기후 평년값에 반영될 예정이다.

☐ **12 물리적**
만물 物 / 다스릴 理 / 과녁 的

① 물질의 원리에 기초한 것. 또는 그런 것
예 얼음이 물이 되고 물이 얼음이 되는 것은 물리적 현상이다.

② 신체와 관련되어 있거나 신체를 써서 폭력을 행사하는 것. 또는 그런 것
예 우리 단체에서는 물리적 투쟁은 금지하고 있다.

☐ **13 비약적**
날 飛 / 뛸 躍 / 과녁 的

지위나 수준 따위가 갑자기 빠른 속도로 높아지거나 향상되는 것. 또는 그런 것
예 그는 유학 생활을 통해 비약적 성장을 거두었다.

○ **Q6 알맞은 단어는?** 근 몇 년 사이에 인터넷, AI, 로봇 기술이 (🅐물리적 / 비약적)으로 발전하여 사람의 (🅑물리적 / 비약적) 이동 없이도 국경을 넘어 서비스를 수출할 수 있게 되었다.

☐ **14 농도**
짙을 濃 / 법도 度

어떤 성질이나 성분이 깃들어 있는 정도
예 장난의 농도가 짙어지자 그는 더 이상 참지 못하고 화를 냈다.

☐ **15 빈도**
자주 頻 / 법도 度

같은 현상이나 일이 반복되는 도수(度數) ≒ 빈도수, 잦기
예 여러 사회적 현상 중 발생 빈도가 높은 것에 주목해야 한다.

○ **Q7 알맞은 단어는?** 최근 들어 미세 먼지와 초미세 먼지 (🅐농도 / 빈도)가 '나쁨' 이상을 기록하는 날의 발생 (🅑농도 / 빈도)가 늘고 있다.

'**원심력**'은 원운동을 할 때 바깥으로 나아가려는 힘을 가리키는 말이고, '**원자력**'은 원자 에너지를 가리키는 말이에요.

☆ 헷갈리기 쉬운 어휘

원심력 멀 遠 / 마음 心 / 힘 力
원운동을 하는 물체나 입자에 작용하는, 원의 바깥으로 나아가려는 힘
예 놀이공원에서 회전 그네를 타면 원심력으로 인해 하늘로 튕겨 오를 것 같은 기분을 느끼게 된다.

VS

원자력 근원 原 / 아들 子 / 힘 力
원자핵의 붕괴나 핵반응의 경우에 방출되는 에너지가 지속적으로 연쇄 반응을 일으켜 동력 자원으로 쓰일 때의 원자핵에너지
예 원자력은 수력, 화력에 이어 제3의 에너지원으로 각광받고 있다.

[01-04] 주어진 뜻풀이를 참고하여 십자말풀이를 완성하시오.

01 ㉠ 동력을 가하여 움직임.

02 ㉡ 체제, 체계 따위의 기초를 닦아 세움.

03 ㉢ 같은 현상이나 일이 반복되는 도수(度數)

04 ㉣ 어떤 성질이나 성분이 깃들어 있는 정도

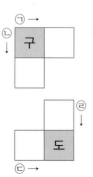

[05-08] 다음 빈칸에 알맞은 말을 채워 어휘의 뜻풀이를 완성하시오.

05 검 증 하 다 : 검사하여 (   ) 하다.

06 진 화 : 일이나 사물 따위가 점점 (   ) 하여 감.

07 분 화 : 단순하거나 등질인 것에서 (   ) 하거나 (   ) 인 것으로 변함.

08 원 심 력 : 원운동을 하는 물체나 입자에 작용하는, 원의 (   ) (으)로 나아가려는 힘

[09-11] 다음 빈칸에 들어갈 어휘를 〈보기〉에서 찾아 쓰시오.

> **보기**
>
> 등질   중력   물리적

09 밥솥의 기능을 개선하여 누가 작동해도 _____ 의 밥맛이 나도록 하였다.

10 증강 현실은 _____ 인 공간의 한계를 넘어 기계 장치를 통해 세상을 새롭게 경험하고 즐길 수 있게 해 준다.

11 아무런 장치 없이 고층 빌딩의 외벽 사이를 자유롭게 걷는 모습은 _____ 의 법칙에 반하는 비현실적인 모습이다.

[12-14] 다음 말 상자에서 주어진 뜻에 해당하는 어휘를 찾아 쓰시오.

12 광선, 유체, 전류 따위가 한 점에 모이다. → ☐☐ 하다

13 지위나 수준 따위가 갑자기 빠른 속도로 높아지거나 향상되는 것
→ ☐☐ 적

14 육안이나 기계로 자연 현상 특히 천체나 기상의 상태, 추이, 변화
따위를 관찰하여 측정하다. → ☐☐ 하다

경	기	감	상	하
수	상	동	쇄	신
추	렴	작	지	도
미	관	리	비	약
술	측	성	장	집

[15-17] 다음 문장에 어울리는 어휘를 골라 ○표 하시오.

15 경제 상황이 악화되면 소비자들의 소비 욕구가 (감쇄 / 감별)하는 현상이 발생한다.

16 이번 주말까지 확진자 증감의 (추이 / 추리)를 지켜본 뒤 거리두기 단계를 조정할 예정이다.

17 서커스의 접시 돌리기 묘기는 접시가 원운동을 하는 동안 원의 중심으로 나아가려는 (구심력 / 구동력)
이 발생하기 때문에 가능한 것이다.

18 〈보기〉의 빈칸에 공통으로 들어갈 어휘로 알맞은 것은?

> **보기**
> • 비자를 _____하지 않으면 해외여행을 가지 못하게 될 수도 있다.
> • 찌는 듯한 무더위가 계속되는 가운데 연일 폭염 기록이 _____되고 있다.
> • 자기 주변의 환경을 _____하는 것은 삶을 발전시키는 첫걸음이 될 수 있다.

① 과신   ② 교신   ③ 발신   ④ 갱신   ⑤ 착신

예술과 관련된 말

*Q1~Q7에서 괄호 안의 알맞은 표현을 골라 보세요. 채점 후, 틀린 어휘는 ☐에 표시해 두세요.

☐ **01 각본**
다리 脚 / 근본 本

연극이나 영화를 만들기 위하여 쓴 글. 배우의 동작이나 대사, 무대 장치 따위가 구체적으로 적혀 있다.
예 이 영화의 <u>각본</u>은 무명작가가 쓴 것이지만 관객의 반응이 폭발적이다.

☐ **02 개작**
고칠 改 / 지을 作

작품이나 원고 따위를 고쳐 다시 지음. 또는 그렇게 한 작품
예 그 작품의 원작은 찾을 수 없었고 <u>개작</u>된 원고만이 발견되었다.

☐ **03 걸작**
뛰어날 傑 / 지을 作

매우 훌륭한 작품
예 그의 손길을 거쳐 간 모든 작품은 <u>걸작</u>으로 바뀌었다.

○ **Q1 알맞은 단어는?**
그 작품은 30년 만에 (■각본 / ■개작 / ■걸작)이 되어 다시 공연되는 만큼, 새롭게 바뀐 (■각본 / ■개작 / ■걸작)에 대한 대중의 관심은 뜨거웠고, (■각본 / ■개작 / ■걸작)을 만들어 내고자 하는 제작진의 의지도 굳건했다.

☐ **04 비평**
비평할 批 / 품평 評

❶ 사물의 옳고 그름, 아름다움과 추함 따위를 분석하여 가치를 논함.
예 그 시집에 대한 <u>비평</u>은 매우 날카로웠다.
❷ 남의 잘못을 드러내어 이러쿵저러쿵 좋지 아니하게 말하여 퍼뜨림.
예 타인에 대한 <u>비평</u>을 일삼는 사람은 건전한 인간관계를 만들기 어렵다.

☐ **05 독창성**
홀로 獨 / 비롯할 創 / 성품 性

독창적*인 성향이나 성질
예 예술가들은 <u>독창성</u>이 뛰어나지 않으면 오랫동안 작품 활동을 할 수 없다.

◆**독창적** 다른 것을 모방함이 없이 새로운 것을 처음으로 만들어 내거나 생각해 내는 것

○ **Q2 알맞은 단어는?**
예술 작품의 (■비평 / ■독창성)에서 가장 주안점을 두는 부분은 (■비평 / ■독창성)이다.

☐ **06 다채롭다**
많을 多 / 채색 彩

여러 가지 색채나 형태, 종류 따위가 한데 어울리어 호화스럽다*.
예 봄이 오면 형형색색의 <u>다채로운</u> 꽃들이 장관을 이룬다.

◆**호화스럽다** 보기에 사치스럽고 화려한 데가 있다.

☐ **07 참신하다**
벨 斬 / 새로울 新

새롭고 산뜻하다*.
예 변화를 위해서는 <u>참신한</u> 생각이 필요하다.

◆**산뜻하다** 기분이나 느낌이 깨끗하고 시원하다.

○ **Q3 알맞은 단어는?**
전시장에는 그림, 조각, 미디어 아트 등 (■다채로운 / ■참신한) 작품이 모여 있어 관람객을 즐겁게 했다. 또한 신인 작가들의 (■다채로운 / ■참신한) 작품은 기존 작가들을 위협할 만큼 도전적이고 창의적이었다.

☐ **08 착상하다**
붙을 着 / 생각 想

어떤 일이나 창작의 실마리*가 되는 생각이나 구상 따위를 잡다.
예 오랜 고민 끝에 새로운 계획을 <u>착상했다</u>.

◆**실마리** 일이나 사건을 풀어 나갈 수 있는 첫머리

☐ **09 통찰하다** ☆
꿰뚫을 洞 / 살필 察

예리한 관찰력으로 사물을 꿰뚫어 보다.
예 조사관은 작은 단서만으로도 사건을 <u>통찰할</u> 수 있는 능력을 갖추어야 한다.

○ **Q4 알맞은 단어는?**
시에서 선발된 전문가들은 청소년들의 취향과 관심사를 (■착상하여 / ■통찰하여), 청소년 전용 문화 공간을 디자인하고 설계하는 아이디어를 (■착상했다 / ■통찰했다).

¹⁰ 발산하다
필 發 / 흩을 散

❶ 감정 따위가 밖으로 드러나 해소°되거나 분위기 따위가 한껏 드러나다. 또는 그렇게 되게 하다.
예 광장에 모인 사람들은 온몸으로 분노를 발산하고 있었다.

❷ 냄새, 빛, 열 따위가 사방으로 퍼져 나가다. 또는 그렇게 되게 하다.
예 비가 그치고 노을에 물든 하늘은 오묘한 붉은빛을 발산하고 있었다.

◆ **해소** 어려운 일이나 문제가 되는 상태를 해결하여 없애 버림.

¹¹ 환기하다
부를 喚 / 일어날 起

주의나 여론, 생각 따위를 불러일으키다.
예 잠시 산책이라도 하면서 생각을 환기해 보자.

○ **Q5 알맞은 단어는?**
정부가 제시한 토지 보상안에 실망한 사람들이 너도나도 상실감과 허탈감을 (ᵃ발산하고 / ᵇ환기하고) 있었기에 회의실은 적막과 무거운 공기만이 가득했다. 의장은 사람들의 관심을 (ᵃ발산하기 / ᵇ환기하기) 위해 과장된 밝은 어조로 입을 열었다.

¹² 상투적
항상 常 / 덮개 套 / 과녁 的

늘 써서 버릇이 되다시피 한 것. 또는 그런 것
예 그는 자신을 향한 상투적인 미사여구에 신물을 느끼고 있었다.

¹³ 현학적
팔 衒 / 배울 學 / 과녁 的

학식이 있음을 자랑하는 것. 또는 그런 것
예 지나치게 현학적인 글은 독자에게 감동을 주기 어렵다.

○ **Q6 알맞은 단어는?**
새로 부임한 군수의 거만하고 (ᵃ상투적 / ᵇ현학적)인 태도는 마을 사람들의 공분을 사기에 충분했다. 삶의 터전을 잃은 마을 사람들에게 (ᵃ상투적 / ᵇ현학적)인 위로조차 없는 그를 군수로 인정하는 이는 아무도 없었다.

¹⁴ 지평
땅 地 / 평평할 平

사물의 전망°이나 가능성 따위를 비유적으로 이르는 말
예 그 가수는 전 세계에 케이 팝(K-pop)의 위상을 높이고 한류 문화의 새로운 지평을 열었다.

◆ **전망** 앞날을 헤아려 내다봄. 또는 내다보이는 장래의 상황

¹⁵ 호소력
부를 呼 / 하소연할 訴 / 힘 力

강한 인상을 주어 마음을 사로잡을 수 있는 힘
예 호소력 짙은 그녀의 목소리는 순식간에 관객의 마음을 사로잡았다.

○ **Q7 알맞은 단어는?**
광고계의 새로운 (ᵃ지평 / ᵇ호소력)을 연 것으로 평가되는 이미지 광고는 강렬한 시각적 자극을 통하여 소비자를 유혹하는 (ᵃ지평 / ᵇ호소력)이 뛰어나고, 이는 곧 제품의 매출 상승으로 이어져 업계의 큰 관심을 받고 있다.

> '통찰하다'는 어떠한 사물이나 상황, 문제점 등을 직관적으로 꿰뚫어 보는 것을 의미하는 말인 반면, '성찰하다'는 스스로의 내면을 들여다보고, 자아에 대해 사색하고 반성하는 것을 의미하는 말이에요.

☆ 헷갈리기 쉬운 어휘

통찰하다 꿰뚫을 洞 / 살필 察
예리한 관찰력으로 사물을 꿰뚫어 보다.
예 그는 늘 시간에 쫓기는 자신의 문제가 바로 게으름 때문이라는 것을 통찰하게 되었다.

VS

성찰하다 살필 省 / 살필 察
자기의 마음을 반성하고 살피다.
예 자신을 남과 비교하기보다 자기 자신을 성찰하는 데 집중하면 마음이 편안해진다.

*'어휘 익히기'에서 ☐에 표시된 어휘를 다시 한번 학습한 후, 다음 문제를 풀어 보세요!

[01-03] 주어진 초성과 뜻에 알맞은 어휘를 빈칸에 넣어 문장을 완성하시오.

01 ㄱ ㅈ : 매우 훌륭한 작품

→ 각고의 노력 끝에 _____이 탄생하였다.

02 ㅈ ㅍ : 사물의 전망이나 가능성 따위를 비유적으로 이르는 말

→ 전염병 사태가 장기화되면서 배달 음식이 외식 산업의 새로운 _____을 열게 되었다.

03 ㄱ ㅂ : 연극이나 영화를 만들기 위하여 쓴 글. 배우의 동작이나 대사, 무대 장치 따위가 구체적으로 적혀 있다.

→ 배우는 _____을 성실하게 숙지해야 좋은 연기를 할 수 있다.

[04-07] 다음 밑줄 친 말과 바꿔 쓰기에 알맞은 어휘를 〈보기〉에서 골라 문맥에 맞게 쓰시오.

> 보기
>
> 다채롭다   산뜻하다   참신하다   통찰하다

04 그의 생각은 늘 새롭고 산뜻하여 그와 대화를 나누는 것이 즐겁다.   → _____

05 집 안을 대청소하고 샤워까지 마쳤더니 기분이나 느낌이 깨끗하고 시원하다.   → _____

06 상담사는 상담을 받는 사람의 마음을 예리한 관찰력으로 꿰뚫어 보아 적절한 질문을 해야 한다.

→ _____

07 이 브랜드의 신발은 디자인이 여러 가지 색채나 형태, 종류 따위가 한데 어울리어 호화스러워서 청소년들에게 인기가 많다.   → _____

[08-09] 주어진 뜻풀이를 참고하여 십자말풀이를 완성하시오.

08 ㉠ 학식이 있음을 자랑하는 것

09 ㉡ 늘 써서 버릇이 되다시피 한 것

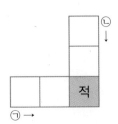

[10-12] 〈보기〉의 글자 카드를 조합하여 문장의 빈칸에 들어갈 알맞은 어휘를 쓰시오.

> **보기**
>
> 개   독   비   성   작   창   평

10 이 드라마는 할리우드에서 흥행했던 영화를 _____한 작품이다.

작품이나 원고 따위를 고쳐 다시 지음. 또는 그렇게 한 작품

11 그의 신랄한 _____을 듣고 나니 내가 쓴 소설이 보잘것없이 느껴졌다.

사물의 옳고 그름, 아름다움과 추함 따위를 분석하여 가치를 논함.

12 동물의 움직임에서 착안한 그녀의 안무는 _____이 뛰어나다는 평가를 받는다.

독창적인 성향이나 성질

[13-15] 밑줄 친 어휘의 뜻으로 적절한 것을 찾아 ○표 하시오.

13 그녀는 신비로운 매력을 <u>발산하여</u> 대중의 인기를 얻었다.

→ (감정이나 분위기가 한껏 드러나게 하여 / 감정이나 분위기가 멀리 퍼져 나가게 하여)

14 그는 여행 경험을 토대로 작품에 관한 새로운 아이디어를 <u>착상했다</u>.

→ (생각이나 구상 따위를 잡았다 / 안정적인 위치에 달라붙었다)

15 여당은 국민들의 긍정적인 여론을 <u>환기하기</u> 위해 새로운 부동산 대책을 발표했다.

→ (생각 따위를 불러일으키기 / 탁한 공기를 맑은 공기로 바꾸기)

16 〈보기〉의 빈칸에 들어갈 어휘로 가장 알맞은 것은?

> **보기**
>
> 　좋은 연설은 대중에게 _____ 있게 전달되는 연설이다. 그러기 위해서는 연설자의 태도와 연설의 내용이 모두 중요하다. 연설자는 진정성 있는 태도와 대중을 사로잡는 카리스마를 동시에 갖추어야 하고, 연설의 내용에는 연설자의 뚜렷한 주관이 논리적으로 담겨 있어야 한다.

① 호소력　　　　　② 친화력　　　　　③ 자제력
④ 추진력　　　　　⑤ 창의력

DAY 11

어휘 익히기

환경과 관련된 말

*Q1~Q7에서 괄호 안의 알맞은 표현을 골라 보세요. 채점 후, 틀린 어휘는 ☐에 표시해 두세요.

☐ **01 산림**
뫼 山 / 수풀 林

산과 숲, 또는 산에 있는 숲
예 사람들의 이기심 때문에 산림이 심하게 훼손되었다.

☐ **02 온난화**
따뜻할 溫 / 따뜻할 暖 / 될 化

지구의 기온◆이 높아지는 현상
예 심각한 온난화에 대응하기 위해 보다 강력한 환경 규제가 필요하다.

◆**기온** 대기의 온도

☐ **03 친환경**
친할 親 / 고리 環 / 지경 境

자연환경을 오염하지 않고 자연 그대로의 환경과 잘 어울리는 일
예 친환경 연료를 이용한 대체 에너지 개발이 시급하다.

Q1 알맞은 단어는?
최근 (⬛산림 / ⬛온난화 / ⬛친환경)(으)로 인해 이상 기후 현상이 계속되면서, 온난화의 확산을 막기 위한 (⬛산림 / ⬛온난화 / ⬛친환경) 자원에 대한 관심이 뜨거워졌다. 도시에서도 (⬛산림 / ⬛온난화 / ⬛친환경)을/를 훼손하며 무분별한 개발을 하기보다는 녹지를 보존하는 지속 가능한 개발이 각광받고 있다.

☐ **04 우거지다**

풀, 나무 따위가 자라서 무성해지다◆.
예 방치된 밭은 잡초만 우거져 을씨년스러운 분위기를 자아내고 있었다.

◆**무성하다** 풀이나 나무 따위가 자라서 우거져 있다.

☐ **05 우량하다**
넉넉할 優 / 어질 良

물건의 품질이나 상태가 좋다.
예 이 상품은 기존의 단점을 보완한 훨씬 우량한 제품입니다.

Q2 알맞은 단어는?
황량했던 산에 (⬛우거진 / ⬛우량한) 재배종을 심기로 한 결정은 탁월한 것이었다. 머지않아 산은 푸르른 초록빛으로 (⬛우거진 / ⬛우량한) 모습을 되찾았다.

☐ **06 개량하다**
고칠 改 / 어질 良

나쁜 점을 보완하여◆ 더 좋게 고치다.
예 이것은 한복을 개량하여 편의와 기능성을 높인 옷입니다.

◆**보완하다** 모자라거나 부족한 것을 보충하여 완전하게 하다.

☐ **07 재배하다**
심을 栽 / 북돋울 培

식물을 심어 가꾸다.
예 그는 상품성이 높은 농작물을 재배하는 데 집중하고 있다.

Q3 알맞은 단어는?
다부진 포부를 가지고 귀농한 청년 농부들은 농촌에 새 바람을 일으켰다. 기존 작물을 척박한 생육 환경에 잘 적응할 수 있는 튼튼한 품종으로 (⬛개량하는 / ⬛재배하는) 것은 물론이고, 아직 우리나라에서는 대중화되지 않은 외래종들도 실험적으로 (⬛개량하기 / ⬛재배하기) 시작했다.

☐ **08 배출하다**
물리칠 排 / 날 出

안에서 밖으로 밀어 내보내다.
예 일몰 이후에 쓰레기를 배출해 주시기 바랍니다.

☐ **09 정화하다**
깨끗할 淨 / 될 化

불순하거나 더러운 것을 깨끗하게 하다.
예 아름다운 경관을 보고 불순한 마음을 정화하였다.

Q4 알맞은 단어는?
공장에서 오염된 폐수를 하수 처리장으로 (⬛배출할 / ⬛정화할) 때에는 반드시 기준에 맞게 (⬛배출하는 / ⬛정화하는) 단계를 거쳐 수질 오염을 방지해야 한다.

정답 Q: 1 ㄴ, ㄷ, ㄱ 2 ㄴ, ㄱ 3 ㄱ, ㄴ 4 ㄱ, ㄴ

☐ **¹⁰ 고갈되다**
마를 枯 / 목마를 渴

❶ 어떤 일의 바탕이 되는 돈이나 물자, 소재, 인력 따위가 다하여 없어지다.
㉮ 무리한 시합 일정으로 인해 선수들의 체력도 고갈되어 가고 있었다.

❷ 느낌이나 생각 따위가 다 없어지다.
㉮ 타인에 대한 배려와 정마저 고갈되어 가는 삭막한 현실이 서글프다.

☐ **¹¹ 멸종하다** ☆
멸망할 滅 / 씨 種

생물의 한 종류가 아주 없어지다. 또는 생물의 한 종류를 아주 없애 버리다.
㉮ 급격한 기후의 변화로 희귀종들이 멸종하는 위기에 직면했다.

Q5 알맞은 단어는?
무분별한 개발로 인하여 산림 자원이 (ᄀ고갈되면 / ᄂ멸종하면) 생태계의 먹이 사슬에도 교란이 생겨 (ᄀ고갈되는 / ᄂ멸종하는) 생물들이 늘어나게 될 것이다.

☐ **¹² 허름하다**

❶ 좀 헌 듯하다.
㉮ 허름한 옷차림과 달리 그의 말솜씨는 유창했다.

❷ 사람이나 물건이 표준에 약간 미치지 못한 듯하다.
㉮ 가격에 비해 허름한 건물의 모습에 그는 실망감을 감추지 못했다.

☐ **¹³ 황량하다**
거칠 荒 / 서늘할 涼

황폐하여 거칠고 쓸쓸하다.
㉮ 황량한 벌판에도 봄은 찾아왔다.

Q6 알맞은 단어는?
전쟁이 지나간 듯 사람들이 모두 떠나간 (ᄀ허름한 / ᄂ황량한) 마을은 고요하기까지 했다. 안내받은 집은 오랫동안 손보지 않아 (ᄀ허름하긴 / ᄂ황량하긴) 했지만, 잠시 머물기엔 충분했다.

☐ **¹⁴ 공존하다**
함께 共 / 있을 存

❶ 두 가지 이상의 사물이나 현상이 함께 존재하다.
㉮ 자본주의 경제 체제에는 밝음과 어두움이 공존한다.

❷ 서로 도와서 함께 존재하다.
㉮ 악어와 악어새는 공존하며 살아가는 공생 관계이다.

☐ **¹⁵ 방치하다**
놓을 放 / 둘 置

내버려 두다.
㉮ 음식물 쓰레기를 방치했더니 고약한 냄새가 풍기기 시작했다.

Q7 알맞은 단어는?
(ᄀ공존하는 / ᄂ방치된) 원시림인 줄로만 알았던 제주도의 곶자왈은 남쪽과 북쪽의 식물이 (ᄀ공존하여 / ᄂ방치되어) 다양한 식물과 멸종 위기의 동물들을 연구할 수 있는 가치 있는 곳으로 재평가되고 있다.

> '멸종하다'는 주로 생물에 제한된 표현으로 대상이 아주 없어진 상태를 의미하고, '멸족하다'는 한 가족이나 종족에 제한된 표현으로 가족이 망하여 없어진다는 의미예요.

☆ **헷갈리기 쉬운 어휘**

멸종하다 멸망할 滅 / 씨 種
생물의 한 종류가 아주 없어지다. 또는 생물의 한 종류를 아주 없애 버리다.
㉮ 수 세기 전에 멸종한 동물의 발자국이 발견되었다.

VS

멸족하다 멸망할 滅 / 겨레 族
한 가족이나 종족이 망하여 없어지다. 또는 한 가족이나 종족을 멸하여 없애다.
㉮ 죄인의 재산을 몰수하고 그 가문을 멸족하였다.

＊'어휘 익히기'에서 ☐에 표시된 어휘를 다시 한번 학습한 후, 다음 문제를 풀어 보세요!

[01-04] 주어진 초성과 뜻에 알맞은 어휘를 빈칸에 넣어 문장을 완성하시오.

01 ㅇ ㄹ 하다: 물건의 품질이나 상태가 좋다.

→ 제주도에서 재배하는 열대 과일은 _____하여 상품성이 높다.

02 ㅂ ㅊ 하다: 안에서 밖으로 밀어 내보내다.

→ 쓰레기를 _____하는 시간과 장소를 준수하여 청결한 환경 유지에 힘씁시다.

03 ㄱ ㄹ 하다: 나쁜 점을 보완하여 더 좋게 고치다.

→ 화재 대피 훈련에서 더 신속하고 민첩하게 대응할 수 있도록 대피로를 _____했다.

04 ㅈ ㅎ 하다: 불순하거나 더러운 것을 깨끗하게 하다.

→ 자연은 오염되었을 때 스스로 일정 수준까지 _____하는데 이를 자정 작용이라 한다.

[05-08] 다음 말 상자에서 주어진 뜻에 해당하는 어휘를 찾아 쓰시오.

05 대기의 온도 → ☐☐

06 산과 숲, 또는 산에 있는 숲 → ☐☐

07 지구의 기온이 높아지는 현상 → ☐☐☐

08 자연환경을 오염하지 않고 자연 그대로의 환경과 잘 어울리는 일

→ ☐☐☐

가	하	우	연	바
친	온	자	원	정
환	다	난	나	기
경	화	산	화	온
숲	도	림	어	람

[09-10] 밑줄 친 어휘의 뜻풀이가 적절하도록 알맞은 어휘를 찾아 ○표 하시오.

09 인류는 식량 자원이 <u>고갈될</u> 미래에 대비하기 위해 대체 식량 개발에 힘쓰고 있다.

→ 어떤 일의 바탕이 되는 돈이나 물자, 소재, 인력 따위가 다하여 (없어지다 / 많아지다).

10 그는 어눌한 말투부터 자신감 없는 표정과 구부정한 자세까지 <u>허름한</u> 인상을 풍겼다.

→ 사람이나 물건이 표준에 약간 (미치지 못한 / 웃도는) 듯하다.

[11-14] 〈보기〉의 글을 읽고 밑줄 친 어휘의 뜻을 찾아 바르게 연결하시오.

> **보기**
>
> 지민 : 저기 봐. 또 산을 깎아서 새로 아파트를 짓나 봐. 그 많던 나무를 다 베어 내고 나니 산이 참 황량해 보인다.
> 유나 : 그러게. 나무가 우거진 산이 동네에 있어서 공기도 좋고 보기에도 참 좋았었는데 아쉽다.
> 지민 : 이렇게 나무를 계속 베어내고 산을 깎아 내면 거기서 살던 동식물들은 어떻게 되는 걸까?
> 유나 : 새로운 삶의 터전을 찾거나 바뀐 환경에 적응하지 못하면 멸종할 수도 있겠지.
> 지민 : 인간만 더 좋은 곳에서 살려고 자연을 파괴하지 말고, 인간과 자연이 공존하는 방법을 찾아 보았으면 좋겠어.

11 황량하다 ·

· ㉠ 황폐하여 거칠고 쓸쓸하다.

12 우거지다 ·

· ㉡ 풀, 나무 따위가 자라서 무성해지다.

13 멸종하다 ·

· ㉢ 서로 도와서 함께 존재하다.

14 공존하다 ·

· ㉣ 생물의 한 종류가 아주 없어지다. 또는 생물의 한 종류를 아주 없애 버리다.

[15-17] 다음 밑줄 친 어휘의 뜻을 〈보기〉에서 찾아 그 기호를 쓰시오.

> **보기**
>
> ㉠ 내버려 두다.
> ㉡ 식물을 심어 가꾸다.
> ㉢ 풀이나 나무 따위가 자라서 우거져 있다.

15 처음에는 작은 묘목이었는데 어느새 잎이 무성한 나무가 되었다. ( )

16 상처가 생겼을 때에는 방치하지 말고 즉시 소독을 해서 세균 감염을 막아야 한다. ( )

17 스트레스 완화와 안전한 먹거리 마련을 위해 직접 채소를 재배하는 가정이 늘고 있다. ( )

DAY 12
어휘 익히기

문화와 관련된 말

*Q1~Q7에서 괄호 안의 알맞은 표현을 골라 보세요. 채점 후, 틀린 어휘는 ☐에 표시해 두세요.

☐ 01 **계승하다**
이을 繼 / 받들 承

❶ 조상의 전통이나 문화유산, 업적 따위를 물려받아 이어 나가다.
예 그녀는 종갓집의 음식 솜씨를 계승하여 한식의 맛과 멋을 널리 알렸다.

❷ 선임자의 뒤를 이어받다.
예 모두의 반대를 무릅쓰고 그가 회사 대표직을 계승하게 되었다.

☐ 02 **복구하다**
돌아올 復 / 옛 舊

손실 이전의 상태로 회복하다◆.
예 불타 버린 남대문을 복구하는 데 상당한 시간이 소요되었다.

◆ **회복하다** 원래의 상태로 돌이키거나 원래의 상태를 되찾다.

○ **Q1** 알맞은 단어는? 우리나라의 전통 건축 양식을 (ᄀ계승하여 / ᄂ복구하여) 축조된 불탑 중 일부는 소실되었으나, 고서에 남아 있는 자료를 토대로 이를 다시 (ᄀ계승하는 / ᄂ복구하는) 작업이 한창 진행 중이다.

☐ 03 **경유하다**
지날 經 / 말미암을 由

어떤 곳을 거쳐 지나다.
예 이 항공편은 일본을 경유하여 하와이에 갑니다.

☐ 04 **체류하다**
막힐 滯 / 머무를 留

객지◆에 가서 머물러 있다.
예 그는 영국에 오랫동안 체류하여 영어 실력이 출중하다.

◆ **객지** 자기 집을 멀리 떠나 임시로 있는 곳

○ **Q2** 알맞은 단어는? 갑작스러운 항공기 결항으로 승객들은 공항에 (ᄀ경유하게 / ᄂ체류하게) 되었다. 일부 승객들은 목적지 주변 국을 (ᄀ경유하는 / ᄂ체류하는) 한이 있더라도 최대한 빠른 항공편을 제공해 줄 것을 항공사에 요청하였다.

☐ 05 **주역**
주인 主 / 부릴 役

❶ 주된 역할. 또는 주된 역할을 하는 사람
예 이번 승리의 주역은 바로 여러분입니다.

❷ 연극이나 영화에서, 주연하는 배역. 또는 그 배우
예 신인 배우가 연극의 주역을 맡게 되었다.

☐ 06 **호평**
좋을 好 / 품평 評

좋게 평함. 또는 그런 평판이나 평가
예 대한민국 국민들의 우수한 시민 의식에 전 세계가 호평을 쏟아 냈다.

○ **Q3** 알맞은 단어는? 이번 영화에서 (ᄀ주역 / ᄂ호평)을 맡은 배우는 기존의 이미지에서 탈피한 과감한 연기 변신을 시도하여 평론가들의 (ᄀ주역 / ᄂ호평)을 받았다.

☐ 07 **경관**
경치 景 / 볼 觀

산이나 들, 강, 바다 따위의 자연이나 지역의 풍경
예 한라산은 사시사철 빼어난 경관을 자랑한다.

☐ 08 **인파**
사람 人 / 물결 波

사람의 물결이란 뜻으로, 수많은 사람을 이르는 말
예 제야의 종소리를 듣기 위해 엄청난 인파가 모여들었다.

○ **Q4** 알맞은 단어는? 제주도는 수려한 (ᄀ경관 / ᄂ인파)와/과 특색 있는 향토 음식 덕분에 남녀노소를 불문한 (ᄀ경관 / ᄂ인파)들로 늘 붐빈다.

☐ ⁰⁹ **섭외하다**
건널 涉 / 바깥 外

연락을 취하여 의논하다.
예 성공적인 행사를 위해 실력 있는 오케스트라를 <u>섭외</u>하였다.

☐ ¹⁰ **재현하다** ☆
다시 再 / 나타날 現

다시 나타나다. 또는 다시 나타내다.
예 사건 당시의 기억을 생생하게 <u>재현</u>하게 되었다.

○ **Q5 알맞은 단어는?**

사극을 제작할 때 가장 유의해야 할 점은 철저한 고증을 통해 왜곡되지 않은 역사적 사실을 (^ㄱ섭외하는 / ^ㄴ재현하는) 것과, 시대적 배경과 인물의 성격에 잘 어울리는 배우들을 (^ㄱ섭외하는 / ^ㄴ재현하는) 것이다.

☐ ¹¹ **금기**
금할 禁 / 꺼릴 忌

마음에 꺼려서◆ 하지 않거나 피함.
예 해외여행 전에 그 나라의 고유한 문화와 <u>금기</u>를 알아두는 것이 좋다.

◆ **꺼리다** 사물이나 일 따위가 자신에게 해가 될까 하여 피하거나 싫어하다.

☐ ¹² **전율**
싸울 戰 / 두려워할 慄

❶ 몹시 무섭거나 두려워 몸이 벌벌 떨림.
예 그 영화는 음향 효과만으로도 관객을 공포와 <u>전율</u>에 휩싸이게 했다.

❷ 몸이 떨릴 정도로 감격스러움◆을 비유적으로 이르는 말
예 그의 연주를 들은 후 나는 온몸에 <u>전율</u>을 느꼈다.

◆ **감격스럽다** 마음에 깊이 느끼어 크게 감동이 되는 듯하다.

○ **Q6 알맞은 단어는?**

사람은 누구나 약간의 반항심을 가지고 있는 것 같다. 절대적 선과 보편적 가치에 맞서는 (^ㄱ금기 / ^ㄴ전율)을/를 어겼을 때 묘한 해방감과 짜릿한 (^ㄱ금기 / ^ㄴ전율)을/를 느낄 때가 있다.

☐ ¹³ **원작**
근원 原 / 지을 作

연극이나 영화의 각본으로 각색되거나 다른 나라의 말로 번역◆되기 이전의 본디 작품
예 그 영화의 <u>원작</u>은 유명한 작가의 단편 소설이다.

◆ **번역** 어떤 언어로 된 글을 다른 언어의 글로 옮김.

☐ ¹⁴ **대중성**
큰 大 / 무리 衆 / 성품 性

일반 대중이 친숙하게 느끼고 즐기며 좋아할 수 있는 성질
예 <u>대중성</u>이 강한 음악은 많은 사람들의 사랑을 받는다.

☐ ¹⁵ **인지도**
알 認 / 알 知 / 법도 度

어떤 사람이나 물건을 알아보는 정도
예 신인 가수는 자신의 <u>인지도</u>를 높이기 위해 길거리 공연을 하였다.

○ **Q7 알맞은 단어는?**

이번에 영화로 제작되는 셰익스피어 (^ㄱ원작 / ^ㄴ대중성 / ^ㄷ인지도)의 '햄릿'은 누구에게나 친숙한 고전으로 워낙 (^ㄱ원작 / ^ㄴ대중성 / ^ㄷ인지도)이/가 높은 작품이다. 그래서 감독은 식상한 내용이 되지 않도록 요즘 세태에 맞추어 (^ㄱ원작 / ^ㄴ대중성 / ^ㄷ인지도) 있게 각색하는 작업에 심혈을 기울이고 있다.

> '재현하다'는 똑같이 모사하여 다시 나타낸다는 의미가 강한 반면, '재연하다'는 했던 것을 다시 되풀이하고 반복한다는 의미가 강해요.

☆ 헷갈리기 쉬운 어휘

재현하다 다시 再 / 나타날 現
다시 나타나다. 또는 다시 나타내다.
예 중세 시대를 그대로 <u>재현</u>해 놓은 레스토랑은 손님들에게 사진 찍기 좋은 명소로 떠올랐다.

VS

재연하다 다시 再 / 멀리 흐를 演
❶ 연극이나 영화 따위를 다시 상연하거나 상영하다.
❷ 한 번 하였던 행위나 일을 다시 되풀이하다.
예 성황리에 공연되었던 그 연극은 관객의 요청에 의해 <u>재연</u>되었다.

＊'어휘 익히기'에서 ☐에 표시된 어휘를 다시 한번 학습한 후, 다음 문제를 풀어 보세요!

[01-04] 다음 뜻에 알맞은 어휘를 찾아 연결하시오.

01 손실 이전의 상태로 회복하다. •

• ㉠ 복구하다

02 연락을 취하여 의논하다. •

• ㉡ 꺼리다

03 다시 나타나다. 또는 다시 나타내다. •

• ㉢ 재현하다

04 사물이나 일 따위가 자신에게 해가 될까 하여 피하거나 싫어하다. •

• ㉣ 섭외하다

[05-08] 다음 문장에 어울리는 어휘를 골라 ○표 하시오.

05 목적지에 가는 길에 휴게소를 (경계하는 / 경유하는) 바람에 도착 시간이 늦어졌다.

06 우리의 전통문화를 (계승하는 / 환승하는) 것은 우리 민족의 정신을 이어 가는 것이다.

07 대한민국 양궁 대표 선수들의 금메달 획득 소식은 국민들에게 감동과 (운율 / 전율)을 선사했다.

08 어린 시절 외국에서 (체류했던 / 체불했던) 경험은 다양한 민족과 문화를 이해하는 데 도움을 주었다.

[09-11] 다음 밑줄 친 어휘의 뜻을 〈보기〉에서 찾아 그 기호를 쓰시오.

> 보기
> ㉠ 어떤 사람이나 물건을 알아보는 정도
> ㉡ 어떤 언어로 된 글을 다른 언어의 글로 옮김.
> ㉢ 일반 대중이 친숙하게 느끼고 즐기며 좋아할 수 있는 성질

09 대중에게 인지도가 낮았던 제품들이 희소성을 중시하는 젊은 세대에게 각광받고 있다. (   )

10 외국 관광객을 위한 안내 책자에 잘못된 번역으로 혼란을 주는 부분이 간혹 발견되곤 한다.
(   )

11 일부 부유한 사람들의 전유물처럼 여겨졌던 골프가 근래에는 대중성 있는 운동으로 자리 잡고 있다.
(   )

[12-14] 다음 문장의 빈칸에 들어갈 수 <u>없는</u> 어휘를 고르시오.

12 설악산은 사시사철 수려한 _____(으)로 관광객들의 사랑을 받고 있다.
　① 경치　　　　② 풍경　　　　③ 비경　　　　④ 주관　　　　⑤ 경관

13 ○○전자에서 새롭게 출시한 휴대 전화는 빼어난 디자인과 내구성으로 _____을/를 받았다.
　① 칭찬　　　　② 호평　　　　③ 혹평　　　　④ 찬사　　　　⑤ 칭송

14 세계 불꽃 축제가 개최된다는 소식에 여의도 광장은 각지에서 몰려든 _____(으)로 북적였다.
　① 인파　　　　② 행렬　　　　③ 사람　　　　④ 접객　　　　⑤ 관광객

[15-18] 〈보기〉의 글자 카드를 조합하여 다음 뜻에 알맞은 어휘를 쓰고, 이를 활용하여 문장을 만드시오.

> 보기
>
> 객　금　기　역
> 원　작　주　지

15 마음에 꺼려서 하지 않거나 피함.
　→ ☐☐ : _____

16 자기 집을 멀리 떠나 임시로 있는 곳
　→ ☐☐ : _____

17 주된 역할. 또는 주된 역할을 하는 사람
　→ ☐☐ : _____

18 연극이나 영화의 각본으로 각색되거나 다른 나라의 말로 번역되기 이전의 본디 작품
　→ ☐☐ : _____

종합 문제

01 다음 단어의 사전적 의미가 알맞지 <u>않은</u> 것은?

① 검증하다: 검사하여 증명하다.

② 비옥하다: 땅이 걸고 기름지다.

③ 완만하다: 움직임이 느릿느릿하다.

④ 온화하다: 날씨가 맑고 따뜻하며 바람이 부드럽다.

⑤ 분화하다: 생물이 생명의 기원 이후부터 점진적으로 변해 가다.

02 〈보기〉의 ㉠, ㉡에 들어갈 어휘끼리 바르게 짝지어진 것은?

> **보기**
> • 백신 접종을 한 후에 (㉠)이/가 생기기까지는 시간이 소요됩니다.
> • 백신 접종 후에 나타나는 발열, 두통 등의 증상은 우리 몸에서 일어나는 (㉡) 반응입니다.

	㉠	㉡		㉠	㉡		㉠	㉡
①	항체	사멸	②	항원	발현	③	항체	면역
④	항원	면역	⑤	항체	호전			

03 밑줄 친 어휘 중 〈보기〉의 뜻으로 쓰이지 <u>않은</u> 것은?

> **보기**
> 체제, 체계 따위의 기초를 닦아 세움.

① 고대의 건축물들은 기하학의 원리를 이용하여 견고하게 <u>구축</u>되었다.

② 그는 젊은 층의 전폭적인 지지를 바탕으로 그만의 정치 철학을 <u>구축</u>하고 있다.

③ 고객들의 구매 정보를 기반으로 취향에 맞는 추천 상품을 노출하는 시스템을 <u>구축</u>하였다.

④ 역사 속에서 민중의 힘으로 <u>구축</u>된 민주주의는 인간의 존엄성과 평등사상에 바탕을 두고 있다.

⑤ 길동은 율도국에서 그가 생각하는 이상적인 사상과 체계를 <u>구축</u>하여 정치를 하다가 신선이 되었다.

04 〈보기〉의 빈칸에 공통으로 들어갈 어휘로 알맞은 것은?

> **보기**
> • 수온은 물고기의 성장에 영향을 끼치는 가장 중요한 ( ) 환경 요인이다.
> • 토지 개발에 반대하는 주민들은 당국과의 ( ) 충돌도 마다하지 않기로 했다.

① 구체적 ② 물리적 ③ 사회적 ④ 자연적 ⑤ 화학적

05 〈보기〉의 ㉠~㉢에 들어갈 어휘를 순서대로 짝지은 것은?

> **보기**
> • 우리나라는 삼면이 바다로 둘러싸인 ___㉠___ 라는 지형적 특징을 지녔다.
> • ___㉡___ 주변은 태양광에 많이 노출되고 바람이 적어 기후가 고온다습하다.
> • ___㉢___ 을/를 나눌 때는 영국의 그리니치 천문대의 경선을 기준점으로 한다.

① 다도, 적도, 위도 ② 적도, 반도, 위도 ③ 반도, 적도, 경도

④ 적도, 반도, 자오선 ⑤ 반도, 위도, 자오선

06 문맥적 의미가 ㉠과 가장 가까운 것은?

> 보기
>
> 어린아이의 해맑은 미소는 우리 마음을 ㉠깨끗하게 만들어 준다.

① 정직하다　　② 정숙하다　　③ 정돈하다　　④ 정착하다　　⑤ 정화하다

07 밑줄 친 어휘와 바꿔 쓰기에 알맞지 않은 것은?

① 전동 킥보드를 운전할 때에는 필수적으로 헬멧을 착용해야 한다. → 구동할

② 울창한 숲에 들어서면 피톤치드가 가득해서 상쾌함을 느낄 수 있다. → 우거진

③ 과일의 당도를 높이기 위해 품종을 고치는 노력이 계속되고 있다. → 개량하는

④ 연구 개발을 통해 신제품을 생산하는 좋은 기업에 투자가 집중되고 있다. → 우량한

⑤ 국토 대장정이 막바지에 이르자 대원들의 기력이 없어져서 이동 속도가 매우 늦어졌다. → 멸종되어

08 다음 글의 빈칸에 들어갈 어휘로 가장 알맞은 것은?

> 내일 새벽에는 시간당 110개의 별똥별이 떨어지며, 지상 최대의 우주 쇼를 볼 수 있을 예정이다. 또한 날씨가 맑다면, 가장 밝고 화려하다고 알려진 '페르세우스 유성우'를 함께 _____ 수 있을 것으로 기대된다.

① 감시할　　② 검사할　　③ 검출할　　④ 관측할　　⑤ 관철할

09 밑줄 친 어휘의 쓰임이 알맞지 않은 것은?

① 아역 배우의 호소력 짙은 눈물 연기가 관객의 마음을 사로잡았다.

② 창작 예술가들은 대중성과 예술성 사이에서 갈등에 빠지곤 한다.

③ 우리나라는 4차에 걸친 경제 개발 5개년 계획을 통해 비약적 발전을 이룩했다.

④ 다민족 국가일수록 인종에 따른 차별에서 벗어나 모두가 공존할 수 있는 정책이 필요하다.

⑤ 텔레비전 프로그램에서 상품 노출 광고가 많아지자 지나치게 상투적이라는 비난이 쏟아졌다.

10 〈보기〉의 ㉠~㉤에 들어갈 어휘와 그 의미의 연결이 알맞지 않은 것은?

> 보기
>
> • 새로운 약을 이용한 치료로 아버지의 병세가 (　㉠　)되었다.
> • 어린이들의 영양 과잉과 정서적 (　㉡　)이 사회적 문제가 되고 있다.
> • 전자책과 미디어의 발달로 사람들의 인쇄 출판물에 대한 수요가 (　㉢　).
> • 그는 파격적인 문체와 신선한 소재로 소설의 새로운 (　㉣　)을 열었다고 평가받는다.
> • 차량 운전자는 모퉁이를 돌 때 (　㉤　)이 작용하는 것을 염두에 두고 속도를 줄여야 한다.

① ㉠: 호전 – 병세가 진전되어 악화됨.

② ㉡: 결핍 – 있어야 할 것이 없어지거나 모자람.

③ ㉢: 감쇄했다 – 줄어 없어지다.

④ ㉣: 지평 – 사물의 전망이나 가능성 따위를 비유적으로 이르는 말

⑤ ㉤: 원심력 – 원운동을 하는 물체나 입자에 작용하는, 원의 바깥으로 나아가려는 힘

속담 연상 퀴즈

≫ 다음 그림을 보고 빈칸을 채워 속담을 완성하세요.

1 ☐☐가 길면 밟힌다

나쁜 일을 여러 번 계속하면 결국에는 들키고 만다는 것을 비유적으로 이르는 말

2 대추나무에 ☐ 걸리듯

여기저기에 빚을 많이 진 것을 비유적으로 이르는 말

3 ☐☐옷 입고 밤길 다닌다

생색이 나지 않는 공연한 일에 애쓰고도 보람이 없는 경우를 비유적으로 이르는 말

4 ☐☐☐에 콩 볶아 먹겠다

어떤 행동을 당장 해치우지 못하여 안달하는 조급한 성질을 이르는 말

5 ☐☐☐ 삼 년에 풍월을 읊는다

지식과 경험이 전혀 없는 사람이라도 그 분야에 오래 있으면 지식과 경험을 갖게 된다는 것을 비유적으로 이르는 말

6 감나무 밑에 누워 ☐ 떨어지길 기다린다

아무런 노력도 아니하면서 좋은 결과가 이루어지기만 바람을 비유적으로 이르는 말

II

표현력을 위한 생활 어휘

3주차

DAY 13

어휘 익히기

대상을 가리키는 말

*Q1~Q7에서 괄호 안의 알맞은 표현을 골라 보세요. 채점 후, 틀린 어휘는 ☐에 표시해 두세요.

☐ **01 처사**
곳 處 / 선비 士

예전에, 벼슬을 하지 아니하고 초야◆에 묻혀 살던 선비
예 조선 중기에는 붕당 정치로 인해 지방에서 은둔하는 처사들이 많았다.

◆ **초야** 풀이 난 들이라는 뜻으로, 궁벽한 시골을 이르는 말

☐ **02 홍진**
붉을 紅 / 티끌 塵

번거롭고 속된 세상을 비유적으로 이르는 말
예 그는 홍진에 대한 욕심과 미련을 모두 버리고 나서 진정한 자유를 느꼈다.

☐ **03 산천초목**
뫼 山 / 내 川 / 풀 草 / 나무 木

산과 내와 풀과 나무라는 뜻으로, '자연'을 이르는 말
예 세월이 흘러 내 고향 산천초목에도 도시화의 바람이 불고 있었다.

○ **Q1 알맞은 단어는?** 정치적으로 혼란한 시기에는 (☐처사 / ☐홍진 / ☐산천초목)에 환멸을 느끼고 스스로 벼슬을 등진 채, (☐처사 / ☐홍진 / ☐산천초목)을/를 찾아 (☐처사 / ☐홍진 / ☐산천초목)이/가 되는 선비들이 많았다.

☐ **04 가객** ☆
아름다울 佳 / 손님 客

반갑고 귀한 손님
예 그녀는 오매불망하던 가객이 온다는 생각에 아무것도 할 수 없었다.

☐ **05 불청객**
아닐 不 / 청할 請 / 손님 客

오라고 청하지 않았는데도 스스로 찾아온 손님
예 단 한 명의 불청객으로 인해 공연장의 분위기는 순식간에 싸늘해졌다.

○ **Q2 알맞은 단어는?** 김 씨는 가게를 찾는 모든 이들을 (☐가객 / ☐불청객)으로 진심을 다하여 대했지만, 일과를 마친 후 찾아오는 공허함과 외로움은 피할 수 없는 (☐가객 / ☐불청객)이었다.

☐ **06 넋두리**

불만을 길게 늘어놓으며 하소연◆하는 말
예 어머니는 한숨 섞인 넋두리를 늘어놓았다.

◆ **하소연** 억울한 일이나 잘못된 일, 딱한 사정 따위를 말함.

☐ **07 들러리**

어떤 일을 할 때 일의 주체가 아닌 곁따르는◆ 노릇이나 사람을 비유적으로 이르는 말
예 이번 선거에 들러리로 나갈 바에야 출마 의사를 철회하겠습니다.

◆ **곁따르다** 어떤 것에 덧붙어서 따르다.

○ **Q3 알맞은 단어는?** 그는 자신의 인생에서 (☐넋두리 / ☐들러리)가 아닌 주인공이었고, 주목받는 일이 너무도 익숙했다. 주어진 상황과 환경에 대해 (☐넋두리 / ☐들러리)를 늘어놓기보다는 정면으로 돌파하였다.

☐ **08 밑천**

어떤 일을 하는 데 바탕이 되는 돈이나 물건, 기술, 재주 따위를 이르는 말
예 장사 밑천을 대 주다.

☐ **09 화수분**

재물이 계속 나오는 보물단지. 그 안에 온갖 물건을 담아 두면 끝없이 새끼를 쳐 그 내용물이 줄어들지 않는다는 설화상의 단지를 이른다.
예 농경 사회에서는 매년 돈을 낳는 땅을 화수분으로 쳤다.

○ **Q4 알맞은 단어는?** 변변한 (☐밑천 / ☐화수분)도 없이 시작한 사업은 성공 가도를 달려 (☐밑천 / ☐화수분) 역할을 톡톡히 해냈다.

정답 Q: 1 ㄴ, ㄷ, ㄱ 2 ㄱ, ㄴ 3 ㄴ, ㄱ 4 ㄱ, ㄴ

10 액땜
재앙 厄

앞으로 닥쳐올 액을 다른 가벼운 곤란◆으로 미리 겪음으로써 무사히 넘김.

예 지갑을 잃어버린 것으로 올해의 액땜을 했다고 치자꾸나.

◆ 곤란 사정이 몹시 딱하고 어려움. 또는 그런 일

11 횡액
가로 橫 / 재앙 厄

뜻밖에 닥쳐오는 불행 = 횡래지액(橫來之厄)

예 교통사고라는 횡액은 누구에게든 찾아올 수 있으므로, 늘 주의해야 한다.

Q5 알맞은 단어는? 매년 봄이 찾아오면, 마을 어귀에서는 한 해의 (ㄱ액땜 / ㄴ횡액)을 막고자 굿판이 벌어졌다. 마을 사람들은 서둘러 (ㄱ액땜 / ㄴ횡액)을 하여 남은 한 해가 편안해지기를 한 마음 한 뜻으로 염원했다.

12 외곬

① 단 한 곳으로만 트인 길

예 이 산책로는 외곬이라 길을 잃을 염려가 없습니다.

② (주로 '외곬으로' 꼴로 쓰여) 단 하나의 방법이나 방향

예 자신의 주장을 외곬으로 고집하는 사람은, 융통성 있는 사람에게 당하기 마련이다.

13 문외한
문 門 / 바깥 外 / 한나라 漢

① 어떤 일에 직접 관계가 없는 사람

예 그는 이번 일에는 문외한이다.

② 어떤 일에 전문적인 지식이 없는 사람

예 예술에는 문외한이지만, 과학에는 제법 일가견이 있습니다.

Q6 알맞은 단어는? 자신의 관심 밖의 분야에 대하여 지나치게 (ㄱ외곬 / ㄴ문외한)인 것과 자신의 관심 분야에 대해 지나치게 (ㄱ외곬 / ㄴ문외한)인 것은 모두 생각을 편협하게 할 수 있으므로 경계해야 하는 태도이다.

14 호각
서로 互 / 뿔 角

서로 우열을 가릴 수 없을 정도로 역량◆이 비슷한 것. 쇠뿔의 양쪽이 서로 길이나 크기가 같다는 데에서 유래함.

예 월드컵 결승전에서 보여 준 두 팀의 기량은 호각이었다.

◆ 역량 어떤 일을 해낼 수 있는 힘

15 호걸
호걸 豪 / 뛰어날 傑

지혜와 용기가 뛰어나고 기개◆와 풍모가 있는 사람

예 그는 지덕체를 갖춘 호걸의 면모를 가지고 있다.

◆ 기개 씩씩한 기상과 굳은 절개

Q7 알맞은 단어는? 이번 오디션은 전국 각지에서 이름난 (ㄱ호각 / ㄴ호걸)들이 모여든 만큼 심사 위원들도 (ㄱ호각 / ㄴ호걸)인 참가자들을 평가하기 위하여 엄정한 심사 기준을 마련해야 한다.

'가객'과 '과객'의 '객(客)'은 '찾아온 사람'을 뜻하는 것 외에도, '집을 떠나 여행길을 가는 사람'을 의미하기도 해요.

☆ 헷갈리기 쉬운 어휘

가객 아름다울 佳 / 손님 客

반갑고 귀한 손님

예 노년의 부모에게 자식보다 더한 가객은 없을 것이다.

VS

과객 지날 過 / 손님 客

지나가는 나그네

예 지나가는 과객인데, 잠시 쉬었다가 갈 수 있을까요?

어휘 확인하기

*'어휘 익히기'에서 ◯에 표시된 어휘를 다시 한번 학습한 후, 다음 문제를 풀어 보세요!

[01-04] 주어진 초성과 뜻에 알맞은 어휘를 빈칸에 넣어 문장을 완성하시오.

01 ㄱ ㄱ : 씩씩한 기상과 굳은 절개

→ 우리 민족의 _____를 만천하에 떨치고 돌아온 선수단이 자랑스럽다.

02 ㅎ ㅈ : 번거롭고 속된 세상을 비유적으로 이르는 말

→ 그는 _____에 대한 욕심과 미련을 모두 버리고 한적한 시골로 떠났다.

03 ㅇ ㄸ : 앞으로 닥쳐올 액을 다른 가벼운 곤란으로 미리 겪음으로써 무사히 넘김.

→ 아침부터 늦잠을 잔 것은 오늘 시험을 잘 보기 위한 _____으로 생각했다.

04 ㅁ ㅊ : 어떤 일을 하는 데 바탕이 되는 돈이나 물건, 기술, 재주 따위를 이르는 말

→ 장사를 해 보려 해도 해 본 적도 없거니와 마땅한 _____이 없어서 엄두가 나지 않는다.

[05-06] 주어진 뜻풀이를 참고하여 십자말풀이를 완성하시오.

05 ㉠ 서로 우열을 가릴 수 없을 정도로 역량이 비슷한 것. 쇠뿔의 양 쪽이 서로 길이나 크기가 같다는 데에서 유래함.

06 ㉡ 지혜와 용기가 뛰어나고 기개와 풍모가 있는 사람

[07-09] 다음 문장에 어울리는 어휘를 골라 ◯표 하시오.

07 한여름의 (불청객 / 방청객)인 모기는 덥고 습한 환경을 좋아한다.

08 그는 도시를 떠나 (산천초목 / 청산유수)에 자그마한 집을 짓고 사는 것이 소원이다.

09 범죄와의 전쟁을 선포하고 시민들을 보호하는 일에는 항상 위험이 (곁따른다 / 겉돈다).

[10-13] 밑줄 친 어휘의 뜻으로 알맞은 것을 찾아 ○표 하시오.

10 그녀는 운동에 관해서는 <u>문외한</u>이다.

→ (어떤 일에 관심이 많은 사람 / 어떤 일에 지식이 없는 사람)

11 주인공보다는 <u>들러리</u>가 되는 것이 부담이 덜하다.

→ (주체가 아닌 곁따르는 사람 / 주체보다 더욱 빛나는 사람)

12 너무 <u>외곬</u>으로 생각하다 보면 편향한 사고방식을 가지기 쉽다.

→ (부정적인 방법이나 방향 / 단 하나의 방법이나 방향)

13 군것질하는 습관을 고쳤더니 <u>화수분</u>을 얻은 것처럼 용돈이 모인다.

→ (재물이 계속 나오는 보물단지 / 재물이 계속 사라지는 보물단지)

[14-17] 다음 빈칸에 들어갈 어휘를 〈보기〉에서 찾아 쓰시오.

> **보기**
>
> 가객   역량   처사   횡액

14 머나먼 타지에서 듣게 된 부모님의 부고는 너무나 큰 _____이었다.

15 당파 간의 정쟁으로 인해 수많은 공신들이 정치에 환멸을 느끼고 _____이/가 되었다.

16 우리 회사는 직원들의 학벌과 인맥이 아니라 개개인의 _____와/과 가능성을 중요하게 본다.

17 그는 나에게 가장 편하고 흉허물 없는 친구임과 동시에 가장 잘 대접해야 할 _____이기도 하다.

18 문맥적 의미가 ㉠과 가장 가까운 것은?

> **보기**
>
> 새로 전학 온 학교생활에 적응하는 어려움 때문인지 집에 돌아온 아이는 ㉠<u>넋두리</u>를 늘어놓기 바빴다.

① 넉살   ② 변명   ③ 고자질   ④ 하소연   ⑤ 혼잣말

시간·장소와 관련된 말

*Q1~Q6에서 괄호 안의 알맞은 표현을 골라 보세요. 채점 후, 틀린 어휘는 ☐에 표시해 두세요.

☐ **01 칠흑**
옻 漆 / 검을 黑

옻칠처럼 검고 광택이 있음. 또는 그런 빛깔
예 칠흑 같은 어둠을 뚫고 한줄기 빛이 들어왔다.

☐ **02 불야성**
아닐 不 / 밤 夜 / 재 城

등불 따위가 휘황하게* 켜 있어 밤에도 대낮같이 밝은 곳을 이르는 말
예 거리는 국가 대표 팀 환영을 위해 모인 인파로 불야성을 이루었다.

◆ **휘황하다** 광채가 나서 눈부시게 번쩍이다.

○ **Q1 알맞은 단어는?**

대통령 선거에서 당선이 확실시된 후보자의 집 앞은 취재진과 지지자들로 (☐칠흑 / ☐불야성)을 이루고 있었다. 새로운 대통령이 (☐칠흑 / ☐불야성) 같은 밤을 지나 새로운 아침을 밝혀 줄 현명한 정치를 해 주기를 기대하였다.

☐ **03 말미**

일정한 직업이나 일 따위에 매인 사람이 다른 일로 말미암아 얻는 겨를*
예 조만간 말미를 내어 찾아뵙겠습니다.

◆ **겨를** 어떤 일을 하다가 생각 따위를 다른 데로 돌릴 수 있는 시간적인 여유

☐ **04 바야흐로**

이제 한창*. 또는 지금 바로
예 바야흐로 녹음이 우거지고 햇살이 뜨거운 계절이 찾아왔다.

◆ **한창** 어떤 일이 가장 활기 있고 왕성하게 일어나는 때. 또는 어떤 상태가 가장 무르익은 때

☐ **05 차일피일**
이 此 / 날 日 / 저 彼 / 날 日

이날 저 날 하고 자꾸 기한*을 미루는 모양
예 일을 차일피일 미루다 보니 어느새 마감일이 코앞으로 다가왔다.

◆ **기한** 미리 한정하여 놓은 시기

○ **Q2 알맞은 단어는?**

때는 (☐말미 / ☐바야흐로 / ☐차일피일) 계절의 여왕이라 불리는 5월이었다. 좋은 계절을 만끽하고 싶은 마음이야 굴뚝 같았지만 어렵게 사정하여 (☐말미 / ☐바야흐로 / ☐차일피일)을/를 얻은 만큼 더 이상은 작업을 (☐말미 / ☐바야흐로 / ☐차일피일) 미뤄 둘 수 없는 노릇이었다.

☐ **06 과도기**
지날 過 / 건널 渡 / 기약할 期

한 상태에서 다른 새로운 상태로 옮아가거나 바뀌어 가는 도중의 시기. 흔히 사회적인 질서, 제도, 사상 따위가 아직 확립되지 않은 불안정한 시기를 이른다.
예 우리 사회는 교육 방식이 온라인으로 전환되는 과도기에 놓여 있다.

☐ **07 학령기**
배울 學 / 나이 齡 / 기약할 期

초등학교에서 의무 교육을 받아야 할 나이의 시기. 만 6~12세이다.
예 학령기 인구의 감소로 폐교 위기에 처한 학교들이 늘어났다.

☐ **08 불모지**
아닐 不 / 털 毛 / 땅 地

❶ 식물이 자라지 못하는 거칠고 메마른 땅
예 한국인들은 근면성실함으로 불모지였던 땅을 비옥하게 만들었다.

❷ 어떠한 사물이나 현상이 발달되어 있지 않은 곳. 또는 그런 상태를 비유적으로 이르는 말
예 야구의 불모지였던 나라에서 최초의 메이저 리그 선수가 탄생했다.

○ **Q3 알맞은 단어는?**

교육 환경이 (☐과도기 / ☐학령기 / ☐불모지)와 다름없는 아프리카 몇몇 나라의 아이들은 (☐과도기 / ☐학령기 / ☐불모지)에 도달하여도 마땅한 교육을 받지 못한다. 각국의 인권 봉사 단체들은 아프리카 교육 사업에 많은 지원을 하고 있지만 아직은 (☐과도기 / ☐학령기 / ☐불모지)에 지나지 않는다.

정답 Q : 1 ㄴ, ㄱ 2 ㄴ, ㄱ, ㄷ 3 ㄷ, ㄴ, ㄱ

09 미구

아닐 未 / 오랠 久

얼마 오래지 아니함.
예 그는 <u>미구</u>에 닥칠 엄청난 변화를 예상하고 있었다.

10 부지중 ☆

아닐 不 / 알 知 / 가운데 中

알지 못하는 동안
예 그는 <u>부지중</u>에 계속해서 눈을 깜빡였다.

Q4 알맞은 단어는? 추적추적 밤새 내린 비는 (ㄱ미구 / ㄴ부지중)에도 계속해서 강둑을 타고 흘러내렸다. (ㄱ미구 / ㄴ부지중)에 그들에게 덮칠 불행의 서막을 알리는 듯 빗줄기도 점차 굵어지고 있었다.

11 금명간

이제 今 / 밝을 明 / 사이 間

오늘이나 내일 사이
예 <u>금명간</u> 좋은 소식이 있을 것이다.

12 저잣거리

가게가 죽 늘어서 있는 거리
예 <u>저잣거리</u>는 각지에서 모여든 상인들로 언제나 활기가 넘친다.

Q5 알맞은 단어는? (ㄱ저잣거리 / ㄴ금명간)에 모여든 보부상들은 목 좋은 자리를 두고 서로 팽팽한 신경전을 벌였다. 이 기세라면 (ㄱ저잣거리 / ㄴ금명간) 자리싸움이 큰 싸움으로 번지는 것은 자명한 일이었다.

13 누거만년

여러 累 / 클 巨 / 일만 萬 / 해 年

아주 오랜 세월
예 나를 지극정성으로 돌봐 주신 그 은혜는 <u>누거만년</u> 동안 잊지 못할 것이다.

14 삼수갑산

석 三 / 물 水 / 갑옷 甲 / 뫼 山

우리나라에서 가장 험한 산골이라 이르던 삼수와 갑산. 조선 시대에 귀양지의 하나였다.
예 <u>삼수갑산</u>에 가는 한이 있어도 저는 절대 포기하지 않겠습니다.

Q6 알맞은 단어는? 그는 억울한 누명을 쓰고 (ㄱ누거만년 / ㄴ삼수갑산)에 가서 산전을 일궈 먹는 신세가 되었지만, 결코 그 누구를 원망하거나 자신의 신세를 한탄하지 않았다. (ㄱ누거만년 / ㄴ삼수갑산) 동안 조용히 지난날을 회상하며 오직 그리운 임을 향한 시를 읊조릴 뿐이었다.

'**부지중**'은 행위의 주체가 무언가를 의식하지 못하는 동안을 나타내는 반면, '**은연중**'은 타인이 알지 못하게 의도적으로 무언가를 감춘다는 의미가 담겨 있어요.

☆ **헷갈리기 쉬운 어휘**

부지중 아닐 不 / 알 知 / 가운데 中
알지 못하는 동안
예 딴생각을 하다가 <u>부지중</u>에 정지선을 넘었다.

VS

은연중 숨을 隱 / 그럴 然 / 가운데 中
남이 모르는 가운데
예 그는 <u>은연중</u>에 자신의 야망을 드러내었다.

*'어휘 익히기'에서 ☐에 표시된 어휘를 다시 한번 학습한 후, 다음 문제를 풀어 보세요!

[01-02] 다음 뜻에 해당하는 어휘에 V표 하시오.

01 알지 못하는 동안 → ☐ 부지중 ☐ 은연중

02 이제 한창. 또는 지금 바로 → ☐ 바야흐로 ☐ 시나브로

[03-05] 주어진 초성과 뜻에 알맞은 어휘를 빈칸에 넣어 문장을 완성하시오.

03 ㄱ ㅁ ㄱ : 오늘이나 내일 사이

→ 검사 결과는 _____에 나온다고 했으니 너무 불안해하지 말고 기다려 보세요.

04 ㄱ ㄷ ㄱ : 한 상태에서 다른 새로운 상태로 옮아가거나 바뀌어 가는 도중의 시기

→ 변화를 위해서는 반드시 _____를 거쳐야만 좀 더 안정적인 상태로 정착하게 된다.

05 ㅂ ㅇ ㅅ : 등불 따위가 휘황하게 켜 있어 밤에도 대낮같이 밝은 곳을 이르는 말.

→ 유명 맛집으로 방송에 소개된 작은 점포는 늦은 밤에도 _____을 이루며 손님들로 북적였다.

[06-09] 다음 뜻에 알맞은 어휘를 찾아 연결하시오.

06 가게가 죽 늘어서 있는 거리 · · ㉠ 한창

07 우리나라에서 가장 험한 산골이라 이르던 삼수와 갑산 · · ㉡ 말미

08 일정한 직업이나 일 따위에 매인 사람이 다른 일로 말미암아 얻는 겨를 · · ㉢ 저잣거리

09 어떤 일이 가장 활기 있고 왕성하게 일어나는 때. 또는 어떤 상태가 가장 무르익은 때 · · ㉣ 삼수갑산

[10-13] 밑줄 친 어휘의 알맞은 뜻을 찾아 번호를 쓰시오.

10 외상값을 차일피일 미루던 김 씨는 끝내 연락이 닿지 않았다. (   )
① 이날 저 날 하고 자꾸 기한을 미루는 모양
② 어떤 일이 일어나는 때가 언제일지 알 수 없을 때 쓰는 말

11 나는 누거만년을 가난하게 산다고 하여도 정직하게 신성한 노동을 할 것이다. (   )
① 아주 오랜 세월
② 세상에 태어나서 죽을 때까지의 동안

12 출산율의 감소로 학령기 인구는 줄어든 반면, 평균 수명의 연장으로 노령기 인구는 증가했다.
(   )
① 학교에서 교육을 받는 시기를 통틀어 이르는 말
② 초등학교에서 의무 교육을 받아야 할 나이의 시기

13 우리나라는 클래식 음악의 불모지였지만, 최근에는 권위 있는 국제 콩쿠르에서 유럽 연주자들을 제치고 입상한 쟁쟁한 실력의 연주자들이 많아졌다. (   )
① 어떠한 사물이나 현상이 발달되어 있지 않은 곳
② 어떠한 사물이나 현상이 명확하지 않아 혼란스러운 곳

[14-16] 〈보기〉의 글자 카드를 조합하여 문장의 빈칸에 들어갈 알맞은 어휘를 쓰시오.

> **보기**
>
> 겨   구   미   를   칠   흑

14 빈집에 들어서자 _____ 같은 어둠 때문에 아무것도 보이지 않았다.
옻칠처럼 검고 광택이 있음. 또는 그런 빛깔

15 수평선 너머가 붉게 물들어 가는 것을 보니 _____에 해가 뜰 것 같다.
얼마 오래지 아니함.

16 그는 비행기에서 내리자마자 숨 돌릴 _____도 없이 급하게 택시를 탔다.
어떤 일을 하다가 생각 따위를 다른 데로 돌릴 수 있는 시간적인 여유

DAY 15

어휘 익히기

감정·상태와 관련된 말

*Q1~Q7에서 괄호 안의 알맞은 표현을 골라 보세요. 채점 후, 틀린 어휘는 ☐에 표시해 두세요.

☐ **01 고깝다**
섭섭하고 야속하여 마음이 언짢다.
예 언제 그랬냐는 듯 이제 와 시치미를 떼는 그를 보니 고까운 마음이 들었다.

☐ **02 무색하다**
없을 無 / 빛 色
❶ 겸연쩍고 부끄럽다.
예 무대에 올라선 그는 무색하여 발끝만 쳐다보았다.
❷ 본래의 특색을 드러내지 못하고 보잘것없다.
예 대목이라는 말이 무색하게 거리는 한산했다.

☐ **03 파다하다**
뿌릴 播 / 많을 多
소문 따위가 널리 퍼져 있다.
예 거짓된 소문은 파다하게 퍼져 나갔다.

Q1 알맞은 단어는?
그는 신입이라는 말이 (**고깝게** / **무색하게** / **파다하게**) 하는 일마다 능수능란했고, 그에 대한 소문은 일순간 (**고깝게** / **무색하게** / **파다하게**) 퍼져 나갔다. 그를 시기하여 (**고깝게** / **무색하게** / **파다하게**) 여기는 동기도 생겨났다.

☐ **04 푸념하다**
마음속에 품은 불평을 늘어놓다.
예 이모는 고된 시집살이를 푸념하느라 시간 가는 줄 몰랐다.

☐ **05 홀가분하다**
❶ 거추장스럽지 아니하고 가볍고 편안하다.
예 모든 것을 솔직하게 털어놓고 나니 홀가분한 마음이 들었다.
❷ 다루기가 만만하여 대수롭지 아니하다.
예 등산을 가느니 마라톤을 하는 것이 홀가분하지 않을까?

Q2 알맞은 단어는?
조별 과제를 하면서 역할 분담이 공평하지 않았던 점에 대해 (**푸념하니** / **홀가분하니**) 서운했던 마음이 조금은 누그러졌다. 이제 다시 (**푸념하는** / **홀가분한**) 마음으로 과제를 시작할 수 있을 것 같았다.

☐ **06 겸연쩍다**
찐덥지 않을 慊 / 그럴 然
쑥스럽거나 미안하여 어색하다.
예 약속 시간에 30분이나 늦은 그는 겸연쩍게 웃으며 내 눈치를 살폈다.

☐ **07 심오하다**
깊을 深 / 깊을 奧
사상이나 이론 따위가 깊이가 있고 오묘하다.
예 민주주의의 심오한 가치를 모욕하지 마시오.

Q3 알맞은 단어는?
평양냉면을 먹는 방법에도 자신만의 (**겸연쩍은** / **심오한**) 진리가 있다며 자르지 않은 질긴 면발을 후루룩거리는 그를 보며 음식은 배만 채우면 그만이라고 생각해 왔던 나는 (**겸연쩍을** / **심오할**) 뿐이었다.

☐ **08 곰살맞다**
몹시 부드럽고 친절하다.
예 그녀는 몇 번을 되물어도 한결같이 곰살맞게 대답해 주었다.

☐ **09 실팍하다**
사람이나 물건 따위가 보기에 매우 실하다◆.
예 복숭아가 제철이라 그런지 제법 실팍하고 먹음직스럽구나.

◆ **실하다** 단단하고 튼튼하다.

Q4 알맞은 단어는?
그는 몸집이 (**곰살맞고** / **실팍하고**) 말투도 (**곰살맞아서** / **실팍해서**) 누구에게나 인기가 있었다.

10 남루하다

헌 누더기 襤 / 헌 누더기 襂

옷 따위가 낡아 해지고 차림새가 너저분하다♦.

예 남루한 차림에 지독한 악취를 풍기는 그를 보며 여자는 인상을 찌푸렸다.

♦ **너저분하다** 질서가 없이 마구 널려 있어 어지럽고 깨끗하지 않다.

11 속절없다 ☆

단념할 수밖에 달리 어찌할 도리가 없다.

예 그가 돌아오기만을 기다리며 시간은 속절없이 흘러갔다.

12 주목하다

물댈 注 / 눈 目

① 관심을 가지고 주의 깊게 살피다.

예 전달 사항이 있으니 모두 게시판을 주목해 주십시오.

② 조심하고 경계하는♦ 눈으로 살피다.

예 그는 아까부터 진열대 앞을 서성이는 수상한 남자를 주목하고 있다.

♦ **경계하다** 뜻밖의 사고가 생기지 않도록 조심하다.

Q5 알맞은 단어는? 그의 고집을 꺾는 것은 (ㄱ남루한 / ㄴ속절없는 / ㄷ주목하는) 일이었다. 연회장 입구에 도착했을 때, (ㄱ남루한 / ㄴ속절없는 / ㄷ주목하는) 옷차림의 그를 모두가 (ㄱ남루한 / ㄴ속절없는 / ㄷ주목하는) 것은 예견된 일이었다.

13 투박하다

① 생김새가 볼품없이 둔하고 튼튼하기만 하다.

예 이 가방은 투박하긴 해도 수납 공간이 많아 사용하기 편리하다.

② 말이나 행동 따위가 거칠고 세련되지 못하다.

예 그는 투박한 말투로 볼멘소리만 늘어놓았다.

14 사근사근하다

생김새나 성품이 상냥하고 시원스럽다.

예 동생이 아쉬운 입장이니 형에게 사근사근하게 굴 수밖에 없었다.

Q6 알맞은 단어는? 같은 말이라도 (ㄱ투박하게 / ㄴ사근사근하게) 하면 좋으련만, 무뚝뚝한 표정에 (ㄱ투박한 / ㄴ사근사근한) 말투로만 응대하니 찾아오는 손님의 발길도 뜸해지고 있지요.

15 매료되다

매혹할 魅 / 마칠 了

사람의 마음이 완전히 사로잡혀 홀리게 되다.

예 전 세계 축구 팬들은 손흥민 선수의 시원한 결승골에 매료되었다.

16 역연하다

지낼 歷 / 그럴 然

① 분명히 알 수 있도록 또렷하다.

예 애써 태연한 척했지만 아이들은 실망한 기색이 역연했다.

② 기억이 분명하다.

예 할머니께서 만들어 주시던 인절미의 맛만은 역연했다.

Q7 알맞은 단어는? 온라인으로 쉽고 편리하게 물건을 구입하는 데 (ㄱ매료된 / ㄴ역연한) 사람일수록 신체 활동이 적어져서 비만이 되기 쉽다는 기사를 읽고, 평소 온라인 쇼핑을 즐기던 언니가 놀라는 기색이 (ㄱ매료되었다 / ㄴ역연했다).

> '속절없다'는 더 이상 어찌할 수 없어 마지못해 단념한다는 의미를 가지고 있고, '부질없다'는 중요하지 않고 아무런 소용이 없다는 의미가 담겨 있어요.

☆ 헷갈리기 쉬운 어휘

속절없다

단념할 수밖에 달리 어찌할 도리가 없다.

예 벼락치기로 좋은 성적을 받겠다는 생각은 속절없는 것이다.

VS

부질없다

대수롭지 아니하거나 쓸모가 없다.

예 아름다운 외모만을 추구하는 것은 부질없는 일이다.

＊'어휘 익히기'에서 ☐에 표시된 어휘를 다시 한번 학습한 후, 다음 문제를 풀어 보세요!

[01-03] 다음 설명에 해당하는 어휘를 〈보기〉에서 찾아 쓰시오.

> 보기
>
> 겸연쩍다　　　파다하다　　　사근사근하다

01 소문 따위가 널리 퍼져서 모르는 사람이 없을 정도로 잘 알려진 상태를 나타내는 말이야.

＿＿＿＿＿＿＿＿

02 생김새나 성품이 상냥하고 시원스러운 것을 나태나는 말이야. 어떤 사람의 외면과 누구에게나 호감을 줄 수 있는 상태를 표현하는 형용사야.

＿＿＿＿＿＿＿＿

03 쑥스럽거나 미안하여 어색한 것을 나타내는 말이야. 흔히 상대방에게 어떤 잘못을 하였거나, 낯선 사람과 장소에 노출되어 어찌해야 할지를 모르는 상황에서 자주 쓰이곤 해.

＿＿＿＿＿＿＿＿

04 〈보기〉의 빈칸에 공통으로 들어갈 어휘로 알맞은 것은?

> 보기
>
> • 그가 무대 위에 올랐을 때, 공연장에 모인 사람들은 모두 그를 ＿＿＿＿＿＿.
> • 야간 경비를 서던 안전 요원은 소리가 나는 쪽을 ＿＿＿＿＿＿.

① 주의했다　　　　　② 주목했다　　　　　③ 주모했다
④ 주도했다　　　　　⑤ 주최했다

[05-08] 다음 밑줄 친 말과 바꿔 쓰기에 알맞은 어휘를 〈보기〉에서 골라 문맥에 맞게 쓰시오.

> 보기
>
> 고깝다　　　속절없다　　　심오하다　　　너저분하다

05 제가 당신의 부탁을 거절하더라도 행여 <u>섭섭하고 야속하여 마음이 언짢게</u> 생각하지 말아 주세요.
→ ＿＿＿＿＿＿

06 이렇게 질서가 없이 마구 널려 있어 <u>어지럽고 깨끗하지 않은</u> 곳에서 밥을 먹다가는 체할 것 같다.
→ ＿＿＿＿＿＿

07 감나무 꼭대기의 열매를 따지 않고 남겨 두는 데에는 새들의 몫을 남겨 두려는 우리 조상들의 <u>깊이가 있고 오묘한</u> 이치가 담겨 있다.
→ ＿＿＿＿＿＿

08 손꼽아 기다려 온 여름휴가 전까지 코로나가 진정되기를 바라는 것은 지금 상황에서는 <u>단념할 수밖에 달리 어찌할 도리가 없는</u> 행동이다.
→ ＿＿＿＿＿＿

[09-12] 다음 문장에 어울리는 어휘를 골라 ○표 하시오.

09 꿈이라고 하기에는 너무나 (역연한 / 막연한) 잔상이 남아 현실과 같은 착각이 들었다.

10 그는 70세라는 나이가 (무식하게 / 무색하게) 화려한 패션 감각을 자랑했고, 체격 또한 다부졌다.

11 처음 운전을 배울 때 강사님께서 (쌀쌀맞게 / 곰살맞게) 설명해 주신 덕분에 겁내지 않고 배울 수 있었다.

12 기대한 만큼의 성적을 거두지는 못했지만, 경기를 마치고 나니 마음만은 (홀가분하다 / 너저분하다).

[13-15] 〈보기〉의 글자 카드를 조합하여 문장의 빈칸에 들어갈 알맞은 어휘를 쓰시오.

> 보기
>
> 남   념   루   실   팍   푸

13 제철을 맞아 물이 오른 오징어가 _____ 하고 먹음직스러워 보인다.
사람이나 물건 따위가 보기에 매우 실하고

14 물가가 많이 올라서 _____ 하는 사람들이 늘고, 소비도 전체적으로 위축되었다.
마음속에 품은 불평을 늘어놓는

15 무료 급식소를 찾은 _____ 한 차림의 노숙자들은 따뜻한 밥 한 끼에 큰 행복을 느꼈다.
옷 따위가 낡아 해지고 차림새가 너저분한

[16-18] 주어진 뜻에 알맞은 어휘를 빈칸에 넣어 문장을 완성하시오.

16 배가 너무 부르면 그 어떤 산해진미도 _____ 느껴진다.
대수롭지 아니하거나 쓸모가 없게

17 피겨 스케이트를 신고 빙판 위에서 화려한 점프를 하는 그녀에게 세계인이 _____.
사람의 마음이 완전히 사로잡혀 홀리게 되었다

18 실리를 추구하는 성향의 사람들은 모양새가 _____ 내구성이 강한 제품을 선호한다.
생김새가 볼품없이 둔하고 튼튼하기만 하더라도

DAY 16

어휘 익히기

성격·태도와 관련된 말

*Q1~Q7에서 괄호 안의 알맞은 표현을 골라 보세요. 채점 후, 틀린 어휘는 □에 표시해 두세요.

□ **01 기민하다**
틀 機 / 민첩할 敏

눈치가 빠르고 동작이 날쌔다.
예 시간 내에 준비를 마치려면 기민하게 움직여야 한다.

□ **02 노둔하다**
노둔할 駑(魯) / 무딜 鈍

둔하고 어리석어 미련하다.◆
예 그는 타고난 천성이 노둔하긴 하지만, 정직하고 순수해서 미워할 수 없다.

◆ **미련하다** 터무니없는 고집을 부릴 정도로 매우 어리석고 둔하다.

○ **Q1 알맞은 단어는?**
선생님 댁에서 잔심부름을 하던 아이는 말이 느리고 몸집도 커서 (■기민한 / ■노둔한) 줄로만 알았더니, 정확한 상황 판단과 (■기민한 / ■노둔한) 일처리 능력으로 제 몫을 톡톡히 해내고 있었다.

□ **03 허세**
빌 虛 / 기세 勢

실속이 없이 겉으로만 드러나 보이는 기세
예 허세만 부리다 큰코다친다.

□ **04 으름장**

말과 행동으로 위협하는 짓
예 험상궂은 사내들은 내일 다시 찾아오겠노라며 으름장을 놓고 사라졌다.

○ **Q2 알맞은 단어는?**
흰둥이가 사라진 지 어느덧 이틀이 지나가고 있었다. 사흘 안에 흰둥이를 찾지 못하면 같이 경찰서에 가야 할 거라는 주인댁의 (■허세 / ■으름장)에 최 씨는 걱정 마시라며 (■허세 / ■으름장)을/를 떨었지만, 시간이 지날수록 초조해지는 마음을 감출 길이 없었다.

□ **05 하시하다**
아래 下 / 볼 視

남을 얕잡아◆ 낮추다.
예 상대방을 하시하면 그 화살은 결국 자신에게 돌아온다.

◆ **얕잡다** 남의 재주나 능력 따위를 실제보다 낮추어 보아 하찮게 대하다.

□ **06 고상하다**
높을 高 / 오히려 尙

품위나 몸가짐의 수준이 높고 훌륭하다.
예 독서만큼 고상한 취미는 없다.

○ **Q3 알맞은 단어는?**
이 교수는 엄격한 가정 교육을 받은 탓에 품위 있는 행동과 (■고상한 / ■하시하는) 말투가 몸에 배어 있었다. 하지만 그와 조금이라도 깊은 대화를 나누다 보면 은연중에 상대방을 (■고상한 / ■하시하는) 태도가 드러나서 불쾌해지고 만다는 것은 모두가 알고 있는 사실이었다.

□ **07 모질다**

마음씨가 몹시 매섭고 독하다.
예 용서를 비는 친구의 손을 모질게 뿌리쳤다.

□ **08 완곡하다**
순할 婉 / 굽을 曲

말하는 투가, 듣는 사람의 감정이 상하지 않도록 모나지 않고 부드럽다.
예 그의 말투는 늘 조심스럽고 완곡하다.

○ **Q4 알맞은 단어는?**
상대방을 위하고 배려한다고 (■모질게 / ■완곡하게) 거절하는 것이 오히려 상대방의 자존심을 상하게 할 수도 있고, 애당초 쓸데없는 기대를 없애기 위해 단칼에 (■모질게 / ■완곡하게) 거절하는 것이 상대방의 원망을 사기도 한다. 그러므로 경우에 맞는 적절한 거절의 방법을 택하는 것이 바로 기술이며 요령이다.

정답 Q:1 ㄴ, ㄱ 2 ㄴ, ㄱ 3 ㄱ, ㄴ 4 ㄴ, ㄱ

☐ ⁰⁹ **닦달하다**

남을 단단히 옥박질러서◆ 혼을 내다.

예 손님은 음식에서 머리카락이 나왔다며 식당 주인을 <u>닦달했다</u>.

◆옥박지르다 심하게 짓눌러 기를 꺾다.

☐ ¹⁰ **의연하다**
굳셀 毅 / 그럴 然

의지가 굳세어서 끄떡없다.

예 마음먹은 일은 기필코 해내고야 마는 그는 어떤 유혹이 와도 <u>의연했다</u>.

☐ ¹¹ **우두망찰하다**

정신이 얼떨떨하여 어찌할 바를 모르다.

예 그녀는 수상자에 자신의 이름이 불리자 <u>우두망찰하여</u> 주저앉고 말았다.

○ **Q5 알맞은 단어는?**

자신의 결백을 주장하는 그의 태도는 (ᵃ닦달했다 / ᵇ의연했다 / ᶜ우두망찰했다). 하지만 관장이 반나절이 넘도록 어쩌나 그를 (ᵃ닦달했는지 / ᵇ의연했는지 / ᶜ우두망찰했는지) 그는 결국 백기를 든 채 (ᵃ닦달할 / ᵇ의연할 / ᶜ우두망찰할) 뿐이었다.

☐ ¹² **일관하다**
하나 一 / 꿸 貫

하나의 방법이나 태도로써 처음부터 끝까지 한결같이 하다.

예 공범이 어디 있냐는 경찰의 다그침에도 그는 모르쇠로 <u>일관했다</u>.

☐ ¹³ **변덕스럽다**
변할 變 / 덕 德

이랬다저랬다 하는, 변하기 쉬운 태도나 성질이 있다.

예 <u>변덕스러운</u> 그 기분을 누가 맞출 수 있겠습니까?

○ **Q6 알맞은 단어는?**

워낙에 괴팍하고 (ᵃ일관하는 / ᵇ변덕스러운) 성격 탓에 그는 벌써 12번째 원고를 수정하는 중이었지만, 그의 비서는 얼굴 한번 찡그리지 않고 싹싹한 태도로 (ᵃ일관하며 / ᵇ변덕스러우며) 수정 사항을 반영해 주었다.

☐ ¹⁴ **만끽하다**
찰 滿 / 마실 喫

욕망을 마음껏 충족하다.

예 나는 오랜만에 떠난 여행에서 자유를 <u>만끽했다</u>.

☐ ¹⁵ **무심하다**
없을 無 / 마음 心

❶ 아무런 생각이나 감정 따위가 없다.

예 <u>무심하게</u> 올려다본 하늘에는 어느새 노을이 지고 있었다.

❷ 남의 일에 걱정하거나 관심을 두지 않다.

예 언제나 <u>무심한</u> 그의 태도가 서운하다.

☐ ¹⁶ **비아냥거리다** ☆

얄밉게 빈정거리며◆ 자꾸 놀리다.

예 번지 점프대 앞에서 망설이는 나를 친구들이 겁쟁이라고 <u>비아냥거렸다</u>.

◆빈정거리다 남을 은근히 비웃는 태도로 자꾸 놀리다.

○ **Q7 알맞은 단어는?**

상대편의 응원단이 아무리 우리 편을 조롱하고 (ᵃ만끽해도 / ᵇ무심해도 / ᶜ비아냥거려도) 우리는 동요하지 말고 (ᵃ만끽하게 / ᵇ무심하게 / ᶜ비아냥거리게) 대응하기로 굳게 약속했다. 성숙하고 건전한 응원 문화는 승리의 기쁨과 환희를 (ᵃ만끽하는 / ᵇ무심한 / ᶜ비아냥거리는) 그 순간에 더욱 빛날 것이기 때문이다.

> '**비아냥거리다**'는 어떤 대상을 비웃고 놀리는 것이고, '**툴툴거리다**'는 어떤 상황에 대해 혼잣말하듯 불평하고 투덜대는 것을 말해요.

☆ **헷갈리기 쉬운 어휘**

비아냥거리다

얄밉게 빈정거리며 자꾸 놀리다.

예 나는 아까부터 <u>비아냥거리던</u> 동생에게 화를 내었다.

VS

툴툴거리다

마음에 차지 아니하여서 잇따라 몹시 투덜거리다.

예 길게 늘어선 줄을 보며 동생은 시간이 없다고 <u>툴툴거렸다</u>.

어휘 확인하기

＊'어휘 익히기'에서 ◯에 표시된 어휘를 다시 한번 학습한 후, 다음 문제를 풀어 보세요!

[01-04] 〈보기〉의 어휘를 활용하여 다음 대화를 완성하시오.

> 보기
>
> 닦달하다   무심하다   변덕스럽다   비아냥거리다

희재: 유빈아, 왜 그래? 무슨 일 있었어?

유빈: 나오는 길에 엄마랑 또 한바탕했거든. 지금 기분이 영 아니야.

희재: 뭐 때문에 그랬는데?

유빈: 막 나오려는데 숙제는 했는지, 방은 왜 이렇게 지저분한지, 옷차림은 또 왜 그런지 잔소리가 끝도 없는 거야. 우리 엄마는 나를 너무 **01**(   ) 것 같아.

희재: 엄마들은 다 그렇지 뭐. 그래도 너한테 아무 관심 없이 **02**(   ) 엄마보다는 낫지 않아?

유빈: 모르는 소리 마. 우리 엄마는 어떤 때는 엄마 할 일만 열심히 하는 것 같다가도, 어떤 때는 나한테 관심이 지나치게 많은 것 같기도 하고 **03**(   )까지 하다니까.

희재: 그래도 너는 말끝마다 **04**(   ) 오빠는 없잖니. 나는 오빠랑 5분 이상만 대화하면 그 빈정대는 말투에 정말 화가 머리끝까지 난다고!

유빈: 그래. 듣고 보니 그렇네. 내가 졌다. 내가 졌어. 하하하.

[05-08] 〈보기〉의 글자 카드를 조합하여 다음 뜻에 알맞은 어휘를 쓰고, 이를 활용하여 문장을 만드시오.

> 보기
>
> 고   곡   끽   만   상   연   완   의

05 욕망을 마음껏 충족하다.

→ ◻◻ 하다: _____

06 의지가 굳세어서 끄떡없다.

→ ◻◻ 하다: _____

07 품위나 몸가짐의 수준이 높고 훌륭하다.

→ ◻◻ 하다: _____

08 말하는 투가, 듣는 사람의 감정이 상하지 않도록 모나지 않고 부드럽다.

→ ◻◻ 하다: _____

[09-12] 다음 문장에 어울리는 어휘를 골라 ○표 하시오.

09 겉모습만으로 사람을 판단하고 (중시하는 / 하시하는) 태도는 지양해야 한다.

10 한꺼번에 너무 많은 음식을 먹고 탈이 난 걸 보면 (아련하기 / 미련하기) 짝이 없다.

11 이 일은 많은 위험이 뒤따르고 순간적인 판단 능력도 중요한 만큼 (기민한 / 예민한) 그가 적임자이다.

12 순식간에 옮겨 붙은 불은 건물 전체로 퍼졌고, 급히 대피한 사람들은 (우두망찰하게 / 어리숙하게) 서 있을 뿐이었다.

[13-17] 다음 말 상자에서 주어진 뜻에 해당하는 어휘를 찾아 쓰시오.

13 둔하고 어리석어 미련하다. → ☐☐하다

14 말과 행동으로 위협하는 짓 → ☐☐☐

15 남을 은근히 비웃는 태도로 자꾸 놀리다. → ☐☐거리다

16 실속이 없이 겉으로만 드러나 보이는 기세 → ☐☐

17 하나의 방법이나 태도로써 처음부터 끝까지 한결같이 하다.
→ ☐☐하다

으	부	미	도	유
다	름	불	가	박
하	상	장	노	이
관	대	세	둔	빈
일	허	축	래	정

18 〈보기〉의 빈칸에 공통으로 들어갈 어휘로 알맞은 것은?

> **보기**
> • 이번에는 기필코 저 고집을 꺾으리라 (　　　　) 마음먹었다.
> • 고요한 밤하늘과는 대조적으로 (　　　　) 바람이 불고 있었다.
> • 어머님은 (　　　　) 매를 드셨지만 나를 진정으로 사랑하시는 마음이 느껴졌다.

① 굳게　　　② 세차게　　　③ 힘차게　　　④ 모질게　　　⑤ 심하게

행동을 나타내는 말

*Q1~Q6에서 괄호 안의 알맞은 표현을 골라 보세요. 채점 후, 틀린 어휘는 ☐에 표시해 두세요.

☐ **01 목도하다**
눈 目 / 볼 睹

눈으로 직접 보다.
예 아프리카 식량난을 목도하니 반찬 투정을 하던 철없는 내 자신이 미워졌다.

☐ **02 무마하다**
누를 撫 / 갈 摩

❶ 타이르고 얼러서 마음을 달래다.
예 우는 동생을 무마하느라 애를 먹었다.

❷ 분쟁이나 사건 따위를 어물어물◆ 덮어 버리다.
예 담당자는 일이 커지지 않도록 사건을 무마하여 처리했다.

◆ 어물어물 말이나 행동 따위를 시원스럽게 하지 못하고 꾸물거리는 모양

☐ **03 실토하다**
열매 實 / 토할 吐

거짓 없이 사실대로 다 말하다.
예 내 잘못을 실토하고 용서를 구했다.

○ **Q1 알맞은 단어는?**
나는 현석이가 빵을 훔치는 것을 분명히 (**ㄱ**목도한 / **ㄴ**무마한 / **ㄷ**실토한) 이상 잠자코 있을 수는 없었다. 실제로 나쁜 행동을 한 것은 절대 아니라고 발뺌하며 이번 일을 (**ㄱ**목도하려는 / **ㄴ**무마하려는 / **ㄷ**실토하려는) 뻔뻔한 현석이의 모습에 나는 내가 본 모든 것을 (**ㄱ**목도하기로 / **ㄴ**무마하기로 / **ㄷ**실토하기로) 마음먹었다.

☐ **04 홉뜨다**

눈알을 위로 굴리고 눈시울을 위로 치뜨다.
예 눈을 홉뜨고 대들다.

☐ **05 미봉하다**
두루 彌 / 꿰맬 縫

일의 빈 구석이나 잘못된 것을 임시변통◆으로 이리저리 주선하여 꾸며 대다.
예 급하게 미봉했던 일은 나중에 반드시 문제가 된다.

◆ 임시변통 갑자기 터진 일을 우선 간단하게 둘러맞추어 처리함.

○ **Q2 알맞은 단어는?**
국회에서는 이번 예산안의 심의를 두고 각 정당의 분분한 의견을 끝내 조율하지 못한 채 서둘러 회기를 (**ㄱ**홉떴다 / **ㄴ**미봉했다). 첨예하게 대립되는 여·야의 의견 차이 때문에 저마다 눈을 (**ㄱ**홉뜨고 / **ㄴ**미봉하고) 고함을 질러대는 의원들의 모습은 일촉즉발의 전쟁터 같았다.

☐ **06 순찰하다**
돌 巡 / 살필 察

여러 곳을 돌아다니며 사정을 살피다.
예 일몰 후에는 주민 자치 봉사자들이 여성 안심 귀갓길을 순찰했다.

☐ **07 진압하다**
누를 鎭 / 누를 壓

강압적인 힘으로 억눌러 진정시키다.
예 경찰은 시위를 무력으로 진압했다.

○ **Q3 알맞은 단어는?**
우리 학교 보안관 아저씨는 우리 동네 지구대의 명예 경찰관이다. 무장 강도를 맨손으로 (**ㄱ**순찰하여 / **ㄴ**진압하여) 모범 시민 표창까지 받으신 분이다. 등하굣길 안전을 책임져 주실 뿐만 아니라 수시로 학교 곳곳을 (**ㄱ**순찰하며 / **ㄴ**진압하며) 학생들을 지켜 주시니, 이보다 더 든든할 수는 없다.

☐ **08 농권**

희롱할 弄 / 권세 權

권력을 마음대로 함부로 씀.

⟨예⟩ 부도덕한 정치인의 <u>농권</u> 때문에 국민들이 고통받고 있다.

☐ **09 피검**

입을 被 / 검사할 檢

수사 기관에 잡혀감.

⟨예⟩ 부장 판사의 <u>피검</u> 소식에 법조계가 발칵 뒤집혔다.

○ **Q4 알맞은 단어는?**

조선 후기 부도덕한 지주와 벼슬아치의 (㉠**농권** / ㉡**피검**)에 의해 백성들은 수많은 고초를 겪었다. 무리한 수탈에 반기를 드는 행동은 (㉠**농권** / ㉡**피검**)으로 이어졌고, 이를 견디다 못한 백성들은 천민이 되기를 자처하는 경우도 있었다.

☐ **10 선정하다**

가릴 選 / 정할 定

여럿 가운데서 어떤 것을 뽑아 정하다.

⟨예⟩ 세 개의 작품을 작품상 최종 후보로 <u>선정하였다</u>.

☐ **11 착수하다**

붙을 着 / 손 手

어떤 일에 손을 대다. 또는 어떤 일을 시작하다.

⟨예⟩ 확실한 증거를 확보한 검찰은 본격적인 수사에 <u>착수했다</u>.

○ **Q5 알맞은 단어는?**

정부는 백신 개발을 위해 엄정한 심사 기준을 적용하여 (㉠**선정한** / ㉡**착수한**) 제약 회사들과 공동 연구 협약을 맺었다. 간단한 심의와 서류 확인 절차를 걸치고 나면 각 제약 회사들은 본격적인 연구에 (㉠**선정하게** / ㉡**착수하게**) 된다.

☐ **12 반추하다**

돌이킬 反 / 꼴 芻

어떤 일을 되풀이하여 음미하거나◆ 생각하다.

⟨예⟩ 지나간 세월을 <u>반추해</u> 보면, 참으로 많은 일이 있었던 것 같구나.

◆ **음미하다** 어떤 사물 또는 개념의 속 내용을 새겨서 느끼거나 생각하다.

☐ **13 인수하다**

끌 引 / 받을 受

물건이나 권리를 건네받다.

⟨예⟩ 담당 업무를 <u>인수하여</u> 오늘 중으로 숙지하세요.

☐ **14 주선하다**☆

두루 周 / 돌 旋

일이 잘되도록 여러 가지 방법으로 힘쓰다.

⟨예⟩ 우리의 만남을 <u>주선해</u> 주신 총장님께 감사드립니다.

○ **Q6 알맞은 단어는?**

기업가로서의 그의 삶을 (㉠**반추해** / ㉡**인수해** / ㉢**주선해**) 보면, 그는 어려움에 직면하면 정면으로 맞서서 해결하는 승부사였다. 그중에서도 자회사를 (㉠**반추하는** / ㉡**인수하는** / ㉢**주선하는**) 과정에서 인수 합병에 반대하여 극단적으로 대립하는 근로자들을 일일이 설득하고 노사 간의 원만한 합의를 (㉠**반추한** / ㉡**인수한** / ㉢**주선한**) 점은 가장 높이 평가받는 그의 업적이다.

> '**주선하다**'가 어떤 일의 진행을 매끄럽게 잇는 역할의 의미를 갖는다면, '**주도하다**'는 중심적인 위치에서 일의 진행을 이끌고 선도한다는 의미를 가지고 있어요.

☆ 헷갈리기 쉬운 어휘

주선하다 두루 周 / 돌 旋

일이 잘되도록 여러 가지 방법으로 힘쓰다.

⟨예⟩ 이번 일은 영업부에서 <u>주선하여</u> 진행하였기에 성공할 수 있었다.

VS

주도하다 주인 主 / 이끌 導

주동적인 처지가 되어 이끌다.

⟨예⟩ 기술의 발전은 인류의 삶의 질 향상을 <u>주도하였다</u>.

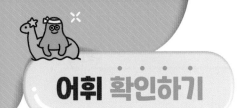

* '어휘 익히기'에서 ☐에 표시된 어휘를 다시 한번 학습한 후, 다음 문제를 풀어 보세요!

[01-04] 다음 글을 읽고 밑줄 친 어휘의 뜻을 찾아 바르게 연결하시오.

> 경찰은 사업장을 위장 신고하고 불법 영업을 하고 있는 식당에 관한 정보를 입수하고 수사에 착수했다. 긴 시간 동안 잠복하여 기다린 끝에 불법 영업 중인 일당을 현장에서 진압하고, 이러한 행태를 주도한 사람에 대해서도 밤샘 조사가 이루어졌다. 마침내 체포된 일당은 자신들의 죄를 실토하고 강력한 처벌을 받게 되었다.

01 착수하다 •

02 진압하다 •

03 주도하다 •

04 실토하다 •

• ㉠ 주동적인 처지가 되어 이끌다.

• ㉡ 거짓 없이 사실대로 다 말하다.

• ㉢ 강압적인 힘으로 억눌러 진정시키다.

• ㉣ 어떤 일에 손을 대다. 또는 어떤 일을 시작하다.

[05-08] 〈보기〉의 글자 카드를 조합하여 문장의 빈칸에 들어갈 알맞은 어휘를 쓰시오.

> **보기**
>
> 검   권   농   미   봉   주   선   피

05 선거 위원장의 _____이 심해지면서 그에 따른 반감도 깊어져 갔다.
　　　　　　　권력을 마음대로 함부로 씀.

06 그는 구직자에게 일자리를 _____해 주고, 수수료를 받아 이윤을 남긴다.
　　　　　　　　　일이 잘되도록 여러 가지 방법으로 힘씀.

07 용의자는 _____되는 과정에서 비인격적인 학대로부터 보호받을 권리가 있다.
　　　　　　　수사 기관에 잡혀감.

08 지난번 사고 때 원인을 제대로 밝히지 않고 _____했던 것이 또 다른 사고를 야기했다.
　　　　　　　일의 빈 구석이나 잘못된 것을 임시변통으로 이리저리 주선하여 꾸며 댐.

[09-11] 다음 문장에 어울리는 어휘를 골라 ○표 하시오.

09 그는 뇌물 청탁을 받고 횡령 사건을 (무마하려 / 무시하려) 했다.

10 프랑스 사람들은 음식의 맛과 향을 (음미하며 / 음유하며) 두 시간에 걸쳐 식사를 한다.

11 우리 아파트 부녀회에서는 하교 시간에 아파트 주변을 (순찰할 / 관찰할) 자원봉사자를 모집한다.

12 〈보기〉의 빈칸에 어울리지 <u>않는</u> 어휘는?

> 보기
>
> 우리 고객센터는 앞으로 친절한 사원에게 포상금을 지급하기로 결정하였다. 이번 달 고객들이 직접 뽑은 친절 우수 사원에는 김미소 양이 _____.

① 선정되었다　　　　② 선발되었다　　　　③ 선출되었다
④ 선택되었다　　　　⑤ 선언되었다

[13-16] 밑줄 친 어휘의 뜻풀이가 적절하도록 알맞은 어휘를 찾아 ○표 하시오.

13 엄마는 작은 분식집을 <u>인수하여</u> 꾸려 가시기로 했다.
→ 물건이나 권리를 건네(받다 / 주다).

14 지나간 세월을 곰곰이 <u>반추해</u> 보니 후회스러운 일이 참 많다.
→ 어떤 일을 되풀이하여 (음미하거나 / 계획하거나) 생각하다.

15 동생은 나에게 눈을 <u>흡뜨고</u> 바락바락 소리를 지르며 대들었다.
→ 눈알을 위로 굴리고 눈시울을 위로 (치뜨다 / 붉히다).

16 만세를 외치던 동포들이 처참하게 죽어 가는 모습을 <u>목도하니</u> 가슴에 뜨거운 불길이 솟아올랐다.
→ 눈으로 (직접 / 멀리서) 보다.

DAY 18

어휘 익히기

뜻을 명확히 하는 말

*Q1~Q7에서 괄호 안의 알맞은 표현을 골라 보세요. 채점 후, 틀린 어휘는 ☐에 표시해 두세요.

☐ **01 더없이**

더할 나위°가 없이
예 권위 있는 국제 영화제에서의 수상 소식은 더없이 명예로운 일이었다.

◆ **나위** 더 할 수 있는 여유나 더 해야 할 필요

☐ **02 철석같이**
쇠 鐵 / 돌 石

마음이나 의지, 약속 따위가 매우 굳고 단단하게
예 아이는 내년 봄에 엄마가 돌아온다는 약속을 철석같이 믿었다.

○ **Q1 알맞은 단어는?**

오늘은 두 사람이 사랑의 결실을 맺는 (■더없이 / ■철석같이) 기쁜 날입니다. 이제 두 사람은 어떠한 어려움이 찾아와도 서로를 (■더없이 / ■철석같이) 믿고 의지하며, 행복하게 살 것을 하객들 앞에서 맹세합니다.

☐ **03 잔뜩**

❶ 한도에 이를 때까지 가득
예 정리할 물건들이 잔뜩 쌓여 있다.

❷ 힘이 닿는 데까지 한껏
예 이제 한참을 걸어가야 하니 잔뜩 먹어 두는 것이 좋을 거야.

☐ **04 영락없이**
떨어질 零 / 떨어질 落

조금도 틀리지 아니하고 꼭 들어맞게
예 누가 쌍둥이 아니랄까 봐 둘은 식성까지 영락없이 닮았구나.

○ **Q2 알맞은 단어는?**

차가 기울어질 만큼 (■잔뜩 / ■영락없이) 짐을 싣고 고속 도로를 달리던 트럭은 한눈에 보기에도 위태로워 보였다. 급커브 구간에서 급하게 차선을 변경한다면 큰 사고로 이어질 것이 (■잔뜩 / ■영락없이) 뻔한 일이었다.

☐ **05 번연히**

어떤 일의 결과나 상태 따위가 훤하게 들여다보이듯이 분명하게
예 번연히 거짓말인 줄 알면서도 일부러 속아 주었다.

☐ **06 암팡스레**

몸은 작아도 야무지고° 다부진 면이 있게
예 어린아이가 암팡스레 제 할 일을 해내는 것을 보니 신통방통하다.

◆ **야무지다** 사람의 성질이나 행동, 생김새 따위가 빈틈이 없이 꽤 단단하고 굳세다.

○ **Q3 알맞은 단어는?**

덩치는 오빠의 반도 안 되는 동생은 욕심이 어찌나 많은지 툭하면 (■번연히 / ■암팡스레) 달려들어 싸움을 걸었다. 나는 그때마다 싸움의 발단이 누구 때문인지 (■번연히 / ■암팡스레) 알면서도 누구의 편도 들 수 없었다.

☐ **07 대뜸**

이것저것 생각할 것 없이 그 자리에서 곧
예 그는 자초지종을 듣기도 전에 대뜸 화부터 냈다.

☐ **08 슬그머니**

❶ 남이 알아차리지 못하게 슬며시
예 그녀는 슬그머니 발길을 돌렸다.

❷ 혼자 마음속으로 은근히°
예 그는 큰소리를 치긴 했지만 시간이 지날수록 슬그머니 걱정이 되었다.

◆ **은근히** 행동 따위가 함부로 드러나지 아니하고 은밀하게

○ **Q4 알맞은 단어는?**

누구나 (■대뜸 / ■슬그머니) 지키지도 못할 약속을 했다가 나중에 난처한 상황에 놓이게 되는 경험을 한 번쯤은 해 보았을 것이다. 아무리 사소한 약속일지라도, 호언장담하다가 뒷수습을 하지 못하고 (■대뜸 / ■슬그머니) 번복하는 것보다는 처음부터 약속을 할 때 초래될 결과를 꼼꼼히 계산하여 신중하게 결정해야 한다.

☐ ⁰⁹ **곰곰이**

여러모로 깊이 생각하는 모양
예 그녀는 다시 한번 곰곰이 생각해 보았다.

☐ ¹⁰ **사붓이**

소리가 거의 나지 않을 정도로 발을 가볍게 얼른 내디디는 소리. 또는 그 모양
예 무용수의 발이 사붓이 움직일 때마다 관객의 감탄이 이어졌다.

○ **Q5 알맞은 단어는?**

아까부터 시간 가는 줄 모르고 (ⓐ**곰곰이** / ⓑ**사붓이**) 생각에 잠겨 있는 그에게 방해가 될까 봐 그녀는 (ⓒ**곰곰이** / ⓓ**사붓이**) 발걸음을 옮겼다.

☐ ¹¹ **으레**

❶ 두말할 것 없이 당연히
예 여름 과일 중에 으뜸은 으레 수박이 아닐까?

❷ 틀림없이 언제나
예 이 녀석들은 붙어 있기만 하면 으레 싸우는구나!

☐ ¹² **묵묵히**

말없이 잠잠하게
예 우리는 우리에게 주어진 일을 묵묵히 해내고 있다.

○ **Q6 알맞은 단어는?**

축제에는 (ⓐ**으레** / ⓑ**묵묵히**) 시끌벅적한 음악과 흥에 겨운 사람들이 모여 있기 마련이다. 축제의 질서 유지와 원만한 진행을 위해 뒤에서 (ⓒ**으레** / ⓓ**묵묵히**) 자신의 역할을 하고 있는 사람들도 있다.

☐ ¹³ **부쩍**

❶ 어떤 사물이나 현상의 상태, 빈도, 양 따위가 매우 거침새[◆] 없이 갑자기 늘거나 주는 모양
예 요즘 들어 날씨가 부쩍 더워졌다.

◆ **거침새** 일이나 행동 따위가 중간에 걸리거나 막히는 상태

❷ 매우 가까이 달라붙는 모양
예 중간고사가 일주일 앞으로 부쩍 다가왔다.

☐ ¹⁴ **서슴없이**

말이나 행동에 망설임이나 거침이 없이
예 그는 반대 의견을 서슴없이 말하였다.

☐ ¹⁵ **공연히** ☆
빌 空 / 그럴 然

아무 까닭이나 실속이 없게
예 공연히 학교 앞까지 갔다가 개교기념일인 걸 알고 허무하게 돌아왔다.

○ **Q7 알맞은 단어는?**

사춘기의 청소년들은 신체적으로 많은 변화를 겪고 정신적으로도 (ⓐ**부쩍** / ⓑ**서슴없이** / ⓒ**공연히**) 성장하며 정서적 불안과 혼란을 겪을 수 있다. 이 과정에서 (ⓓ**부쩍** / ⓔ**서슴없이** / ⓕ**공연히**) 우울한 감정을 느끼기도 하는데, 이럴 때는 (ⓖ**부쩍** / ⓗ**서슴없이** / ⓘ**공연히**) 주변에 도움을 요청하는 것이 바람직하다.

'**공연히**'는 이유나 실속이 없이 '괜스레'라는 의미를 가지고 있어요. 반면, '**우연히**'는 '뜻하지 않게, 공교롭게, 예상 밖으로, 갑자기'라는 전혀 다른 의미로 쓰여요.

☆ **헷갈리기 쉬운 어휘**

공연히 빌 空 / 그럴 然
아무 까닭이나 실속이 없게
예 그가 공연히 고집을 부리는 바람에 시간만 낭비하였다.

VS

우연히 짝 偶 / 그럴 然
어떤 일이 뜻하지 아니하게 저절로 이루어져 공교롭게
예 여행을 하던 중에 우연히 고교 동창생을 만났다.

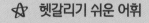

어휘 확인하기

*'어휘 익히기'에서 ☐에 표시된 어휘를 다시 한번 학습한 후, 다음 문제를 풀어 보세요!

[01-04] 주어진 초성과 뜻에 알맞은 어휘를 빈칸에 넣어 문장을 완성하시오.

01 ㅇ ㄹ : 틀림없이 언제나

→ 도은이는 방과 후에는 _____ 친구들과 편의점으로 달려간다.

02 ㅈ ㄸ : 한도에 이를 때까지 가득

→ 해야 할 숙제가 _____ 쌓여 있는 모습을 보니 엄두가 나지 않는다.

03 ㄷ ㄸ : 이것저것 생각할 것 없이 그 자리에서 곧

→ 마감 세일을 시작한다는 방송이 흘러나오자 엄마의 표정이 _____ 밝아지셨다.

04 ㅂ ㅉ : 어떤 사물이나 현상의 상태, 빈도, 양 따위가 매우 거침새 없이 갑자기 늘거나 주는 모양

→ 사촌 동생은 벌써 사춘기가 오는지 _____ 말수가 줄고 자기 방에 혼자 있는 시간이 많아졌다.

[05-08] 다음 문장에 어울리는 어휘를 골라 ○표 하시오.

05 이제 와서 (물끄러미 / 슬그머니) 발을 빼다니 비겁하기 짝이 없구나.

06 친구가 다칠 것을 (번연히 / 묵묵히) 알면서도 모른 척했다는 사실에 화가 났다.

07 그는 처음 만난 사람에게도 (하염없이 / 서슴없이) 말을 걸고 친근하게 다가갔다.

08 언니는 크리스마스에 눈이 온다는 일기 예보를 (철석같이 / 야무지게) 믿고 있다.

09 〈보기〉의 빈칸에 공통으로 들어갈 어휘로 알맞은 것은?

> **보기**
> • 별로 중요한 일도 아닌데 _____ 고집을 부린 것 같아 후회스럽다.
> • 잘못은 친구가 했는데 같이 있었다는 이유로 _____ 나까지 혼이 났다.

① 엔간히   ② 우연히   ③ 묵묵히   ④ 공연히   ⑤ 확연히

[10-13] 다음 밑줄 친 어휘의 뜻을 〈보기〉에서 찾아 그 기호를 쓰시오.

> **보기**
> ㉠ 더할 나위가 없이
> ㉡ 여러모로 깊이 생각하는 모양
> ㉢ 몸은 작아도 야무지고 다부진 면이 있게
> ㉣ 행동 따위가 함부로 드러나지 아니하고 은밀하게

10 마음이 급할수록 당황하지 말고 <u>곰곰이</u> 생각해서 문제를 해결해야 한다. (　　　　)

11 그는 이번 교내 미술 대회에서 자신의 작품이 선발되기를 <u>은근히</u> 기대하는 눈치였다. (　　　　)

12 오늘은 우리 가족 모두가 한자리에 모여 서로의 속마음을 터놓은 <u>더없이</u> 좋은 날이다. (　　　　)

13 올림픽에 출전한 체조 선수들이 <u>암팡스레</u> 자신의 기술을 선보이는 것을 보면 경이롭다. (　　　　)

[14-17] 밑줄 친 어휘의 뜻으로 알맞은 것을 찾아 ○표 하시오.

14 집 앞 버스 정류장에서 <u>우연히</u> 같은 반 친구를 만났다.
→ (어떤 일이 저절로 이루어져 공교롭게 / 어떤 일이 계획했던 대로 순탄하게)

15 오늘도 유선이가 지각을 할 거라는 나의 예상은 <u>영락없이</u> 맞아 떨어졌다.
→ (기대와 달라 실망감을 감추지 못하게 / 조금도 틀리지 아니하고 꼭 들어맞게)

16 발걸음 소리에 자는 아기가 행여 깰세라 엄마는 걸음도 <u>사붓이</u> 내딛었다.
→ (발을 천천히 확실하게 내디디는 모양 / 발을 가볍고 조용하게 얼른 내디디는 모양)

17 그는 마치 아무것도 들리지 않는 사람처럼 이 소란 속에서도 <u>묵묵히</u> 자기 일을 할 뿐이었다.
→ (목표한 바대로 오랜 시간 동안 계속해서 / 주변 상황에 신경 쓰지 않고 말없이 잠잠하게)

종합 문제

01 밑줄 친 어휘와 바꿔 쓰기에 알맞지 <u>않은</u> 것은?

① 친구는 시험을 망쳤다며 나에게 <u>하소연</u>했다. → 푸념

② 이제 와서 후회해 봤자 <u>부질없는</u> 일이다. → 소용없는

③ 인사팀의 삼고초려에도 불구하고 그는 <u>완곡하게</u> 거절의 의사를 밝혔다. → 확고하게

④ 그녀는 뽀얀 얼굴에 <u>사근사근한</u> 말투로 이야기하는 손주에게서 눈을 뗄 수 없었다. → 곰살맞은

⑤ 학생들 가운데 유일한 유색 인종이었던 그는 전혀 주눅들지 않고 <u>서슴없이</u> 행동했다. → 거침없이

02 다음 중 밑줄 친 어휘의 쓰임이 <u>다른</u> 하나는?

① 김연경 선수의 뛰어난 리더십과 정신력에 세계인이 <u>주목</u>했다.

② 낯선 선생님이 교실에 들어서자 모든 아이들은 그를 <u>주목</u>했다.

③ 손에 땀을 쥐게 하는 한일전의 승자는 누가 될지 모두가 <u>주목</u>하고 있었다.

④ 그녀의 공연을 본 심사 위원단은 연주 실력보다도 독특하고 세련된 창법에 <u>주목</u>했다.

⑤ 불량해 보이는 외모 탓에 <u>주목</u>받는 것이 익숙한 그는 사실은 누구보다 여린 성품을 가지고 있다.

03 다음 어휘의 사전적 의미가 알맞지 <u>않은</u> 것은?

① 은연중: 알지 못하는 동안

② 의연하다: 의지가 군세어서 끄떡없다.

③ 홍진: 번거롭고 속된 세상을 비유적으로 이르는 말

④ 주선하다: 일이 잘되도록 여러 가지 방법으로 힘쓰다.

⑤ 우두망찰하다: 정신이 얼떨떨하여 어찌할 바를 모르다.

04 〈보기〉의 ㉠~㉢에 들어갈 어휘를 순서대로 짝지은 것은?

> **보기**
> • 그 어떤 _____㉠_____(이)라도 삼복더위에는 반갑지 않다.
> • 우리 아파트는 안전 정밀 진단에 _____㉡_____ 함으로써 재건축에 한걸음 다가섰다.
> • 잘못을 저질렀을 때는 일단 솔직하게 _____㉢_____ 하고 해결 방법을 모색하는 것이 현명하다.

① 가객, 순찰, 무마　　　　② 과객, 착수, 무마　　　　③ 과객, 통과, 무마

④ 가객, 인수, 실토　　　　⑤ 가객, 착수, 실토

05 다음 중 밑줄 친 어휘의 쓰임이 알맞지 <u>않은</u> 것은?

① 그는 화가 <u>잔뜩</u> 나서 발을 탕탕 구르며 어찌할 바를 몰랐다.

② 미리 연락을 주셨더라면 <u>공연히</u> 헛걸음 하는 일은 없었을 텐데요.

③ 부자들은 <u>대뜸</u> 비싼 음식을 먹을 줄 알았는데 그의 소박한 밥상을 보고 놀랐다.

④ 밤 10시가 되도록 딸에게서 아무 소식이 없자, 그녀는 <u>슬그머니</u> 걱정이 되기 시작했다.

⑤ 사시사철 <u>묵묵히</u> 논을 일구던 농부들은 가을철이 되자 풍성한 황금 물결을 보며 행복을 느꼈다.

06 다음 밑줄 친 말 중 〈보기〉의 뜻으로 쓰인 것은?

> **보기**
>
> 남의 일에 걱정하거나 관심을 두지 않다.

① 그녀는 무심하게 아무거나 걸쳐도 멋스럽다.

② 날카로운 물건을 무심하게 두었다가는 다칠 수 있으니 조심해야 한다.

③ 무심하게 고개를 돌리던 그와 눈이 마주치자, 그녀는 얼굴이 붉어졌다.

④ 그저 무심하게 쳐다봤을 뿐인데 노려보았다는 오해를 받아서 입장이 난처했다.

⑤ 그는 친구가 바로 옆에서 넘어졌는데도, 무심하게 휴대 전화만 만지작거리는 그녀의 태도에 서운했다.

07 〈보기〉의 빈칸에 공통으로 들어갈 말로 알맞은 것은?

> **보기**
>
> • 언제나 꿈꿔 왔던 자유를 _____ 축배를 들었다.
>
> • 방학이 되자 아이들은 농촌 생활을 _____ 자연의 매력에 흠뻑 빠져들었다.

① 만끽하며   ② 만회하며   ③ 만연하며   ④ 만만하며   ⑤ 만발하며

[08-10] 다음 밑줄 친 말과 바꿔 쓰기에 가장 알맞은 어휘를 고르시오.

08 그는 투병 중이라는 사실이 본래의 특색을 **드러내지 못할** 정도로 건강해 보였다.

① 무색할   ② 무모할   ③ 무지할   ④ 무관할   ⑤ 무사할

09 부모님은 평생을 자식들을 위해 헌신하는 태도로 **처음부터 끝까지 한결같이 하며** 살아가신다.

① 일신하며   ② 일조하며   ③ 일관하며   ④ 일주하며   ⑤ 일진하며

10 급히 잘못된 것을 임시변통으로 **이리저리 주선하여 꾸며 댄** 일은 나중에 반드시 큰 문제가 되어 돌아온다.

① 동봉한   ② 미봉한   ③ 개봉한   ④ 밀봉한   ⑤ 상봉한

11 〈보기〉의 ⓐ~ⓔ의 뜻을 지닌 어휘를 활용하여 만든 문장으로 알맞지 **않은** 것은?

> **보기**
>
> ⓐ 더할 나위가 없이
>
> ⓑ 단 하나의 방법이나 방향
>
> ⓒ 어떠한 사물이나 현상이 발달되어 있지 않은 곳. 또는 그런 상태
>
> ⓓ 한 상태에서 다른 새로운 상태로 옮아가거나 바뀌어 가는 도중의 시기
>
> ⓔ 앞으로 닥쳐올 액을 다른 가벼운 곤란으로 미리 겪음으로써 무사히 넘김.

① ⓐ: 이번 기회는 더없이 좋은 기회이다.

② ⓑ: 그는 평생을 외곬으로 고지식하게 살아왔다.

③ ⓒ: 이곳은 유전자 공학 분야에서는 불모지나 다름없다.

④ ⓓ: 국민의 의식 수준은 오랜 변화기를 거치며 점점 성숙해졌다.

⑤ ⓔ: 출근길에 경미한 접촉 사고가 있었지만, 이를 액땜으로 치고 좋게 생각하려 했다.

 속담 연상 퀴즈

>> 다음 그림을 보고 빈칸을 채워 속담을 완성하세요.

1 ☐☐ 잡으려고 초가삼간 태운다

손해 볼 것은 생각하지 않고 마땅치 않은 것을 없애
려고 덤비기만 하는 경우를 비유적으로 이르는 말

2 ☐☐ 겉 핥기

사물의 속 내용은 모르고 겉만 건드리는 일을 비유
적으로 이르는 말

3 가랑비에 ☐ 젖는 줄 모른다

아무리 사소한 것이라도 그것이 거듭되면 무시하
지 못할 정도로 크게 됨을 비유적으로 이르는 말

4 ☐ 잡으려다가 장독 깬다

적은 이익이나마 얻으려고 한 일이 도리어 큰 손실
을 입게 되었음을 비유적으로 이르는 말

5 ☐☐ 구멍으로 하늘 보기

전체를 포괄적으로 보지 못하는 매우 좁은 소견이
나 관찰을 비꼬는 말

6 ☐ 놓고 기역 자도 모른다

사람이 글자를 모르거나 아주 무식함을 비유적으
로 이르는 말

Ⅲ

국어 개념 어휘
+ 한자 성어

4주차

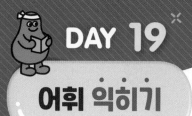

DAY 19

어휘 익히기

문학 필수 개념어_ 시

*제시된 어휘의 의미를 익히고, 잘 이해되지 않는 어휘는 ☐에 표시해 두세요.

☐ **01 대구법**
대답할 對 / 구절 句 / 법도 法

형식이나 내용이 비슷한 문장을 나란히 짝 지어 배치하는 방법

예시 바람보다 늦게 누워도 / 바람보다 먼저 일어나고
바람보다 늦게 울어도 / 바람보다 먼저 웃는다.　　　　　　－ 김수영, 「풀」

설명 '바람보다 늦게', '바람보다 먼저'의 형태를 짝 지어 배치하여 리듬감을 형성하고 있습니다.

☐ **02 도치법**
거꾸로 倒 / 둘 置 / 법도 法

문장 성분 또는 단어를 정상적인 순서와는 다르게 배열하는 표현 방법

예시 닦아라, 사람들아 / 네 마음속 구름
찢어라, 사람들아, / 네 머리 덮은 쇠 항아리　　－ 신동엽, 「누가 하늘을 보았다 하는가」

설명 '사람들아 네 마음속 구름 닦아라', '사람들아 네 머리 덮은 쇠 항아리 찢어라'의 어순을 바꾸어 배열하여 의미를 강조하고 있습니다. 도치법을 사용할 때는 주로 강조하고 싶은 부분을 앞에 둡니다.

☐ **03 반복법**
돌이킬 反 / 돌아올 復 / 법도 法

같거나 비슷한 어구를 되풀이하여 표현하는 방법

예시 해야 솟아라, 해야 솟아라, 말갛게 씻은 얼굴 고운 해야 솟아라.　　　　－ 박두진, 「해」

설명 '해야 솟아라'를 되풀이하여 리듬감을 형성하고 있습니다.

☐ **04 설의법**
베풀 設 / 의심할 疑 / 법도 法

쉽게 판단할 수 있는 사실을 의문형으로 표현하여 상대편이 스스로 판단하게 하는 방법

예시 가난하다고 해서 사랑을 모르겠는가　　　　　　　－ 신경림, 「가난한 사랑 노래」

설명 '가난하다고 해서 사랑을 모르지 않는다.'를 의문형으로 표현하여 의미를 강조하고 있습니다.

☐ **05 영탄법**
읊을 詠 / 탄식할 歎 / 법도 法

감탄사나 어미 등을 통해 기쁨이나 슬픔, 놀라움 등의 감정을 강하게 표현하는 방법

예시 고운 폐혈관이 찢어진 채로
아아, 늬는 산(山)ㅅ새처럼 날아갔구나!　　　　　　－ 정지용, 「유리창 1」

설명 감탄사 '아아', 감탄형 어미 '─구나'를 통해 슬픔을 강하게 표현하고 있습니다.

☐ **06 점층법** ✩
차차 漸 / 층 層 / 법도 法

형식이나 내용을 점차 더하여 그 뜻이 확대되고 고조되게 표현하는 방법

예시 친구가 원수보다 더 미워지는 날이 많다 / 티끌만 한 잘못이 맷방석만 하게 / 동산만 하게 커 보이는 때가 많다　　　　　　　　　　　　　　－ 신경림, 「동해 바다 – 후포에서」

설명 친구의 잘못이 커 보이는 정도가 '티끌 → 맷방석 → 동산'과 같이 점차 확대되고 있습니다.

☐ **07 기승전결**
일어날 起 / 받들 承 / 구를 轉 / 맺을 結

'시상의 제기(기) → 시상의 심화(승) → 시상의 전환(전) → 중심 생각의 제시(결)'의 흐름에 따라 시상을 전개하는 방식

예시 새와 짐승은 슬피 울고 강산은 찡그리네 [기] / 무궁화 세계는 이미 사라지고 말았구나 [승] / 가을 등불 아래 책 덮고 역사를 생각하니 [전] / 세상에서 글 아는 사람 노릇 하기 어렵구나 [결]　　　　　　　　　　－ 황현, 「절명시」

설명 '망국의 비애[기] → 망국의 상황[승] → 지식인의 소임에 대한 생각[전] → 나라 잃은 지식인의 고뇌와 어려움[결]'의 흐름으로 시상이 전개되고 있습니다.

☐08 선경후정

먼저 先 / 경치 景 / 뒤
後 / 뜻 情

시의 앞부분에서 경치나 사물을 그리듯 묘사한 후, 뒷부분에서 내면의 정서를 표현하는 시상
전개 방식

> **예시** 보슬보슬 봄비는 못에 내리고 / 찬바람이 장막 속 스며들 제
> 뜬시름 못내 이겨 병풍 기대니 / 송이송이 살구꽃 담 위에 지네 – 허난설헌, 「춘우(春雨)」
>
> **설명** 1, 2행에서는 비가 내려 쓸쓸한 방의 풍경을 묘사하고, 3, 4행에서 지는 살구꽃을 보며 외로운 처지를 한탄하는 선경후정의 방식으로 시상이 전개되고 있습니다.

☐09 수미상관

머리 首 / 꼬리 尾 / 서
로 相 / 관계할 關

시의 처음과 끝부분을 비슷하거나 같게 전개하는 방식

> **예시** 엄마야 누나야 강변 살자. / 뜰에는 반짝이는 금모래 빛,
> 뒷문 밖에는 갈잎의 노래 / 엄마야 누나야 강변 살자.   – 김소월, 「엄마야 누나야」
>
> **설명** 시의 처음과 끝이 똑같이 '엄마야 누나야 강변 살자'로 반복되며 수미상관을 이루고 있습니다. 수미상관은 시의 구조를 안정되게 하고 운율을 형성하거나 의미를 강조하는 효과가 있습니다.

☐10 시적 허용

시 詩 / 과녁 的 / 허락
할 許 / 얼굴 容

시적 효과를 위해서 띄어쓰기나 맞춤법에 어긋나게 쓰거나, 단어를 늘여 쓰거나 줄여 쓰는
등 의도적으로 비문법적인 표현을 사용하는 것

> **예시** 차단한 등불이 하나 비인 하늘에 걸려 있다.   – 김광균, 「와사등」
>
> **설명** '차단한', '비인'과 같은 비문법적 표현으로 운율과 의미를 강조하는 효과를 거두고 있습니다.

☐11 언어유희

말씀 言 / 말씀 語 / 놀
遊 / 놀 戱

말장난이나 동음이의어 등을 활용하여 해학적 분위기를 조성하는 표현 방법

> **예시** 매암(매미)이 맵다 울고 쓰르라미 쓰다 우니   – 이정신
>
> **설명** '매미'와 '맵다', '쓰르라미'와 '쓰다'의 소리가 비슷한 것을 이용한 언어유희가 드러나 있습니다.

☐12 시상 전개 방식

시 詩 / 생각 想 / 펼 展
/ 열 開 / 모 方 / 법식 式

시인이 시상을 효과적으로 드러내기 위해 선택한 다양한 시의 조직 방법

> **예시** 봄에는 연녹색 물결 북쪽으로 / … / 여름이면 뻐꾸기 노랫소리 / 개구리 우는 소리 / …
> / 가을에는 황금빛 물결 남쪽으로 / … / 겨울이면 시원한 동치미 맛 / 얼큰한 해장국 맛
> / 어디서나 똑같다   – 김광규, 「동서남북」
>
> **설명** '봄 → 여름 → 가을 → 겨울'의 순으로 계절의 변화에 따라 시상을 전개하고 있습니다.

> 점층법과 점강법은 나아가는 방향이 서로 달라요. **점층법**은 점점 크고 강한 것으로 나아가는 반면, **점강법**은 점점 작고 약한 것으로 나아가는 표현 방법이에요.

☆ 헷갈리기 쉬운 어휘

점층법 차차 漸 / 층 層 / 법도 法
형식이나 내용을 점차 더하여 그 뜻이 확대되고 고조되게 표현하는 방법
예 겨울 귀뚜라미는 울지요. 떼를 지어 웁니다. 벽이 무너지라고 웁니다.   – 박용래, 「월훈(月暈)」

VS

점강법 차차 漸 / 내릴 降 / 법도 法
크고 높고 강한 것에서부터 점차 작고 낮고 약한 것으로 끌어 내리는 표현 방법
예 기쁨의 속삭임이 하늘과 땅, 나무와 나무, 풀잎과 풀잎 상에서 은밀히 수수되고,   – 이양하, 「신록예찬」

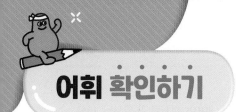

어휘 확인하기

*'어휘 익히기'에서 □에 표시된 어휘를 다시 한번 학습한 후, 다음 문제를 풀어 보세요!

[01-04] 다음 설명에 해당하는 어휘를 〈보기〉에서 찾아 쓰시오.

> 보기
>
> 기승전결   선경후정   수미상관   시상 전개 방식

01 시의 처음과 끝부분을 비슷하거나 같게 전개하는 방식   → _____

02 시인이 시상을 효과적으로 드러내기 위해 선택한 다양한 시의 조직 방법   → _____

03 시의 앞부분에서 경치나 사물을 그리듯 묘사한 후, 뒷부분에서 내면의 정서를 표현하는 시상 전개 방식

→ _____

04 '시상의 제기(기) → 시상의 심화(승) → 시상의 전환(전) → 중심 생각의 제시(결)'의 흐름에 따라 시상을 전개하는 방식

→ _____

05 〈보기〉에서 설명하고 있는 표현 방법이 쓰이지 <u>않은</u> 것은?

> 보기
>
> 시적 효과를 위해서 띄어쓰기나 맞춤법에 어긋나게 쓰거나, 단어를 늘여 쓰거나 줄여 쓰는 등 의도적으로 비문법적인 표현을 사용하는 것을 '시적 허용'이라고 한다.

① 가볍게 가을을 날으고 있는 / 나뭇잎

② 구름처럼 꽃구름 꽃구름 / 화안한 속에

③ 돋쳐 오르는 아침 날빛이 빤질한 / 은결을 도도네.

④ 광복동에서 만난 이중섭은 / 머리에 바다를 이고 있었다.

⑤ 한라에서 백두까지 / 향그러운 흙 가슴만 남고 / 그, 모오든 쇠붙이는 가라.

06 〈보기〉의 ㉠~㉢에서 공통적으로 사용된 표현 방법에 대한 설명으로 알맞은 것은?

> 보기
>
> ㉠ 이애 이애 그말 마라 시집 살이 개집 살이
>
> ㉡ 너하구 나하구 살구나무 / 방귀 뽕뽕 뽕나무
>
> ㉢ 기심 매러 갈 적에는 갈뽕을 따 가지고 / 기심 매고 올 적에는 올뽕을 따 가지고

① 표현하려는 대상을 실제보다 크거나 작게 표현하는 방법이다.

② 말장난을 활용하여 해학적 분위기를 조성하는 표현 방법이다.

③ 앞 구절의 시어를 다시 다음 구절에 연결하여 이어 가는 방법이다.

④ 겉으로 드러나는 뜻과 속에 담긴 의도를 반대로 표현하는 방법이다.

⑤ 사람이 아닌 것에 인격적 요소를 부여하여 사람처럼 표현하는 방법이다.

[07-10] (가)~(라)에 쓰인 표현 방법을 〈보기〉에서 찾아 쓰시오.

(가) 님 향한 일편단심(一片丹心)이야 가실 줄이 이시랴.
(나) 곧은 소리는 소리이다 / 곧은 소리는 곧은 / 소리를 부른다
(다) 소매는 길어서 하늘은 넓고, / 돌아설 듯 날아가며 사뿐히 접어 올린 외씨버선이여!
(라) 버티면서 거부하면서 영하에서 / 영상으로 영상 5도 영상 13도 지상으로 / 밀고 간다, 막 밀고 간다

> **보기**
>
> 반복법   설의법   영탄법   점층법

07 (가)에 쓰인 표현 방법: _____   **08** (나)에 쓰인 표현 방법: _____

09 (다)에 쓰인 표현 방법: _____   **10** (라)에 쓰인 표현 방법: _____

11 다음 중 도치법의 예가 될 수 <u>없는</u> 것은?

① 가만히 들었습니다 저녁이 오는 소리를
② 나는 가끔 후회한다. / 그때 그 일이 / 노다지였을지도 모르는데……
③ 비 개인 긴 둑에 풀빛 짙은데 / 임 보내는 남포에는 슬픈 노래 흐르네.
④ 아! 누구던가! / 이렇게 슬프고도 애달픈 마음을 / 맨 처음 공중에 달 줄 안 그는.
⑤ 가을날 노랗게 물들인 은행잎이 / 바람에 흔들려 휘날리듯이 / 그렇게 가오리다 / 임께서 부르시면

12 〈보기〉의 ㉠과 같은 표현 방법이 사용된 예로 알맞지 <u>않은</u> 것은?

> **보기**
>
> 저렇게 많은 중에서   밤이 깊을수록
> 별 하나가 나를 내려다본다.   ㉠별은 밝은 속에 사라지고
> 이렇게 많은 사람 중에서   나는 어둠 속에 사라진다.
> 그 별 하나를 쳐다본다.   – 김광섭, 「저녁에」

① 꽃은 번져 열매가 되고 / 여름은 번져 가을이 된다
② 돌담에 속삭이는 햇발같이 / 풀 아래 웃음 짓는 샘물같이
③ 꿈꾸어도 노래하지 않고 / 두 쪽으로 깨뜨려져도 / 소리하지 않는 바위가 되리라.
④ 그러는 동안에 영영 잃어버린 벗도 있다. / 그러는 동안에 멀리 떠나버린 벗도 있다.
⑤ 우수절 들어 / 바로 초하루 아침. // 새삼스레 눈이 덮인 멧부리와 / 서늘옵고 빛난 이마받이하다.

어휘 익히기

문학 필수 개념어_ 소설

*제시된 어휘의 의미를 익히고, 잘 이해되지 않는 어휘는 ◻에 표시해 두세요.

◻ **01 묘사**

그릴 描 / 베낄 寫

인물이나 사건, 배경, 장면, 소재 등을 감각적이고 구체적으로 그려 내는 서술 방식

> **예시** 궁궐 위를 바라보니 한 노인이 앉았으되, 얼굴은 관옥 같고 머리에 황금관을 쓰고 몸에 용포를 입고 윗자리에 높이 앉았는데… — 「조웅전」
>
> **설명** 궁궐 위에 앉은 노인의 겉모습을 감각적이고 구체적으로 묘사하고 있습니다.

◻ **02 서사** ✿

줄 敍 / 일 事

일정한 사건의 흐름이나 사물의 변화 등을 시간 순서대로 전개해 나가는 서술 방식

> **예시** 월출봉의 한 대사가 옹고집을 찾아갔다가 그의 하인에게 매를 맞고 돌아오자, 도승이 허수아비에 부적을 붙여 만든 가짜 옹고집을 그에게 보냈다. — 「옹고집전」
>
> **설명** 사건을 시간의 흐름에 따라 '옹고집을 찾아감. → 하인에게 매를 맞고 돌아옴. → 가짜 옹고집을 보냄.'의 순서대로 서술하고 있습니다.

◻ **03 모티프**

motif

사건 또는 이야기를 구성하는 동기 또는 사건의 중요한 요소가 되는 단위. 변신 모티프, 천손 모티프, 동물 모티프, 난생 모티프 등이 있음.

◻ **04 패러디**

parody

특정 작품의 소재나 작가의 문체를 흉내 내어 익살스럽게 표현하는 서술 방식

◻ **05 내적 갈등**

안 內 / 과녁 的 / 칡 葛 / 등나무 藤

한 인물의 내면에서 발생하는 심리적 모순이나 가치관의 대립에 의한 갈등

> **설명** 주요섭의 「사랑손님과 어머니」에서 과부인 어머니는 사랑손님에 대한 애정과 재혼을 용납하지 않는 사회적 분위기 사이에서 혼란스러워하며 내적 갈등을 겪고 있습니다.

◻ **06 외적 갈등**

바깥 外 / 과녁 的 / 칡 葛 / 등나무 藤

인물이 외부 요소와의 충돌에 의해 겪게 되는 갈등

인물과 인물의 갈등	주인공과 그와 대립하는 다른 인물 사이의 갈등
인물과 사회의 갈등	인물과 그가 살아가는 사회의 제도, 관습, 윤리 등의 사회적 환경과의 갈등
인물과 운명의 갈등	인물과 그에게 주어진 운명과의 갈등
인물과 자연의 갈등	인물과 그가 처한 자연적 환경과의 갈등

◻ **07 간접적 제시**

사이 間 / 접할 接 / 과녁 的 / 끌 提 / 보일 示

인물의 말과 행동, 외양 묘사 등을 통해 인물의 성격이나 심리 등을 간접적으로 제시하는 방법 = 극적 제시, 장면적 제시, 보여 주기(showing)

> **예시** 그는 결국 주머니를 털었다. (중략) 식구가 단출하면 쌀을 한 말 팔아 주고, 식구가 많은 집은 밀가루를 두 포대 팔아 주고, 그리고 연탄을 백 장씩 들여놓아 주는 것이 그가 용돈에서 여툴 수 있는 한계였다. — 이문구, 「유자소전」
>
> **설명** '그'가 인정이 많은 인물임을 그의 행동을 통해 간접적으로 제시하고 있습니다.

◻ **08 직접적 제시**

곧을 直 / 접할 接 / 과녁 的 / 끌 提 / 보일 示

서술자가 인물의 성격이나 심리 등을 직접 이야기해 주는 방법 = 분석적 제시, 설명적 제시, 해설적 제시, 말하기(telling)

> **예시** 송 영감은 확 분노가 치밀어, 누가 거랑질해 오라더냐고 밥그릇을 밀쳐놓자 애가 훌쩍훌쩍 울기 시작했다. — 황순원, 「독 짓는 늙은이」
>
> **설명** 송 영감의 심리를 '확 분노가 치밀어'와 같이 서술자가 직접 분석하여 설명하듯 말해 주고 있습니다.

09 내재적 관점

안 內 / 있을 在 / 과녁
的 / 볼 觀 / 점 찍을 點

작품 자체의 언어적 특징, 갈등 구조, 비유, 문체, 정서 따위의 내적 요소들에 근거하여 분석, 비평, 감상하는 관점

시를 감상할 때	소설을 감상할 때
시어, 리듬, 이미지, 어조, 화자, 표현법 등에 주목함.	인물, 사건, 배경, 구조 등에 주목함.

10 외재적 관점

바깥 外 / 있을 在 / 과녁
的 / 볼 觀 / 점 찍을 點

작품 밖에 있는 요소를 통해 작품을 비평, 감상하는 관점

표현론적 관점	작가의 삶이나 작품의 창작 의도 등과 관련하여 작품을 감상하는 것
반영론적 관점	작품이 쓰인 당시의 시대적 배경이나 사회상과 관련하여 작품을 감상하는 것
효용론적 관점	독자가 작품에서 받는 교훈, 감동, 흥미에 초점을 두고 감상하는 것

11 순행적 구성

순할 順 / 다닐 行 / 과녁
的 / 얽을 構 / 이룰 成

사건을 '과거 → 현재 → 미래'의 순으로 시간의 흐름에 따라 전개하는 구성 = 평면적 구성, 순차적 구성, 추보식 구성, 연대기적 구성

> **설명** 환인(신)의 아들인 환웅과 인간이 된 곰(웅녀) 사이에서 단군이 태어나 고조선을 건국하는 과정을 담고 있는 「단군 신화」는 순행적 구성으로 되어 있습니다.

12 액자식 구성

이마 額 / 아들 子 / 법
式 / 얽을 構 / 이룰 成

마치 액자처럼 외화가 내화를 감싸고 있는 형태로, 하나의 이야기 속에 또 다른 이야기가 포함되어 있는 구성

> **설명** 박완서의 「그 여자의 집」은 외부 이야기의 주인공 '나'가 「그 여자의 집」이라는 시를 통해 내부 이야기인 '만득이와 곱단이의 사랑 이야기'를 떠올리는 액자식 구성으로 되어 있습니다.

13 역순행적 구성

거스를 逆 / 순할 順 /
다닐 行 / 과녁 的 / 얽
을 構 / 이룰 成

현재에서 과거를 회상하거나 과거와 현재를 오가는 것과 같이 시간의 순서를 바꾸어 전개하는 구성 = 입체적 구성, 역전적 구성

> **설명** 전광용의 「꺼삐딴 리」는 첫 부분과 끝부분에 남한에 있는 이인국 박사의 현재의 삶이 제시되고, 그 가운데는 이인국 박사의 과거 회상이 들어가는 역순행적 구성 방식을 취하고 있습니다.

> '**서사**'는 '**서술**'의 한 방식에 속하는 것으로 '사건'을 쓴다는 점에서 '서술'과 유사하지만, 시간의 흐름에 주안점을 두고 서술한다는 점에서 서술과 구분하여 표현하기도 해요.

★ 헷갈리기 쉬운 어휘

서사 줄 敍 / 일 事
일정한 사건의 흐름이나 사물의 변화 등을 시간 순서대로 전개해 나가는 서술 방식
예 신문의 사건 기사와 취재 일지, 그리고 역사의 기록물들은 모두 <u>서사</u>에 속한다.

VS

서술 줄 敍 / 지을 述
서술자가 독자에게 인물, 사건, 배경 등을 사건의 추이를 중심으로 설명하는 방식
예 작품 밖의 서술자가 사건의 내용을 요약적으로 <u>서술</u>하고 있다.

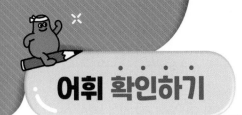

[01-02] 다음 예문과 관련 있는 어휘에 V표 하시오.

01

> 조고만 체통에 비를 쪼르를 맞은 행색은 쪽제비 같고 삽살개 같으나 캄캄한 속에서 반짝이는 눈은 올빼미 눈 같다.

→ ▢ 묘사　　▢ 서사

02

> 나업은 집으로 돌아와 석함을 안고 통곡했다. 파경노는 이 말을 듣고 사람들에게 왜 우는지를 물었다. 사람들이 모두 말해 주자, 자못 기쁨을 띠며 꽃가지를 꺾어 외청으로 갔다. 소저가 슬피 울다가 문득 벽에 걸린 거울에 비친 그림자를 보았다. 속으로 놀라 창틈으로 엿보니 파경노가 꽃을 들고 서 있었다.

→ ▢ 묘사　　▢ 서사

03 〈보기〉의 밑줄 친 부분에 드러난 인물 제시 방법과 관련이 **없는** 것은?

> **보기**
>
> 그는 애초에 심성이 밝고 깔끔하였다. 매사에 생각이 깊고 침착하였으며, 성품이 곧고 굳은 위에 몸소 겪음 한 바와 힘써 널리 보고 애써 들은 것을 더하여, 스스로 갖추어진 줏대와 나름껏 이루어진 주견으로 갈피 있는 태도를 흩트리지 아니하였다.　　　　　　－ 이문구, 「유자소전」

① 직접적 제시　　　　② 분석적 제시　　　　③ 설명적 제시
④ 보여 주기(showing)　　⑤ 해설적 제시

04 다음 중 인물 제시 방법이 **다른** 하나는?

① 나기배 씨는 왠지 비참한 기분이 들었다.
② 길동이 점점 자라서 여덟 살이 되니, 총명함이 보통 사람을 능가하여 하나를 들으면 백을 알았다.
③ 영감도 결단코 어수룩한 사람은 아니다. 어수룩이라니 거의 후반생을 셈과 주판으로 늙은 사람이었다.
④ "너 어째 왔니? 오늘은 예배당 안 가는 날이냐?" 영감은 얼굴이 발끈 취해 올라오며 윗목을 숙이고 섰는 아들을 쏘아본다.
⑤ 남들을 대하고 대화를 나누는 태도가 순박하고 성실하며 경박함이 없이 두터웠으므로, 고을 사람들은 모두 그를 칭찬하였다.

[05-07] 다음 설명에 해당하는 이야기 구성 방식을 〈보기〉에서 찾아 쓰시오.

> **보기**
>
> 액자식 구성　　순행적 구성(평면적 구성)　　역순행적 구성(입체적 구성)

05 사건을 '과거 – 현재 – 미래'의 시간의 흐름에 따라 전개하는 구성　→ _____

06 외화가 내화를 감싸고 있는 형태로, 하나의 이야기 속에 또 다른 이야기가 포함되어 있는 구성

→ _____

07 현재에서 과거를 회상하거나 과거와 현재를 오가는 것과 같이 시간의 순서를 바꾸어 전개하는 구성

→ _____

08 〈보기〉에 드러난 갈등에 대한 설명으로 알맞은 말을 찾아 ○표 하시오.

> 보기
>
> "남대문 정거장까지 말씀입니까?" 하고 김 첨지는 잠깐 주저하였다. 그는 이 우중에 우장도 없이 그 먼 곳을 칠벅거리고 가기가 싫었음일까? 처음 것, 둘째 것으로 고만 만족하였음일까? 아니다. 결코 아니다. 이상하게도 꼬리를 맞물고 덤비는 이 행운 앞에 조금 겁이 났음이다.
>
> – 현진건, 「운수 좋은 날」

→ 이 장면에서 김 첨지는 (내적 갈등 / 외적 갈등)을 겪고 있다.

09 〈보기〉에 드러난 갈등의 종류로 가장 알맞은 것은?

> 보기
>
> 닭은 푹 엎어진 채 다리 하나 꼼짝 못 하고 그대로 죽어 버렸다. 그리고 나는 멍하니 섰다가 점순이가 매섭게 눈을 흡뜨고 닥치는 바람에 뒤로 벌렁 나자빠졌다.
>
> "이놈아! 너 왜 남의 닭을 때려 죽이니?" / "그럼 어때?" 하고, 일어나다가 "뭐, 이 자식아! 누 집 닭인데?" 하고 복장을 떼미는 바람에 다시 벌렁 자빠졌다. – 김유정, 「동백꽃」

① 내적 갈등   ② 인물과 인물의 갈등   ③ 인물과 사회의 갈등
④ 인물과 자연의 갈등   ⑤ 인물과 운명의 갈등

[10-13] 다음 작품을 감상하는 관점과 그에 대한 설명을 바르게 연결하시오.

10 내재적 관점 ·

· ㉠ 작품 자체의 내적 요소들에 근거하여 분석, 비평, 감상하는 관점

11 반영론적 관점 ·

· ㉡ 작가의 삶이나 작품의 창작 의도 등과 관련하여 작품을 감상하는 것

12 표현론적 관점 ·

· ㉢ 독자가 작품에서 받는 교훈, 감동, 흥미에 초점을 두고 감상하는 것

13 효용론적 관점 ·

· ㉣ 작품이 쓰인 당시의 시대적 배경이나 사회상과 관련하여 작품을 감상하는 것

[14-16] 다음 뜻에 해당하는 어휘를 주어진 초성을 참고하여 쓰시오.

14 서술자가 독자에게 인물, 사건, 배경 등 사건의 추이를 설명하는 방식 → ㅅ ㅅ : _____

15 이야기를 구성하는 동기 또는 사건의 중요한 요소가 되는 단위 → ㅁ ㅌ ㅍ : _____

16 특정 작품의 소재나 작가의 문체를 흉내 내어 익살스럽게 표현하는 서술 방식

→ ㅍ ㄹ ㄷ : _____

DAY 21

어휘 익히기

비문학 필수 개념어

*제시된 어휘의 의미를 익히고, 잘 이해되지 않는 어휘는 ☐에 표시해 두세요.

☐ **01 귀납**
돌아올 歸 / 들일 納

개별적이고 특수한 사실로부터 일반적이고 보편적인 사실을 유도하여 추론하는 방법

> **예시** 사람들은 많은 바닷물을 조사해 보고서 그 물이 짜다는 것을 알고, 또한 많은 냇물을 관찰하고서 그 물에는 소금기가 아주 적다는 것을 알게 된다. 여기서, 바닷물은 염수이고, 냇물은 담수라는 결론이 나온다.

☐ **02 논제** ☆
논의할 論 / 제목 題

토론에서 해결하고자 하는 제안이나 주장

사실 논제	사실의 참과 거짓을 판단하는 논제 예 화성에는 생명체가 존재한다.
가치 논제	무엇이 옳고 그른지 그 가치를 판단하는 논제 예 환경 보존이 개발보다 중요하다.
정책 논제	구체적인 실행 방법이나 문제 해결 방안을 포함하는 논제 예 서머 타임제를 실시해야 한다.

☐ **03 논증**
논의할 論 / 증거 證

논리적인 근거를 들어 내용의 옳고 그름을 밝히는 것

> **설명** 논증은 글쓴이가 자신의 견해를 내세울 때 논리적인 설득력을 갖추기 위해 사용합니다.

☐ **04 연역**
멀리 흐를 演 / 당길 繹

일반적인 사실에서 개별적이고 특수한 사실을 이끌어 내어 추론하는 방법

> **예시** 어류는 모두 아가미로 호흡한다. 잉어는 어류이다. 따라서 잉어는 아가미로 호흡한다.

☐ **05 유추**
무리 類 / 옮길 推

같거나 비슷한 점에 바탕을 두고 다른 사물을 미루어 추론하는 방법. 두 개의 사물이 여러 면에서 비슷함을 근거로 다른 속성도 비슷할 것이라고 미루어 짐작하는 것

> **예시** 태양계의 다른 행성들에 비해 화성은 지구와 환경이 가장 유사하다. 그런데 지구에는 생명체가 존재한다. 그러므로 화성에도 생명체가 존재할 가능성이 높다.
> **설명** 화성과 지구가 여러 가지 면에서 유사함을 근거로 화성도 지구와 마찬가지로 생명체가 존재할 것이라고 유추하고 있습니다.

☐ **06 토론**
칠 討 / 말할 論

어떤 문제에 대하여 찬성과 반대의 입장으로 나뉘어 근거를 들어 정당함을 논하는 말하기 유형

※ **토론의 목적과 절차**

목적	자기 주장의 정당성을 근거로 상대방을 설득하는 것
절차	주장 펼치기 → 반론하기 → 주장 다지기 → 판정하기

☐ **07 두괄식**
머리 頭 / 묶을 括 / 법 式

문단이나 글의 첫머리에 중심 내용이 오는 구성 방식

> **예시** 불은 원시인의 삶을 크게 바꾸어 놓았다. 원시인들은 불을 피워 추위를 이겨 냈으며, 불로 음식을 익힘으로써 안전하게 섭취할 수 있었다.

☐ 08 **미괄식**
꼬리 尾 / 묶을 括 / 법 式

문단이나 글의 끝부분에 중심 내용이 오는 구성 방식

> **예시** 원시인들은 불을 피워 추위를 이겨 냈다. 원시인들은 불로 음식을 익혀 먹음으로써 음식을 더 안전하고 맛있게 섭취할 수도 있었다. 이처럼 불은 원시인의 삶을 크게 바꾸어 놓았다.

☐ 09 **양괄식**
두 兩 / 묶을 括 / 법 式

문단이나 글의 앞부분과 끝부분에 중심 내용이 반복하여 나타나는 구성 방식

> **예시** 불은 원시인의 삶을 크게 바꾸어 놓았다. 원시인들은 불을 피워 추위를 이겨 냈다. 또한 원시인들은 불로 음식을 익혀 먹음으로써 음식을 더 안전하고 맛있게 섭취할 수도 있었다. 이처럼 불을 사용하면서 원시인들의 삶은 큰 변화를 맞이했다.

☐ 10 **구체화**
갖출 具 / 몸 體 / 될 化

대상을 경험하거나 지각할 수 있도록 일정한 형태와 성질을 갖추게 하는 것

> **예시** 사람의 입장에서 마땅히 행하여야 할 바른 행동을 뜻하는 '도리(道理)'는 '길'이라는 구체적 대상으로 구체화될 수 있다.

☐ 11 **일반화**
하나 ㅡ / 옮길 般 / 될 化

개별적인 것이나 특수한 것이 일반적인 것으로 되게 하는 것

> **예시** 서구 문화가 전파되는 과정에서 악수가 인사의 한 형식으로 일반화되었다.

☐ 12 **추상화**
뺄 抽 / 형상 象 / 될 化

구체적이고 감각적인 것이 비감각적이고 관념적으로 바뀌는 것

> **예시** 땅 위에 낸 일정한 너비의 공간을 가리키는 '길'은 사람의 '도리(道理)'나 '나아가야 할 방향' 등의 의미로 추상화될 수 있다.

☐ 13 **비언어적 표현**
아닐 非 / 말씀 言 / 말씀 語 / 과녁 的 / 겉 表 / 나타날 現

언어적·준언어적 표현 이외의 방법으로 언어적 표현의 의미를 보완하고 강화하는 것으로, 시선, 얼굴 표정, 동작, 자세, 신체 접촉 등이 있음.

> **예시** (검지 손가락 하나를 위로 올리며) 첫째, 아이의 마음을 먼저 들여다봐 주세요. (웃으며) 다른 집 아이가 어느 학원에 다니는지에만 관심 두지 마시고요.

☐ 14 **준언어적 표현**
준할 準 / 말씀 言 / 말씀 語 / 과녁 的 / 겉 表 / 나타날 現

언어적 요소에 덧붙여 의미를 전달하는 것으로 음조, 강세, 말의 빠르기, 목소리 크기, 억양 등이 있음.

말의 높낮이(억양)	음(音)의 상대적인 높이를 변하게 하여 말의 느낌을 효과적으로 표현해 주는 요소
강세	연속된 음성에서 어떤 부분을 강하게 발음하는 것

> '논제'는 토론의 주제를 가리킬 때 사용되며, '논지'는 토론이 아닌 일반적인 의사소통 상황 전반에서도 사용될 수 있는 말이에요.

✿ 헷갈리기 쉬운 어휘

논제 논의할 論 / 제목 題
토론에서 해결하고자 하는 제안이나 주장
> 예 토론자들은 논제에서 벗어난 발언은 삼가 주십시오.

VS

논지 논의할 論 / 뜻 旨
논하는 말이나 글의 취지
> 예 우리는 그의 논지에 공감한다.

어휘 확인하기

＊'어휘 익히기'에서 ▢에 표시된 어휘를 다시 한번 학습한 후, 다음 문제를 풀어 보세요!

[01 - 03] 다음 설명에 해당하는 어휘를 〈보기〉에서 찾아 쓰시오.

> **보기**
>
> 논제   논증   토론

01 토론에서 해결하고자 하는 제안이나 주장 　　　　　　　→ _____

02 논리적인 근거를 들어 내용의 옳고 그름을 밝히는 것 　　→ _____

03 어떤 문제에 대하여 찬성과 반대의 입장으로 나뉘어 근거를 들어 정당함을 논하는 말하기 유형

　　　　　　　　　　　　　　　　　　　　　　　　　　　　→ _____

[04 - 06] (가)~(다)에 쓰인 추론 방법을 〈보기〉에서 찾아 쓰시오.

> (가) 책을 읽는 것은 산에 오르는 것과 비슷하다. 등산하는 과정은 힘들지만 정상에 도착한 뒤에 느끼는 쾌감은 산에 오르는 동안 느꼈던 고통을 잊게 할 만큼 크다. 책을 읽는 것 역시 마찬가지다. 독서를 하는 동안에는 인내와 노력이 필요하지만 책을 다 읽은 뒤 느껴지는 즐거움과 감동은 매우 크다.
> (나) 모든 생명체는 죽음을 맞이한다. 이 동물은 생명체이다. 따라서 이 동물은 결국 죽음을 맞이할 것이다.
> (다) 수많은 사과를 관찰한 후에 '모든 사과는 둥글다.'라는 결론을 내렸다.

> **보기**
>
> 귀납   연역   유추

04 (가): _____　　　**05** (나): _____　　　**06** (다): _____

07 다음 토론의 논제를 분석하시오.

> 찬성 측: 저희가 중고생의 화장을 규제해야 한다고 주장하는 이유는 첫째, 화장은 청소년들의 피부 건강을 해치기 때문입니다. 둘째, 외모 지상주의의 그릇된 문화나 가치관에서 벗어나 학생의 본분에 충실하게 하는 효과가 있기 때문입니다. 이상과 같은 이유로 저희는 중고생의 화장을 규제하는 것에 찬성합니다.
> 반대 측: 저희는 중고생의 화장을 규제해야 한다는 찬성 측 주장에 동의할 수 없습니다. 그 이유는 첫째, 화장은 피부 건강에 무조건 해롭다고 볼 수 없기 때문입니다. 둘째, 화장은 외모 콤플렉스를 극복하여 자존감이 상승되는 효과가 있기 때문입니다. 이상과 같은 이유에서 저희는 중고생의 화장을 규제하는 것에 반대합니다.

→ 이 토론의 논제는 '_____ 해야 한다.'이고, 구체적인 실행 방법이나 문제 해결 방안을 포함하는 논제라는 점에서 (사실 논제 / 가치 논제 / 정책 논제)에 해당한다.

[08-10] 다음 구성 방식과 그에 대한 설명을 바르게 연결하시오.

08 두괄식 •

• ㉠ 문단이나 글의 끝부분에 중심 내용이 오는 구성 방식

09 미괄식 •

• ㉡ 문단이나 글의 첫머리에 중심 내용이 오는 구성 방식

10 양괄식 •

• ㉢ 문단이나 글의 앞부분과 끝부분에 중심 내용이 반복하여 나타나는 구성 방식

11 〈보기〉의 ㉠, ㉡과 관련 있는 표현을 바르게 짝지은 것은?

> **보기**
> ㉠(고개를 숙여 인사하며) 안녕하세요, 저는 3학년 2반 서지훈입니다. 저는 오늘 여러분에게 길고양이를 미워하지 말라는 당부의 말씀을 드리러 나왔습니다. 여러분도 길고양이를 본 적이 많으시겠죠? ㉡(목소리를 낮추어 비밀을 말하듯이) 사실 저는 부모님 몰래 돌보고 있는 길고양이가 한 마리 있는데요. (청중 웃음) 저처럼 고양이를 좋아하는 분도 계시겠지만, 간혹 고양이를 무서워하거나 싫어하는 분들도 계시지요?

① ㉠: 비언어적 표현, ㉡: 언어적 표현 　　② ㉠: 준언어적 표현, ㉡: 언어적 표현

③ ㉠: 비언어적 표현, ㉡: 준언어적 표현 　　④ ㉠: 준언어적 표현, ㉡: 비언어적 표현

⑤ ㉠: 언어적 표현, ㉡: 비언어적 표현

[12-14] 다음 뜻에 해당하는 어휘를 주어진 초성을 참고하여 쓰시오.

12 개별적인 것이나 특수한 것이 일반적인 것으로 되게 하는 것　→ ㅇ ㅂ ㅎ : _____

13 구체적이고 감각적인 것이 비감각적이고 관념적으로 바뀌는 것　→ ㅊ ㅅ ㅎ : _____

14 대상을 직접 경험하거나 지각할 수 있도록 일정한 형태와 성질을 갖추게 하는 것

→ ㄱ ㅊ ㅎ : _____

문법 필수 개념어

*제시된 어휘의 의미를 익히고, 잘 이해되지 않는 어휘는 ☐에 표시해 두세요.

☐ **01 음운**
소리 音 / 운 韻

말의 뜻을 구별해 주는 소리의 가장 작은 단위

> **예시** '물'과 '불'에서 'ㅁ'과 'ㅂ'은 의미를 구별해 주는 음운이다.

☐ **02 교체**
사귈 交 / 바꿀 替

어떤 음운이 다른 음운으로 바뀌어 발음되는 현상

음절의 끝소리 규칙	받침소리가 'ㄱ, ㄴ, ㄷ, ㄹ, ㅁ, ㅂ, ㅇ' 7개의 자음으로만 발음되는 현상 예 동 + 녘 → [동녁], 옷 → [옫], 낮 → [낟]
된소리되기 (경음화)	뒤 음절의 첫소리가 된소리 'ㄲ, ㄸ, ㅃ, ㅆ, ㅉ'으로 발음되는 현상 예 국 + 밥 → [국빱], 담- + -고 → [담ː꼬]
비음화	콧소리가 아닌 소리가 콧소리 'ㅁ, ㄴ, ㅇ'으로 바뀌어서 발음되는 현상 예 잡- + -는 → [잠는], 닫- + -는 → [단는], 각목 → [강목]
유음화	'ㄴ'이 'ㄹ'의 앞이나 뒤에 오면 'ㄹ'로 바뀌는 현상 예 신라 → [실라], 칼 + 날 → [칼랄]
구개음화	'ㄷ, ㅌ'이 모음 'ㅣ'나 반모음 'ㅣ'로 시작하는 형식 형태소와 만나서 [ㅈ, ㅊ]으로 발음되는 현상 예 굳- + -이 → [구지], 밭 + 이 → [바치]

☐ **03 첨가**
더할 添 / 더할 加

두 음운이 만날 때 없던 음운이 새로 생겨나는 현상

> **예시** '맨-'과 '입'이 합쳐질 때, 두 말 사이에 'ㄴ'이 첨가되어 [맨닙]으로 발음된다.

☐ **04 축약**
오그라들 縮 / 맺을 約

두 음운이 합쳐져 하나의 음운으로 발음되는 현상

자음 축약 (거센소리되기)	'ㅂ, ㄷ, ㄱ, ㅈ'이 'ㅎ'과 합쳐져 [ㅍ, ㅌ, ㅋ, ㅊ]으로 발음되는 현상 예 입학 → [이팍], 놓- + -다 → [노타]
모음 축약 (음절 축약)	'ㅐ, ㅚ, ㅟ'로 축약되어 단모음으로 줄어들거나 '단모음 + 단모음 → 이중 모음'이 되는 현상 예 '사이 → 새', '보이다 → 뵈다', '누이다 → 뉘다', 보- + -아 → [봐], 가지- + -어 → [가져]

☐ **05 탈락**
벗을 脫 / 떨어질 落

두 개의 자음이나 모음이 이어질 때 하나의 음운이 없어지는 현상

> **예시** 솔 + 나무 → 소나무, 흙 → [흑], 날- + -는 → [나는], 쓰- + -어 → 써

☐ **06 두음 법칙**
머리 頭 / 소리 音 / 법 도 法 / 법 則

일부 소리가 단어의 첫머리에서 발음되는 것을 꺼려 다른 소리로 발음되는 현상

> **예시** 여자(○)/녀자(×)　　　양심(○)/량심(×)　　　노인(○)/로인(×)

07 모음 조화

어머니 母 / 소리 音 / 고를 調 / 화목할 和

두 음절 이상의 단어에서, 뒤의 모음이 앞 모음의 영향으로 그와 가깝거나 같은 소리로 되는 언어 현상. 'ㅏ', 'ㅗ' 따위의 양성 모음은 양성 모음끼리, 'ㅓ', 'ㅜ' 따위의 음성 모음은 음성 모음끼리 어울리는 현상

> **예시** '깎아', '숨어', '알록달록/얼룩덜룩', '갈쌍갈쌍/글썽글썽', '졸졸/줄줄'

08 문장 성분 ✩

글월 文 / 글월 章 / 이룰 成 / 나눌 分

문장 안에서 문장을 구성하면서 일정한 문법적 기능을 하는 각 부분

> **예시** 문장 성분에는 주어, 서술어, 목적어, 보어, 관형어, 부사어, 독립어가 있다.

09 주성분

주인 主 / 이룰 成 / 나눌 分

문장의 골격을 이루는 필수적인 성분

주어	서술어가 나타내는 동작이나 상태, 성질 등의 주체가 되는 문장 성분 예 <u>영희가</u> 책을 읽는다.
서술어	한 문장에서 주어의 동작, 상태, 성질 등을 풀이하는 기능을 하는 문장 성분 예 은미가 잠을 <u>잔다</u>.
목적어	서술어의 동작 대상이 되는 문장 성분　예 나는 <u>사과를</u> 좋아한다.
보어	주어와 서술어만으로 뜻이 완전하지 못한 문장에서, 그 불완전한 곳을 보충하여 뜻을 완전하게 하는 문장 성분 예 물이 <u>얼음이</u> 되었다. / 철수는 <u>학생이</u> 아니다.

10 부속 성분

붙을 附 / 무리 屬 / 이룰 成 / 나눌 分

주성분의 내용을 꾸며 뜻을 더하여 주는 문장 성분

관형어	체언 앞에서 체언의 뜻을 꾸며 주는 기능을 하는 문장 성분 예 민성이가 <u>새</u> 옷을 입었다.
부사어	주로 용언을 꾸며 주어 용언의 내용을 한정하는 문장 성분 예 하늘이 <u>매우</u> 푸르다.

11 독립 성분

홀로 獨 / 설 立 / 이룰 成 / 나눌 分

문장의 주성분이나 부속 성분과 직접적인 관련을 맺지 않고 따로 떨어져 있는 성분

독립어	문장 안의 다른 성분들과 직접적인 관계를 맺지 않고 독립적으로 쓰이는 문장 성분 예 <u>와!</u> 드디어 일요일이다. / <u>현주야</u>, 이리 들어와.

> 문장 성분이 '**문장**'과 관련된 개념이라면, 품사는 '**단어**'와 관련된 개념이에요.

✩ 헷갈리기 쉬운 어휘

문장 성분 글월 文 / 글월 章 / 이룰 成 / 나눌 分
문장 안에서 문장을 구성하면서 일정한 문법적 기능을 하는 각 부분
예 문장 성분의 종류로는 주어, 서술어, 목적어, 보어, 관형어, 부사어, 독립어가 있다.

VS

품사 물건 品 / 말씀 詞
단어를 기능, 형태, 의미에 따라 공통된 성질을 가진 것끼리 모아 놓은 갈래
예 명사, 대명사, 수사, 동사, 형용사, 관형사, 부사, 조사, 감탄사는 품사이다.

어휘 확인하기

*'어휘 익히기'에서 ☐에 표시된 어휘를 다시 한번 학습한 후, 다음 문제를 풀어 보세요!

[01-04] 다음 음운 변동의 유형과 그에 대한 설명을 바르게 연결하시오.

01 교체 ·

· ㉠ 두 음운이 만날 때 없던 음운이 새로 생겨나는 현상

02 첨가 ·

· ㉡ 어떤 음운이 다른 음운으로 바뀌어 발음되는 현상

03 축약 ·

· ㉢ 두 음운이 합쳐져 하나의 음운으로 발음되는 현상

04 탈락 ·

· ㉣ 두 개의 자음이나 모음이 이어질 때 하나의 음운이 없어지는 현상

05 〈보기〉에서 설명하고 있는 음운 변동의 예로 알맞은 것은?

> **보기**
> 우리말은 'ㄱ, ㄴ, ㄷ, ㄹ, ㅁ, ㅂ, ㅇ'의 7개 자음만이 음절의 끝에서 발음되고, 이외의 자음은 7개의 자음 중 하나로 바뀌어 발음된다.

① 국민[궁민] ② 부엌[부억] ③ 권력[궐력] ④ 축하[추카] ⑤ 맨입[맨닙]

06 〈보기〉의 단어들을 발음할 때 일어나는 음운 변동에 대한 설명으로 알맞은 것은?

> **보기**
> 굳이[구지]　　해돋이[해도지]　　같이[가치]　　피붙이[피부치]

① 'ㄴ'이 'ㄹ'의 앞이나 뒤에 오면 'ㄹ'로 바뀌는 현상
② 콧소리가 아닌 자음이 콧소리로 바뀌어서 발음되는 현상
③ 'ㅂ, ㄷ, ㄱ, ㅈ'이 'ㅎ'과 합쳐져 [ㅍ, ㅌ, ㅋ, ㅊ]으로 발음되는 현상
④ 음절 끝에서는 하나의 자음밖에 발음될 수 없기 때문에 두 자음 중 하나가 없어지는 현상
⑤ 'ㄷ, ㅌ'이 모음 'ㅣ'나 반모음 'ĭ'로 시작하는 형식 형태소와 만나 [ㅈ, ㅊ]으로 발음되는 현상

07 〈보기〉의 단어들을 발음할 때 공통적으로 일어나는 음운 변동은?

> **보기**
> 국수[국쑤]　　안고[안ː꼬]　　갈 데가[갈떼가]　　갈등[갈뜽]

① 첨가 ② 축약 ③ 탈락 ④ 비음화 ⑤ 된소리되기

08 〈보기〉의 ㉠, ㉡에 들어갈 말을 바르게 짝지은 것은?

> **보기**
>
> 아들: '여자'는 '여자 녀〔女〕'와 '아들 자〔子〕'로 이루어진 한자어인데 왜 '녀자'라고 안 쓰고 '여자'라고 써요? 또, '노인'은 '늙을 로〔老〕'와 '사람 인〔人〕'으로 이루어진 한자어인데 왜 '로인'이라고 안 쓰고 '노인'이라고 쓰죠?
>
> 아빠: 좋은 질문이구나. '여자 녀'와 '아들 자'로 이루어진 한자어 '女子'를 '녀자'라고 안 쓰고 '여자'라고 쓰는 것이나 '늙을 로'와 '사람 인'으로 이루어진 한자어 '老人'을 '로인'이라고 안 쓰고 '노인'으로 쓰는 것은 바로 (㉠) 때문이야. 우리말은 일부 소리가 단어의 첫머리에 발음되는 것을 꺼려 나타나지 않거나 다른 소리로 발음되는 특성이 있거든. 그래서 한자음 '녀'가 단어의 첫머리에 올 때는 '여'로, 한자음 '로'가 단어의 첫머리에 올 때는 '노'로 적는단다.
>
> 아들: 그럼 한 가지 더 여쭤 볼게요. 국어 공부하면서 궁금해진 건데요. 왜 '꼼지럭꼼지럭/꿈지락꿈지락'이라고는 안 하고 '꼼지락꼼지락/꿈지럭꿈지럭'이라고만 해요? '모락모락/무럭무럭'도 그렇고요.
>
> 아빠: 우리 아들, 아주 똑똑한데? 그건 모두 (㉡) 때문이야. 우리말은 양성 모음은 양성 모음끼리, 음성 모음은 음성 모음끼리 어울리거든. 그래서 양성 모음인 'ㅗ'는 'ㅏ'랑 어울리고, 음성 모음인 'ㅜ'는 'ㅓ'랑 어울리게 되는 거지.

① ㉠–모음 조화, ㉡–두음 법칙   ② ㉠–모음 조화, ㉡–구개음화

③ ㉠–두음 법칙, ㉡–모음 조화   ④ ㉠–두음 법칙, ㉡–경음화

⑤ ㉠–구개음화, ㉡–두음 법칙

[09-11] 〈보기〉의 문장 성분들을 다음 기준에 따라 분류하시오.

> **보기**
>
> | 보어 | 주어 | 관형어 | 독립어 | 목적어 | 부사어 | 서술어 |
> |---|---|---|---|---|---|---|

09 문장의 골격을 이루는 필수적인 성분   →_____

10 주성분의 내용을 꾸며 뜻을 더하여 주는 문장 성분   →_____

11 문장의 주성분이나 부속 성분과 직접적인 관련을 맺지 않고 따로 떨어져 있는 성분

→_____

---

12 〈보기〉의 문장을 구성하고 있는 문장 성분이 <u>아닌</u> 것은?

> **보기**
>
> 아이고, 내가 이렇게 널 만나다니!

① 주어   ② 목적어   ③ 관형어   ④ 부사어   ⑤ 독립어

DAY 23

어휘 익히기

한자 성어 (1)

*Q1~Q7에서 괄호 안의 알맞은 표현을 골라 보세요. 채점 후, 틀린 어휘는 ☐에 표시해 두세요.

☐ **01 가렴주구**
잔풀 苛 / 거둘 斂 / 벨 誅 / 구할 求

세금을 가혹하게 거두어들이고, 무리하게 재물을 빼앗음.
예 왕실의 가렴주구가 너무 혹독하여 백성들이 고통받고 있다.

☐ **02 고진감래**
괴로울 苦 / 다할 盡 / 달 甘 / 올 來

쓴 것이 다하면 단 것이 온다는 뜻으로, 고생 끝에 즐거움이 옴을 이르는 말
예 고진감래라는 말도 있으니, 조금만 더 고생하면 좋은 날이 올 거야.

Q1 알맞은 단어는? 권력자들의 (ㄱ가렴주구 / ㄴ고진감래)에 견디다 못한 농민들이 밤에 몰래 도망가려 하는데, 누군가가 (ㄱ가렴주구 / ㄴ고진감래)라는 말처럼 새 왕조가 펼쳐질 때까지 조금만 더 버티며 기다려 보자고 하였다.

☐ **03 고립무원**
외로울 孤 / 설 立 / 없을 無 / 도울 援

고립되어 구원을 받을 데가 없음.
예 고립무원의 생활을 오래 하다 보니 이젠 남에게 기대하는 바도 없다.

☐ **04 누란지위**
여러 累 / 알 卵 / 갈 之 / 위태할 危

층층이 쌓아 놓은 알의 위태로움이라는 뜻으로, 몹시 아슬아슬한 위기를 비유적으로 이르는 말
예 누란지위에 처한 나라를 구하기 위해 용맹한 장수들이 나섰다.

Q2 알맞은 단어는? 그는 산을 오르는 도중에 몇 번이나 미끄러질 뻔하며 (ㄱ고립무원 / ㄴ누란지위)의 상황을 맞았다. 정상에 이르기도 전에 폭우가 쏟아지면서 오도 가도 못하는 (ㄱ고립무원 / ㄴ누란지위)의 신세가 되고 말았다.

☐ **05 격세지감**
사이 뜰 隔 / 세대 世 / 갈 之 / 느낄 感

오래지 않은 동안에 몰라보게 변하여 아주 다른 세상이 된 것 같은 느낌
예 미디어 활용에 능숙하고 자기 표현에 거리낌이 없는 젊은 세대를 보며 격세지감을 느낀다.

☐ **06 괄목상대**
비빌 刮 / 눈 目 / 서로 相 / 대답할 對

눈을 비비고 상대편을 본다는 뜻으로, 남의 학식이나 재주가 놀랄 만큼 부쩍 늚을 이르는 말
예 매일 독서실에서 늦게까지 공부하더니, 괄목상대할 만큼 실력이 늘었구나.

Q3 알맞은 단어는? 5년 만에 한국에 돌아온 아들은 운동 실력이 많이 늘어 (ㄱ격세지감 / ㄴ괄목상대)할 정도로 멋진 선수가 되어 있었다. 아들은 공항에 내려서 집에 오기까지의 서울의 풍경을 보고 첨단 도시로 변화된 서울의 모습에 새삼 (ㄱ격세지감 / ㄴ괄목상대)에 젖었다고 하였다.

☐ **07 금상첨화** ☆
비단 錦 / 위 上 / 더할 添 / 꽃 花

비단 위에 꽃을 더한다는 뜻으로, 좋은 일 위에 또 좋은 일이 더하여짐을 비유적으로 이르는 말
예 얼굴도 예쁜데 마음씨까지 고우니 금상첨화로다.

☐ **08 난형난제**
어려울 難 / 형 兄 / 어려울 難 / 아우 弟

누구를 형이라 하고 누구를 아우라 하기 어렵다는 뜻으로, 두 사물이 비슷하여 낫고 못함을 정하기 어려움을 이르는 말
예 두 선수의 실력은 난형난제라 결과를 예상하기가 쉽지 않았다.

Q4 알맞은 단어는? 실력은 (ㄱ금상첨화 / ㄴ난형난제)라 할 만큼 두 사람 모두 뛰어나니, 둘이 힘을 합쳐 이 문제를 해결한다면 (ㄱ금상첨화 / ㄴ난형난제) 아니겠는가!

정답 Q: 1 ㄱ, ㄴ 2 ㄴ, ㄱ 3 ㄴ, ㄱ 4 ㄴ, ㄱ

09 동병상련

같을 同 / 병들 病 / 서로 相 / 불쌍히 여길 憐

같은 병을 앓는 사람끼리 서로 가엾게 여긴다는 뜻으로, 어려운 처지에 있는 사람끼리 서로 가엾게 여김을 이르는 말

예 어머니를 잃은 그와 아버지를 잃은 나는 동병상련을 느낄 수밖에 없었다.

10 맥수지탄

보리 麥 / 빼어날 秀 / 갈 之 / 탄식할 歎(嘆)

보리가 무성하게 자란 것을 탄식한다는 뜻으로, 고국의 멸망을 한탄함을 이르는 말

예 길재는 고려가 멸망한 뒤 도읍터 개경을 돌아보며 맥수지탄을 표현한 시조를 지었다.

Q5 알맞은 단어는?

원천석은 「흥망은 유수하니 ~」라는 시조에서 고려의 궁터인 만월대를 돌아보며 (**ᴵ⁰동병상련** / **ᴵ¹맥수지탄**)을 노래했고, 조지훈은 「봉황수」라는 시에서 몰락한 조선 왕조의 퇴락한 고궁을 보면서 망국의 슬픔을 노래했다. 만약 두 사람이 서로 만나 이야기했다면 (**ᴵ⁰동병상련** / **ᴵ¹맥수지탄**)을 느낄 수 있었을 것이다.

11 백골난망

흰 白 / 뼈 骨 / 어려울 難 / 잊을 忘

죽어서 백골이 되어도 잊을 수 없다는 뜻으로, 남에게 큰 은덕을 입었을 때 고마움의 뜻으로 이르는 말

예 모자란 저를 이끌어 주신 은혜는 정말 백골난망입니다.

12 비분강개

슬플 悲 / 성낼 憤 / 강개할 慷 / 분개할 慨

슬프고 분하여 마음이 북받침.

예 나라를 잃은 백성은 비분강개를 금치 못했다.

Q6 알맞은 단어는?

어르신은 왜적의 침입으로 부모를 잃고 (**ᴵ¹백골난망** / **ᴵ²비분강개**)하여 방황하던 저를 거두어 주신 분입니다. 저에게 기회를 주신다면 (**ᴵ¹백골난망** / **ᴵ²비분강개**)인 그 은혜를 갚고자 합니다.

13 산전수전

뫼 山 / 싸울 戰 / 물 水 / 싸울 戰

산에서도 싸우고 물에서도 싸웠다는 뜻으로, 세상의 온갖 고생과 어려움을 다 겪었음을 이르는 말

예 김 군은 형사 생활을 하면서 산전수전을 다 겪어 왔다.

14 상전벽해

뽕나무 桑 / 밭 田 / 푸를 碧 / 바다 海

뽕나무밭이 변하여 푸른 바다가 된다는 뜻으로, 세상일의 변천이 심함을 비유적으로 이르는 말

예 상전벽해라더니, 10년 만에 찾아온 고국은 딴 세상 같았다.

Q7 알맞은 단어는?

유랑민이 되어 이곳저곳을 떠돌며 (**ᴵ³산전수전** / **ᴵ⁴상전벽해**)을/를 두루 겪고 돌아온 고향은 이전과는 전혀 다른 모습이어서 (**ᴵ³산전수전** / **ᴵ⁴상전벽해**)(이)라는 비유가 어울릴 만큼 낯설었다.

> '금상첨화'와 '설상가상'은 서로 반대되는 의미를 지닌 한자 성어라고 할 수 있어요.

☆ 헷갈리기 쉬운 어휘

금상첨화 비단 錦 / 위 上 / 더할 添 / 꽃 花
비단 위에 꽃을 더한다는 뜻으로, 좋은 일 위에 또 좋은 일이 더하여짐을 비유적으로 이르는 말
예 이 식물은 꽃도 예쁜데 열매도 맛있으니 금상첨화다.

VS

설상가상 눈 雪 / 위 上 / 더할 加 / 서리 霜
눈 위에 서리가 덮인다는 뜻으로, 난처한 일이나 불행한 일이 잇따라 일어남을 이르는 말
예 안 그래도 지각인데 설상가상으로 길까지 막혔다.

어휘 확인하기

*'어휘 익히기'에서 ◻에 표시된 어휘를 다시 한번 학습한 후, 다음 문제를 풀어 보세요!

[01-04] 주어진 초성과 뜻에 알맞은 한자 성어를 빈칸에 넣어 문장을 완성하시오.

01 ⸢ㄱ ㄹ ㅈ ㄱ⸥ : 세금을 가혹하게 거두어들이고, 무리하게 재물을 빼앗음.
→ 집 한 채 가진 서민에게 재산세를 과도하게 부과하는 것은 _____와 같은 행태이다.

02 ⸢ㅅ ㅈ ㅅ ㅈ⸥ : 산에서도 싸우고 물에서도 싸웠다는 뜻으로, 세상의 온갖 고생과 어려움을 다 겪었음을 이르는 말
→ _____ 다 겪으며 힘들게 살아온 그는 웬만한 고생에는 동요하지 않는다.

03 ⸢ㅂ ㄱ ㄴ ㅁ⸥ : 죽어서 백골이 되어도 잊을 수 없다는 뜻으로, 남에게 큰 은덕을 입었을 때 고마움의 뜻으로 이르는 말
→ 스승님의 은혜가 _____이오니, 큰 가르침을 가슴에 새기며 살겠습니다.

04 ⸢ㄷ ㅂ ㅅ ㄹ⸥ : 같은 병을 앓는 사람끼리 서로 가엾게 여긴다는 뜻으로, 어려운 처지에 있는 사람끼리 서로 가엾게 여김을 이르는 말
→ 그와 그녀는 둘 다 외롭고 가난한 유년 시절을 겪었으므로 _____으로 마음이 통하였다.

[05-07] 〈보기〉의 글자 카드를 조합하여 문장의 빈칸에 들어갈 알맞은 한자 성어를 쓰시오.

> **보기**
>
> | 비 | 상 | 벽 | 누 | 란 | 분 |
> | 전 | 개 | 해 | 강 | 지 | 위 |

05 아무것도 모르는 어린아이를 학대하다니 _____ 할 일이다.
　　　　　　　　　　　　　　　슬프고 분하여 마음이 북받침.

06 1997년 외환 위기를 겪던 우리나라의 형세는 _____의 상황이었다.
　　　　　　　　　　　　　　　　　몹시 아슬아슬한 위기

07 논과 밭뿐이던 우리 마을에 _____ 같은 변화가 시작되어 도로가 깔리고 아파트와 백화점까지 들어섰다.
　　　　　　　　　　세상의 변천이 심함.

[08-10] 다음 문장에 어울리는 한자 성어를 골라 ○표 하시오.

08 옛 도읍지를 돌아보다 보니 (백골난망 / 맥수지탄)에 젖어 눈시울이 붉어졌다.

09 500원이던 아이스크림을 어느새 3,000원이나 주고 사 먹어야 한다니 (동병상련 / 격세지감)을 느낀다.

10 그녀는 직장을 잃은 지 얼마 되지 않아 교통사고까지 당하면서 (난형난제 / 설상가상)의 상황에 놓이고 말았다.

[11-14] 주어진 뜻풀이를 참고하여 십자말풀이를 완성하시오.

11 ㉠ 고립되어 구원을 받을 데가 없음.

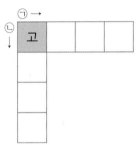

12 ㉡ 쓴 것이 다하면 단 것이 온다는 뜻으로, 고생 끝에 즐거움이 옴을 이르는 말

13 ㉢ 눈을 비비고 상대편을 본다는 뜻으로, 남의 학식이나 재주가 놀랄 만큼 부쩍 늚을 이르는 말

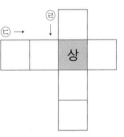

14 ㉣ 비단 위에 꽃을 더한다는 뜻으로, 좋은 일 위에 또 좋은 일이 더하여짐을 비유적으로 이르는 말

15 〈보기〉의 빈칸에 들어갈 한자 성어로 가장 알맞은 것은?

> **보기**
>
> 김 회장에겐 장남 김○○ 부사장(38), 차남 김◇◇ 전무(37), 막내 김△△ 상무(35)의 3남이 있다. 이들은 나이, 학벌, 지분 소유가 비슷할 뿐만 아니라 경영 능력까지 비슷하다. 현재로선 우열을 따지기 힘들어 누가 후계자가 될 것인지 장담하기 힘든 실정이다. 한마디로 _____라는 얘기다.

① 금상첨화　　　　② 누란지위　　　　③ 상전벽해
④ 난형난제　　　　⑤ 설상가상

DAY 24

어휘 익히기

한자 성어 (2)

*Q1~Q7에서 괄호 안의 알맞은 표현을 골라 보세요. 채점 후, 틀린 어휘는 ☐에 표시해 두세요.

☐ 01 **새옹지마**
변방 塞 / 늙은이 翁 / 갈 之 / 말 馬

인생의 길흉화복은 변화가 많아서 예측하기가 어렵다는 말
예 인간사 새옹지마인데, 나라고 언제까지 이렇게만 살란 법은 없다.

☐ 02 **어부지리**
고기잡을 漁 / 남편 夫 / 갈 之 / 이로울 利

두 사람이 이해관계로 서로 싸우는 사이에 엉뚱한 사람이 애쓰지 않고 가로챈 이익을 이르는 말
예 여야가 싸우는 사이 무소속 후보가 어부지리로 당선되었다.

○ **Q1 알맞은 단어는?**
막내는 두 형이 서로 정신없이 싸우는 사이 (■새옹지마 / ■어부지리)로 혼자서만 과자를 먹었다. 그러나 혼자서만 과자를 먹는 기쁨도 잠시, 그 과자는 유통기한이 한참 지난 것이어서 막내는 배탈이 나고 말았다. 막내는 하루 사이 기쁨과 고통을 오가며 새삼 (■새옹지마 / ■어부지리)가 인생의 진리임을 깨달았다.

☐ 03 **수구초심**
머리 首 / 언덕 丘 / 처음 初 / 마음 心

여우가 죽을 때에 머리를 자기가 살던 굴 쪽으로 둔다는 뜻으로, 고향을 그리워하는 마음을 이르는 말
예 아버지는 명절마다 수구초심으로 판문점에 가서 제사를 지내고 오신다.

☐ 04 **오매불망**
깰 寤 / 잠잘 寐 / 아닐 不 / 잊을 忘

자나 깨나 잊지 못함.
예 오매불망 그리워하던 그이가 드디어 돌아왔다.

○ **Q2 알맞은 단어는?**
할머니께서는 (■수구초심 / ■오매불망) 헤어진 혈육을 그리워하며 살아오셨다. 또한, 당신께서 돌아가시면 북쪽 방향으로 묘를 써 달라고 당부하시며 한결같은 (■수구초심 / ■오매불망)을 드러내기도 하셨다.

☐ 05 **순망치한**
입술 脣 / 망할 亡 / 이 齒 / 찰 寒

입술이 없으면 이가 시리다는 뜻으로, 어느 한쪽이 망하면 다른 한쪽도 그 영향을 받아 온전하기 어려움을 이르는 말
예 순망치한이라더니 아내가 곁에 없자 그도 불편한 점이 많았다.

☐ 06 **오리무중**
다섯 五 / 마을 里 / 안개 霧 / 가운데 中

오 리나 되는 짙은 안개 속에 있다는 뜻으로, 무슨 일에 대하여 방향이나 갈피를 잡을 수 없음을 이르는 말
예 한 달 전에 벌어진 절도 사건의 범인이 누구인지 아직도 오리무중 상태이다.

○ **Q3 알맞은 단어는?**
미북(美北) 정상 회담이 (■순망치한 / ■오리무중)의 상황으로 빠져 들었다. 북한과 지정학적으로 근접한 중국은 (■순망치한 / ■오리무중)의 관계를 내세우며 미북 정상 회담에 영향력을 발휘하려 하고 있다.

☐ 07 **오월동주** ✿
오나라 吳 / 월나라 越 / 같을 同 / 배 舟

서로 적의를 품은 사람들이 한자리에 있게 된 경우나 서로 협력하여야 하는 상황을 비유적으로 이르는 말
예 라이벌 관계인 형석이와 한 조가 되다니, 오월동주가 따로 없구나.

☐ 08 **일촉즉발**
하나 一 / 닿을 觸 / 곧 卽 / 필 發

한 번 건드리기만 해도 폭발할 것같이 몹시 위급한 상태
예 일촉즉발의 대치 상황에서 긴장감이 최고조에 달했다.

○ **Q4 알맞은 단어는?**
서로 못 잡아먹어 안달인 두 사람이 (■오월동주 / ■일촉즉발)와/과 같이 한 차를 타고 여행을 가게 되었으니, 다른 일행들은 도착할 때까지 (■오월동주 / ■일촉즉발)의 분위기 속에서 숨을 죽일 수밖에 없었다.

09 사상누각

모래 沙 / 위 上 / 다락
樓 / 집 閣

모래 위에 세운 누각이라는 뜻으로, 기초가 튼튼하지 못하여 오래 견디
지 못할 일이나 물건을 이르는 말
예 철저한 조사 없이 세운 정책은 <u>사상누각</u>에 불과하다.

10 풍전등화

바람 風 / 앞 前 / 등잔
燈 / 불 火

바람 앞의 등불이라는 뜻으로, 사물이 매우 위태로운 처지에 놓여 있음
을 비유적으로 이르는 말
예 무리한 사업 확장으로 자금 조달의 위기를 맞은 회사의 운명이 <u>풍전등화</u>
와 같았다.

Q5 알맞은 단어는?　기술적 노하우가 뒷받침되지 않는 산업은 (ㄱ사상누각 / ㄴ풍전등화)에 다름 아니다. 그런 산업을 무리하게
추진하다 보면 어느 순간 (ㄱ사상누각 / ㄴ풍전등화)과/와 같이 위태로운 상황에 놓이게 될 수밖에 없다.

11 적반하장

도둑 賊 / 돌이킬 反 /
멜 荷 / 지팡이 杖

도둑이 도리어 매를 든다는 뜻으로, 잘못한 사람이 아무 잘못도 없는
사람을 나무람을 이르는 말
예 사고 친 인간이 오히려 큰소리를 치니, <u>적반하장</u>이 아니고 무엇이랴.

12 점입가경

차차 漸 / 들 入 / 아름
다울 佳 / 지경 境

① 들어갈수록 점점 재미가 있음.
예 한라산은 오를수록 그 멋이 <u>점입가경</u>이다.

② 시간이 지날수록 하는 짓이나 몰골이 더욱 꼴불견임을 비유적으로
이르는 말
예 형제가 싸우는 모습이 <u>점입가경</u>으로 치닫자 어머니는 화를 내시고 말았다.

Q6 알맞은 단어는?　위안부 문제의 가해자인 일본이 (ㄱ적반하장 / ㄴ점입가경)으로 오히려 큰소리치는 상황에 국민들이 분노하
고 있는 가운데, 일본 정치인들의 막말도 갈수록 (ㄱ적반하장 / ㄴ점입가경)으로 치닫고 있다.

13 진퇴양난

나아갈 進 / 물러날 退
/ 두 兩 / 어려울 難

이러지도 저러지도 못하는 어려운 처지
예 이 일을 그만둘 수도 없고 계속하기도 어려워 <u>진퇴양난</u>의 길에 처했다.

14 파죽지세

깨뜨릴 破 / 대 竹 / 갈
之 / 기세 勢

대를 쪼개는 기세라는 뜻으로, 적을 거침없이 물리치고 쳐들어가는 기
세를 이르는 말
예 국군이 <u>파죽지세</u>로 인민군을 몰아내고 있었다.

Q7 알맞은 단어는?　앞뒤로 퇴로를 막았으니 분명 (ㄱ진퇴양난 / ㄴ파죽지세)에 빠졌을 것이라 생각했으나, 예상과 달리 장군은
(ㄱ진퇴양난 / ㄴ파죽지세)로 달려들고 있었다.

> '오월동주'는 적대 관계의 무리가 불가피하게 모여 있는 상황을 가리키는 반면, '유유상종'은
> 우호적인 무리가 자발적으로 한자리로 모이는 상황을 가리켜요.

☆ 헷갈리기 쉬운 어휘

오월동주 오나라 吳 / 월나라 越 / 같을 同 / 배 舟
서로 적의를 품은 사람들이 한자리에 있게 된 경우나 서
로 협력하여야 하는 상황을 비유적으로 이르는 말
예 서울시와 정부는 이해관계가 엇갈리면서도 집값 안정 문제
를 함께 해결해야 하니 <u>오월동주</u>의 상황이다.

VS

유유상종 무리 類 / 무리 類 / 서로 相 / 좇을 從
같은 무리끼리 서로 사귐.
예 <u>유유상종</u>이라고 하더니 비슷비슷한 녀석들끼리 모였다.

어휘 확인하기

＊'어휘 익히기'에서 ◯에 표시된 어휘를 다시 한번 학습한 후, 다음 문제를 풀어 보세요!

[01-03] 다음 뜻에 해당하는 한자 성어를 〈보기〉에서 찾아 쓰시오.

> **보기**
>
> 새옹지마   오리무중   적반하장

01 인생의 길흉화복은 변화가 많아서 예측하기가 어렵다는 말　→ _____

02 잘못한 사람이 아무 잘못도 없는 사람을 나무람을 이르는 말　→ _____

03 무슨 일에 대하여 방향이나 갈피를 잡을 수 없음을 이르는 말　→ _____

04 〈보기〉의 빈칸에 공통으로 들어갈 한자 성어로 알맞은 것은?

> **보기**
>
> • 이 소설은 읽으면 읽을수록 _____이어서 손에서 책을 놓을 수가 없다.
> • 두 집단의 갈등은 _____으로 증폭되어 마침내 진흙탕 싸움이 되고 말았다.

① 오월동주　　　　　　② 설상가상　　　　　　③ 금상첨화

④ 일촉즉발　　　　　　⑤ 점입가경

[05-07] 다음 밑줄 친 말과 바꿔 쓰기에 가장 알맞은 한자 성어를 고르시오.

05 아버지께서는 돌아가신 어머니가 그리워 자나 깨나 잊지 못하셨다.

① 오리무중　　　　　　② 오매불망　　　　　　③ 오월동주

④ 백골난망　　　　　　⑤ 순망치한

06 할아버지께서는 고향을 그리워하는 마음이 깊으셔서 늘 북쪽을 바라보셨다.

① 맥수지탄　　　　　　② 동병상련　　　　　　③ 수구초심

④ 오매불망　　　　　　⑤ 사상누각

07 사업을 접자니 손해가 크겠고, 계속하자니 전망이 없어서 이러지도 저러지도 못하고 있는 상황이다.

① 일촉즉발　　　　　　② 진퇴양난　　　　　　③ 순망치한

④ 유유상종　　　　　　⑤ 점입가경

[08-10] 다음 밑줄 친 한자 성어의 뜻을 〈보기〉에서 찾아 그 기호를 쓰시오.

> **보기**
> ㉠ 대를 쪼개는 기세라는 뜻으로, 적을 거침없이 물리치고 쳐들어가는 기세를 이르는 말
> ㉡ 바람 앞의 등불이라는 뜻으로, 사물이 매우 위태로운 처지에 놓여 있음을 비유적으로 이르는 말
> ㉢ 모래 위에 세운 누각이라는 뜻으로, 기초가 튼튼하지 못하여 오래 견디지 못할 일이나 물건을 이르는 말

08 아무리 여러 사람의 열화와 같은 지지를 받는다 해도 근본이 없으면 <u>사상누각</u>이 되는 것이다.

(   )

09 적군의 <u>파죽지세</u>에 겁을 먹은 아군들이 도망가기 시작하자 전진은 일시에 무너져 버리고 말았다.

(   )

10 오늘 밤이 고비라는 의사의 말을 들은 나는 <u>풍전등화</u>와 같은 운명을 깨닫고 절망의 나락에 빠졌다.

(   )

[11-13] 〈보기〉의 밑줄 친 한자 성어의 뜻을 찾아 바르게 연결하시오.

> **보기**
> 　스마트폰 산업의 양대 산맥인 A사와 B사가 정부의 지휘 아래 개인 정보 보호 시스템 개발에 합류했다. 이렇듯 두 회사가 <u>오월동주(吳越同舟)</u>의 상황에 놓이게 된 것은 이번이 처음이 아니다. 지난 휴대 전화 가격 담합 방지 정책 수립을 위한 특별 기획 팀에서도 두 회사는 각각 자사의 이해관계를 추구하면서 <u>일촉즉발(一觸卽發)</u>의 분위기로 날을 세웠다고 한다. 한편 두 회사가 서로를 견제하며 정부의 통제하에 놓인 가운데, C사는 <u>어부지리(漁父之利)</u> 격으로 정부의 감시망을 피해 매출액을 높이고 있다는 소식이다.

11 오월동주 •

     • ㉠ 한 번 건드리기만 해도 폭발할 것같이 몹시 위급한 상태

12 일촉즉발 •

     • ㉡ 두 사람이 이해관계로 서로 싸우는 사이에 엉뚱한 사람이 애쓰지 않고 가로챈 이익을 이르는 말

13 어부지리 •

     • ㉢ 서로 적의를 품은 사람들이 한자리에 있게 된 경우나 서로 협력하여야 하는 상황을 비유적으로 이르는 말

14 〈보기〉의 설명에 해당하는 한자 성어를 쓰시오.

> **보기**
> • 입술이 없으면 이가 시리다는 뜻
> • 국제적 외교 관계에서 전략적 동맹 관계를 가리킬 때 자주 쓰임.
> • 서로 이해관계가 밀접한 사이에 어느 한쪽이 망하면 다른 한쪽도 그 영향을 받아 온전하기 어려움을 이르는 말

종합 문제

01 〈보기〉의 시상 전개 방식으로 가장 알맞은 것은?

> **보기**
> 배꽃 가지 / 반쯤 가리고 / 달이 가네. // 경주군 내동면(慶州郡 內洞面) / 혹은 외동면(外洞面)
> 불국사(佛國寺) 터를 잡은 / 그 언저리로 // 배꽃 가지 / 반쯤 가리고 / 달이 가네. – 박목월, 「달」

① 기승전결 　　② 수미상관 　　③ 선경후정 　　④ 시간의 흐름 　　⑤ 시선의 이동

02 〈보기〉의 밑줄 친 부분에 쓰인 표현 방법에 대한 설명으로 가장 알맞은 것은?

> **보기**
> 살기 위해서는 이제 / 뒷걸음질만이 허락된 것이라고
> 파도가 아가리를 쳐들고 달려드는 곳 / 찾아 나선 것도 아니었지만
> 끝내 발 디디며 서 있는 땅의 끝, / 그런데 이상하기도 하지
> <u>위태로움 속에 아름다움이 스며 있다는 것이</u> / <u>땅끝은 늘 젖어 있다는 것이</u>
> <u>그걸 보려고</u> / <u>또 몇 번은 여기에 이르리라는 것이</u>　　　　　　– 나희덕, 「땅끝」

① 문장 또는 단어를 정상적인 순서와는 다르게 배열하는 표현 방법
② 감탄사나 어미 등을 통해 기쁨이나 슬픔 등의 감정을 강하게 표현하는 방법
③ 크고 높고 강한 것에서부터 점차 작고 낮고 약한 것으로 끌어내리는 표현 방법
④ 시적 효과를 위해서 띄어쓰기나 맞춤법에 어긋나게 쓰거나, 단어를 늘여 쓰거나 줄여 쓰는 등 비문법적인 표현을 사용하는 표현 방법
⑤ 동음이의어를 활용하거나 각운을 맞추는 등의 말장난을 활용하여 해학적 분위기를 조성하는 표현 방법

03 〈보기〉의 ㉠~㉣에 대한 감상으로 알맞지 <u>않은</u> 것은?

> **보기**
> 　곱단이가 어떤 심정으로 그 혼사에 응했는지는 알 길이 없다. 피를 보면 멀쩡한 사람도 정신이 회까닥해진다고 하지 않는가. 피 묻은 소문도 마찬가지였다. 곱단이네 식구뿐 아니라 마을 사람들도 이성을 잃고 말았다. 만득이와 곱단이의 연애를 어여삐 여기고, ㉠스스로 증인이 된 마을 어른들도 이제 곱단이를 위해 할 수 있는 일은 일본군한테 내주지 않는 일뿐이었다. / 더군다나 ㉡곱단이 어머니는 피가 무서워 닭모가지 하나 못 비트는 착하디착한 위인이었다. 그 피 묻은 소문에 살이 떨려 우두망찰했을 것이다. ㉢곱단이는 만득이와의 언약을 저버리고 딴 데로 시집을 가느니 차라리 죽고 싶었을 것이다. 그러나 그녀도 스스로 제 목숨을 끊을 만큼 모질지는 못했다. 죽은 것과 마찬가지로 넋을 놓아 버리는 게 고작이었을 것이다. ㉣곱단이네서 혼사를 치르고 사흘 만에 신랑을 따라 집을 떠나는 곱단이는 사자(死者)를 분단장해 놓은 것처럼 섬뜩하니 표정이라곤 없었다.
> 　　　　　　　　　　　　　　　　　　　　　　　　　　　　　– 박완서, 「그 여자네 집」

① ㉠으로 볼 때, 곱단이가 딴 데로 시집가게 된 것은 인물과 사회의 갈등 때문이로군.
② ㉠을 제대로 이해하기 위해서는 외재적 관점 중에서 효용론적 관점을 적용하는 것이 좋겠군.
③ ㉡에서는 서술자의 설명을 통한 직접적 제시 방식으로 인물의 성격을 드러내고 있군.
④ ㉢으로 볼 때, 곱단이는 혼사에 응하는 과정에서 내적 갈등을 겪었을 것임을 짐작할 수 있군.
⑤ ㉣에서는 인물의 외양 묘사를 통해 심리를 간접적으로 제시하는 보여 주기 방식이 사용되고 있군.

04 다음 어휘에 대한 의미가 알맞지 <u>않은</u> 것은?

① 미괄식: 문단이나 글의 끝부분에 중심 내용이 오는 구성 방식

② 연역: 개별적이고 특수한 사실로부터 일반적인 사실을 추론하는 방법

③ 추상화: 구체적이고 감각적인 것이 비감각적이고 관념적으로 바뀌는 것

④ 유추: 같거나 비슷한 점에 바탕을 두고 다른 사물을 미루어 추론하는 방법

⑤ 준언어적 표현: 말의 높낮이, 속도, 목소리의 크기, 강세 등과 같은 의사소통 수단을 언어와 함께 쓰면서 생각이나 느낌을 나타내는 것

05 〈보기〉는 음운 변동에 관해 학생들이 나눈 대화이다. 음운 변동을 바르게 이해하지 <u>못한</u> 사람은?

> 보기
>
> 은서: 어떤 음운이 다른 음운으로 바뀌어 발음되는 현상을 '교체'라고 해. 예를 들면 음절의 끝소리 규칙에 따라 'ㄱ, ㄴ, ㄷ, ㄹ, ㅁ, ㅂ, ㅇ' 이외의 자음은 이 7개의 자음 중 하나로 바뀌어 발음되는 것과 같은 현상이 '교체'라고 볼 수 있지.
>
> 일남: '국밥'이 [국빱]으로 발음되는 것처럼, 예사소리가 된소리로 바뀌어서 소리 나는 된소리되기도 '교체'의 일종이야.
>
> 혜선: 두 음운이 합쳐져서 하나의 음운으로 발음되는 현상은 '축약'이라고 해. '밭+이'가 [바치]라고 발음되는 구개음화가 '축약'에 속해.
>
> 민구: 없던 음운이 새로 끼어드는 현상은 '첨가'라고 해. '솜이불'이 [솜:니불]로 발음되는 것과 같은 'ㄴ' 첨가가 대표적인 '첨가' 현상이지.
>
> 효성: 있던 음운이 없어지는 현상은 '탈락'이라고 하는데, 여기에는 'ㅎ' 탈락, 'ㄹ' 탈락, 'ㅡ' 탈락 등이 있고, 음절 끝에서는 하나의 자음밖에 발음될 수 없기 때문에 겹받침 소리 중 하나가 탈락하는 현상인 자음군 단순화도 여기에 속해.

① 은서　　　　② 일남　　　　③ 혜선　　　　④ 민구　　　　⑤ 효성

06 다음 문장을 구성하고 있는 문장 성분이 <u>아닌</u> 것끼리 짝지은 것은?

> 영희가 새 책을 읽고 있다.

① 주어, 서술어, 목적어　　　② 독립어, 보어, 관형어　　　③ 목적어, 보어, 부사어

④ 보어, 부사어, 독립어　　　⑤ 서술어, 목적어, 관형어

07 다음 중 그 의미가 유사한 한자 성어끼리 바르게 짝지은 것은?

① 가렴주구(苛斂誅求), 격세지감(隔世之感)　　② 금상첨화(錦上添花), 설상가상(雪上加霜)

③ 오매불망(寤寐不忘), 오리무중(五里霧中)　　④ 상전벽해(桑田碧海), 수구초심(首丘初心)

⑤ 풍전등화(風前燈火), 누란지위(累卵之危)

속담 연상 퀴즈

>> 다음 그림을 보고 빈칸을 채워 속담을 완성하세요.

1 냉수 마시고 ☐ 쑤신다

실속은 없으면서 무엇이 있는 체함을 이르는 말

2 목마른 놈이 ☐☐ 판다

제일 급하고 일이 필요한 사람이 그 일을 서둘러 하게 되어 있다는 말

3 혀 아래 ☐☐ 들었다

말을 잘못하면 재앙을 받게 되니 말조심을 하라는 말

4 주머니에 들어간 ☐☐이라

선하거나 악한 일은 숨겨지지 아니하고 자연히 드러남을 이르는 말

5 ☐☐☐도 구르는 재주가 있다

무능한 사람도 한 가지 재주는 있음을 비유적으로 이르는 말

6 ☐☐밭에 굴러도 이승이 좋다

아무리 천하고 고생스럽게 살더라도 죽는 것보다는 사는 것이 낫다는 말

일차별
어휘 TEST

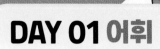
[01-04] 다음 뜻에 해당하는 어휘를 주어진 초성을 참고하여 쓰시오.

01 자아의 본질을 완전히 실현하는 일 → ㅈ ㅇ ㅅ ㅎ : _____

02 인간으로서 당연히 가지는 기본적 권리 → ㅇ ㄱ : _____

03 여럿 중에서 하나씩 따로 나뉘어 있는 것 → ㄱ ㅂ ㅈ : _____

04 개인 간의 올바른 도리나 사회를 구성하고 유지하는 공정한 도리 → ㅈ ㅇ : _____

[05-09] 다음 빈칸에 들어갈 알맞은 어휘를 〈보기〉에서 찾아 쓰시오.

> **보기**
>
> 가설   논증   성찰   전제   차원

05 희곡은 무대 상연을 _____(으)로 하는 문학이다.

06 _____이/가 불가능한 일을 근거로 내세울 수는 없다.

07 멸종 위기에 처한 동물들은 국가 _____에서 특별히 보호해야 한다.

08 그는 연구 논문에서 설문 조사 결과를 통해 자신의 _____을/를 뒷받침했다.

09 역사에 관심을 가지면 오늘의 국가가 나아가야 할 방향이 무엇인지를 _____하는 데 큰 도움이 된다.

[10-14] 다음 문장에 어울리는 어휘를 골라 ○표 하시오.

10 위기를 기회로 삼는 (발상 / 발산)의 전환이 필요하다.

11 선을 권하고 악을 벌하는 것은 고전 소설의 (보편적 / 구체적) 주제이다.

12 조각배를 탄 사람들은 태풍이 오는 상황에 (외면 / 직면)하여 어찌할 바를 몰랐다.

13 그는 선발로 뽑히지 못했지만 (대면 / 대체) 선수로 나가 경기를 승리로 이끌었다.

14 어릴 때부터 돈이나 물건을 효율적으로 쓰려는 경제에 대한 (관념 / 체념)을 심어 줄 필요가 있다.

✔ 맞힌 개수는?   14개 중 _____개   ✔ 다시 확인할 어휘는? _____

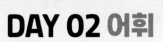

[01-04] 다음 뜻에 알맞은 어휘를 찾아 바르게 연결하시오.

01 일정 기간을 몇 개로 나눈 첫 시기 •

• ㉠ 발굴

02 사람의 생각으로는 미루어 헤아릴 수 없이 이상하고 야릇함. •

• ㉡ 전기

03 땅속이나 큰 덩치의 흙, 돌 더미 따위에 묻혀 있는 것을 찾아서 파냄. •

• ㉢ 사료

04 역사 연구에 필요한 문서나 기록, 건축, 조각 등과 같은 문헌이나 유물 •

• ㉣ 불가사의

[05-10] 다음 빈칸에 들어갈 알맞은 어휘를 〈보기〉에서 찾아 쓰시오.

> **보기**
>
> 복원　　봉쇄　　소멸　　유입　　후기　　반세기

05 항구가 _____되어 해상 교통이 마비되었다.

06 우리 민족은 _____ 가까이 갈라져 살아왔다.

07 조선 _____에는 전기에 비하여 상공업이 더욱 발달하였다.

08 큰 전쟁을 거치면서 우리나라의 많은 문화유산이 _____되었다.

09 엄청난 양의 물이 _____되고 있어 비가 더 내리면 수문을 열어야 한다.

10 국립 중앙 과학관은 장영실이 제작한 자동 물시계를 _____하는 데 성공했다.

[11-14] 다음 말 상자에서 주어진 뜻에 해당하는 말을 찾아 어휘를 완성하시오.

11 대대로 이어 내려온 여러 대 → ☐☐

12 사실과 다르게 해석하거나 그릇되게 함. → ☐☐

13 폭력을 써서 남의 것을 억지로 빼앗음. → ☐☐

14 어떤 조직이나 활동 등이 한창 잘되어 크게 일어남. → ☐☐

수	지	주	왜	든
동	역	곡	출	정
적	대	시	산	토
용	덕	약	번	다
역	탈	창	영	뻣

✓ 맞힌 개수는? 14개 중 _____개　　✓ 다시 확인할 어휘는? _____

[01-04] 다음 뜻에 해당하는 어휘를 주어진 초성을 참고하여 쓰시오.

01 내던져 버림. → ㅌ ㄱ : _____

02 처음부터 끝까지의 과정 → ㅈ ㅊ ㅈ ㅈ : _____

03 아무 근거 없이 널리 퍼진 소문 → ㅇ ㅇ ㅂ ㅇ : _____

04 품질이나 능력, 시설 따위가 매우 떨어지고 나쁘다. → ㅇ ㅇ ㅎ ㄷ : _____

[05-10] 다음 빈칸에 들어갈 알맞은 어휘를 〈보기〉에서 찾아 쓰시오.

> **보기**
>
> 규제   방침   분쟁   여파   고령화   익명성

05 영토 문제를 놓고 두 나라의 _____이/가 본격화되었다.

06 환경 보호를 위하여 비닐 봉투 사용이 _____되어 왔다.

07 도시보다 농촌 사회에서 _____ 현상이 더욱 두드러지고 있다.

08 교통사고의 _____(으)로 시내 방향으로 가는 도로가 꽉 막혀 있다.

09 환경 시설 건립에 대해 반대 의견이 많지만 전문가가 세운 _____대로 진행할 계획이다.

10 정보 통신의 발달로 _____을/를 통해 타인의 권리나 인권을 침해하는 일이 자주 발생한다.

[11-15] 다음 문장에 어울리는 어휘를 골라 ○표 하시오.

11 언론은 사건을 조작함으로써 사실을 (보도 / 호도)하였다.

12 그들의 잔혹한 통치 정책은 세계에서 (유래 / 유례)를 찾기 힘든 것이다.

13 여성의 경제 활동 참여율이 높은 것도 (저소득 / 저출산)의 한 원인이 된다.

14 경기 침체가 심각해지면서 취업난과 물가 상승 등의 문제가 (수반 / 상반)되고 있다.

15 우리 군대는 최첨단 무기들을 대거 (소집 / 동원)하며 적군의 침입에 대비하고 있다.

✓ **맞힌 개수는?** 15개 중 _____개   ✓ **다시 확인할 어휘는?** _____

[01-04] 다음 뜻에 해당하는 어휘를 주어진 초성을 참고하여 쓰시오.

01 선거에 후보자로 나섬. → ㅊ ㅁ : _____

02 현재 정권을 잡고 있는 정당 → ㅇ ㄷ : _____

03 어려운 점을 무릅쓰고 행하다. → ㄱ ㅎ ㅎ ㄷ : _____

04 어떤 일을 이루기 위하여 서로 의논하고 절충하다. → ㄱ ㅅ ㅎ ㄷ : _____

[05-11] 다음 문장에 어울리는 어휘를 골라 ○표 하시오.

05 평소에 사장의 (신임 / 신봉)이 두터운 직원이 승진하였다.

06 정권을 잡은 당이 이번 대통령 선거에 져서 (여당 / 야당)이 되었다.

07 선거에 나온 모든 후보자들은 (당선 / 낙선)을 목표로 선거 운동을 한다.

08 우리 단체가 계획한 활동은 (냉대 / 적대) 세력의 방해로 어려움을 겪었다.

09 축구 시합에서 우리 팀이 (우세 / 열세)를 보이고 있으니 우리 팀이 이길 거라고 믿었다.

10 민주적인 절차를 부정하는 독재 (주권 / 정권)은 언론을 통제하여 국민의 눈과 귀를 막았다.

11 그는 관습과 전통을 따르기보다는 새로운 변화를 꾀하여 개혁하려는 (진보적 / 보수적) 사상가였다.

[12-15] 다음 문장의 빈칸에 들어갈 알맞은 어휘를 고르시오.

12 _____인 사람들은 기존 질서를 지키려는 경향이 있다.
① 진보적   ② 진취적   ③ 보편적   ④ 적극적   ⑤ 보수적

13 1919년 4월, 상하이에 대한민국 임시 정부가 _____되었다.
① 정립   ② 설립   ③ 병립   ④ 수립   ⑤ 확립

14 우리 정부는 다른 나라들과 _____ 관계로 지내기 위해 많은 노력을 한다.
① 우호적   ② 구체적   ③ 적극적   ④ 이성적   ⑤ 부정적

15 시장 선거에 나온 한 후보자는 시민들에게 복지 기관을 신설하겠다고 _____하였다.
① 선약   ② 요약   ③ 공약   ④ 계약   ⑤ 서약

✔ 맞힌 개수는?   15개 중 _____개   ✔ 다시 확인할 어휘는? _____

[01-04] 다음 뜻에 알맞은 어휘를 찾아 바르게 연결하시오.

01 이론이나 이치에 합당한. 또는 그런 것 •

02 다른 것과 비교할 때 차지하는 중요도 •

03 세금이나 공과금 따위를 관계 기관에 냄. •

04 납세자가 납세액의 전부 또는 일부를 내지 않는 일 •

• ㉠ 탈세

• ㉡ 납부

• ㉢ 비중

• ㉣ 합리적

[05-10] 다음 빈칸에 들어갈 알맞은 어휘를 〈보기〉에서 찾아 쓰시오.

> **보기**
>
> 물가   번영   불황   실업   적정   마케팅

05 이 국제 단체는 세계 평화와 인류 _____을/를 목표로 삼는다.

06 노동자는 일한 대가에 대한 _____ 임금을 받을 권리가 있다.

07 경기 _____이/가 계속되자 연말이 되어도 저가 상품만 팔릴 뿐이다.

08 경기가 불안정해지면서 생필품 등의 _____이/가 점점 상승하고 있다.

09 학력이 높을수록 직업을 고르는 데 까다로워 고학력자의 _____이/가 늘어났다.

10 사업의 성공을 위해서는 상품을 효과적으로 팔 수 있는 _____ 방법을 배워야 한다.

[11-15] 다음 문장에 어울리는 어휘를 골라 ○표 하시오.

11 결혼을 늦게 하는 것이 요즘의 (추진 / 추세)이다.

12 프랑스 혁명은 전 세계에 민주주의의 (확산 / 분산)을 가져왔다.

13 신상품을 어떻게 알릴 것인지 머리를 맞대고 홍보 (전략 / 전력)을 짰다.

14 한 정치인은 정치 (대금 / 자금)을 불법으로 받은 것이 밝혀져 당선이 취소되었다.

15 새로 개발한 과자에 대한 고객 반응이 폭발적이라 생산량을 (증대 / 증설)하기로 했다.

✓ 맞힌 개수는? 15개 중 _____개   ✓ 다시 확인할 어휘는? _____

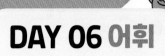

[01-04] 다음 뜻에 해당하는 어휘를 주어진 초성을 참고하여 쓰시오.

01 선언하여 널리 알림. → ㅅ ㄱ : _____

02 이쪽과 저쪽 또는 이편과 저편을 아울러 이르는 말 → ㅆ ㅂ : _____

03 법으로 제정하고자 하는 사항을 항목별로 정리하여 국회에 제출하는 문서나 안건 → ㅂ ㅇ : _____

04 어떤 발명품에 대하여 그것을 발명한 사람만이 이용하거나 권리를 가질 수 있도록 법률로써 허락하는 일

→ ㅌ ㅎ : _____

[05-10] 다음 빈칸에 들어갈 알맞은 어휘를 〈보기〉에서 찾아 쓰시오.

> **보기**
>
> 권익   법규   영장   원고   판명   가해자

05 사건의 진행 과정을 조사해 본 결과 그의 결백이 _____되었다.

06 경찰은 교통 _____을/를 위반한 운전자에게 벌금을 부과하였다.

07 농민들의 _____ 보호를 목적으로 각 지역에 협동조합을 만들었다.

08 검찰은 보이스 피싱 조직을 체포하기 위해 _____을/를 청구하였다.

09 재판을 신청한 _____은/는 피해 사실을 인정받아 보상을 받게 되었다.

10 아저씨는 교통사고의 피해자였지만 오히려 _____(으)로 몰려 경찰서에 가게 되었다.

[11-14] 다음 문장에 어울리는 어휘를 골라 ○표 하시오.

11 시에서 위생 불량으로 (적발 / 적용)된 음식점은 모두 열 곳이었다.

12 검찰은 (원고 / 피고)에게 징역 3년형을 구형했지만, 법원은 무죄를 선고했다.

13 불이 난 주변을 서성이던 남자가 방화 사건의 (용의자 / 관계자)로 지목되었다.

14 주말에도 출근해야 한다는 회사의 결정에 직원들은 (이의 / 주의)를 제기하였다.

✔ 맞힌 개수는?   14개 중 _____개   ✔ 다시 확인할 어휘는? _____

정답과 해설 • 29쪽

[01-04] 다음 뜻에 해당하는 어휘를 주어진 초성을 참고하여 쓰시오.

01 찬 기운 → ㄴ ㄱ : _____

02 매우 심한 더위 → ㅍ ㅇ : _____

03 기후가 건조한 시기 → ㄱ ㄱ : _____

04 겨울철에 기온이 갑자기 내려가는 현상 → ㅎ ㅍ : _____

[05-10] 다음 문장에 어울리는 어휘를 골라 ○표 하시오.

05 시각의 기준이 되는 선은 (지평선 / 자오선)이다.

06 우리나라는 삼면이 바다인 (반도 / 열도) 국가이다.

07 부산은 서울보다 남쪽에 있으므로 (위도 / 구도)가 좀 더 낮다.

08 여름철에는 (적외선 / 자외선)이 강하게 내리쬐므로 시력을 보호할 수 있는 선글라스를 쓰는 것이 좋다.

09 독도는 우리나라 동쪽 맨 끝에 위치한 곳으로 (경도 / 강도)로 볼 때 서울과 5도 차이가 나서, 서울보다 20분 정도 먼저 태양이 떠오른다.

10 열대 우림은 일 년 내내 기온이 높고 비가 많은 (궤도 / 적도) 부근의 열대 지방에서 발달하는 삼림으로, 풍부한 식물의 무리와 복잡한 구조를 가지고 있다.

[11-14] 다음 문장의 빈칸에 들어갈 알맞은 어휘를 고르시오.

11 우리 집 뒷산은 나무가 _____ 한여름에도 시원한 그늘을 제공해 준다.
① 쾌청해서   ② 울창해서   ③ 거창해서   ④ 증발해서   ⑤ 청아해서

12 지난겨울에 거름을 많이 주어서 밭이 _____ 농작물이 잘 자랄 수 있겠다.
① 비옥하므로   ② 영롱하므로   ③ 경사지므로   ④ 비등하므로   ⑤ 협소하므로

13 산길을 지나 골짜기에 이르자 기울기가 비교적 _____ 평지가 나와서 걷기가 수월해졌다.
① 가파른   ② 나른한   ③ 암담한   ④ 완만한   ⑤ 방만한

14 추운 겨울이 가고 봄이 되어 동해에 난류가 흘러 들어오게 되면 기후가 점점 _____ 시작한다.
① 낮아지기   ② 청량해지기   ③ 온화해지기   ④ 스산해지기   ⑤ 꾸물거리기

✔ 맞힌 개수는? 14개 중 _____개   ✔ 다시 확인할 어휘는? _____

[01-05] 다음 뜻에 해당하는 어휘를 주어진 초성을 참고하여 쓰시오.

01 있어야 할 것이 없어지거나 모자람. → ㄱ ㅍ : _____

02 물건이나 몸의 조직 따위가 단단하게 굳어짐. → ㄱ ㅎ : _____

03 근육이 별다른 이유 없이 갑자기 수축하거나 떨게 되는 현상 → ㄱ ㄹ : _____

04 속에 있거나 숨은 것이 밖으로 나타나거나 그렇게 나타나게 함. → ㅂ ㅎ : _____

05 살갗 밑에 비정상적인 조직이 생겨서 강낭콩 또는 그보다 크게 겉으로 솟아난 것 → ㄱ ㅈ : _____

[06-09] 다음 빈칸에 들어갈 알맞은 어휘를 〈보기〉에서 찾아 쓰시오.

보기
사멸   생장   축적   항체

06 식물이 _____하기 위해서는 수분이 반드시 필요하다.

07 수두 예방 접종을 하면 수두 바이러스에 대한 _____이/가 형성된다.

08 오랜 세월 _____된 경험을 바탕으로 고객을 만족시킬 수 있는 서비스를 만들어 냈다.

09 뇌졸중으로 뇌혈관이 막히면 뇌 신경 세포의 _____을/를 가져와 언어 장애 등이 발생할 수 있다.

[10-15] 다음 말 상자에서 주어진 뜻에 해당하는 말을 찾아 어휘를 완성하시오.

10 병의 증세가 나아짐. → ☐ ☐

11 늘어서 많아짐. 또는 늘려서 많게 함. → ☐ ☐

12 신체장애자가 장애를 극복하고 생활함. → ☐ ☐

13 생체 속에 침입하여 항체를 형성하게 하는 단백성 물질 → ☐ ☐

14 병원체인 미생물이 동물이나 식물의 몸 안에 들어가 증식하는 일 → ☐ ☐

야	호	사	귀	감
맹	장	전	성	염
증	오	심	재	색
식	구	원	면	활
상	항	구	역	약

15 몸속에 들어온 병원 미생물에 대항하는 항체를 생산하여 독소를 중화하거나 병원 미생물을 죽여서 다음에는 그 병에 걸리지 않도록 된 상태 → ☐ ☐

✔ **맞힌 개수는?** 15개 중 _____개   ✔ **다시 확인할 어휘는?** _____

[01-06] 다음 뜻에 해당하는 어휘를 〈보기〉에서 찾아 쓰시오.

> **보기**
>
> 구축　　　농도　　　진화　　　원심력　　　감쇄하다　　　수렴하다

01 줄어 없어지다. 또는 줄여 없애다.　→ _____

02 체제, 체계 따위의 기초를 닦아 세움.　→ _____

03 어떤 성질이나 성분이 깃들어 있는 정도　→ _____

04 광선, 유체, 전류 따위가 한 점에 모이다.　→ _____

05 생물이 생명의 기원 이후부터 점진적으로 변해 가는 현상　→ _____

06 원운동을 하는 물체나 입자에 작용하는, 원의 바깥으로 나아가려는 힘　→ _____

[07-10] 밑줄 친 어휘의 알맞은 뜻을 찾아 번호를 쓰시오.

07 이 약은 아직 효과가 <u>검증</u>되지 않았다. (　　　)

　① 검사하여 증명함.　　　　　　　② 갑작스럽게 늘어남.

08 사과가 나무에서 떨어지는 것은 <u>중력</u> 때문이다. (　　　)

　① 여러 사람의 힘　　　　　　　② 지구 위의 물체가 지구로부터 받는 힘

09 빈부의 차이에 따라 계층이 <u>분화</u>되는 경우도 있다. (　　　)

　① 다르던 것이 서로 같게 됨.　　② 복잡하거나 이질인 것으로 변함.

10 정신적 학대가 <u>물리적</u> 학대보다 후유증이 클 수 있다. (　　　)

　① 재산상의 이익을 꾀하는 것　　② 신체와 관련되어 있는 것

[11-15] 밑줄 친 어휘의 뜻풀이가 적절하도록 알맞은 어휘를 찾아 ○표 하시오.

11 근대에 들어서면서부터 기관차를 <u>구동</u>하기 시작했다. → (인력 / 동력)을 가하여 움직임.

12 올해 독도 생물종 목록을 <u>갱신</u>하였다.
　→ 이미 있던 것을 고쳐 (새롭게 / 정교하게) 함.

13 최근 들어 사고 발생 <u>빈도</u>가 높아지고 있다.
　→ 같은 현상이나 일이 (반감 / 반복)되는 도수

14 망원경으로 천체를 <u>관측</u>하였다.
　→ 육안이나 기계로 자연 현상의 상태, 추이, 변화 따위를 (관찰 / 관리)하여 측정하다.

15 기계 문명이 <u>비약적</u>으로 진보하자 인간 노동력의 가치가 떨어지기 시작했다.
　→ 지위나 수준 따위가 갑자기 (빠른 / 약한) 속도로 높아지거나 향상되는 것

✔ **맞힌 개수는?**　15개 중 _____ 개　　✔ **다시 확인할 어휘는?**

[01-04] 다음 뜻에 알맞은 어휘를 찾아 연결하시오.

01 | 사물을 꿰뚫어 보다. | •   • ㉠ 통찰하다

02 | 생각 따위를 불러일으키다. | •   • ㉡ 착상하다

03 | 생각이나 구상 따위를 잡다. | •   • ㉢ 발산하다

04 | 감정이 해소되거나 분위기가 한껏 드러나다. | •   • ㉣ 환기하다

[05-09] 다음 문장에 어울리는 어휘를 골라 ○표 하시오.

05 봉준호 감독의 '기생충'은 세계적인 (걸작 / 신작)으로 평가받았다.

06 그 철학자의 책은 지나치게 (현학적 / 현실적)이라 이해하기가 어렵다고 평가된다.

07 주방에 있던 주인은 가게 안에 들어선 손님을 보고 (상투적 / 상식적)인 인사로 맞이했다.

08 그는 전통적인 식재료로 세계인의 입맛을 사로잡는 음식을 개발하여 새로운 한식의 (지평 / 평정)을 열었다.

09 오래된 골목길을 (단조로운 / 다채로운) 벽화로 꾸몄더니 알록달록한 색감 덕분에 골목길이 화사하게 바뀌었다.

[10-13] 다음 빈칸에 들어갈 알맞은 어휘를 〈보기〉에서 찾아 쓰시오.

> **보기**
>
> 각본   개작   참신   호소력

10 이 영화의 _____은 올해 19살인 최연소 작가가 써서 화제가 되고 있다.

11 선천적인 장애로 손가락이 4개뿐인 그 소녀의 연주는 사람들에게 _____ 있게 다가왔다.

12 이번 축제 때 우리 동아리는 우리나라 고전 소설의 일부를 _____하여 연극을 할 계획이다.

13 대중에게 사랑받던 제과 제품이 젤리, 음료 등의 새로운 형태로 출시되며 _____하다는 평가를 받고 있다.

[14-15] 다음 밑줄 친 내용과 바꿔 쓰기에 가장 알맞은 어휘를 고르시오.

14 문학 작품의 <u>아름다움과 추함 따위를 분석하여 가치를 논하는 것</u>은 내재적인 관점과 외재적인 관점으로 나뉜다.

    ① 비교   ② 비난   ③ 비유   ④ 비평   ⑤ 비하

15 그의 논문은 기존의 논문에서는 찾아볼 수 없는 신선한 관점을 투영하여 <u>독창적인 성향이나 성질</u>이 매우 뛰어나다.

    ① 대중성   ② 독립성   ③ 독창성   ④ 성실성   ⑤ 신뢰성

✔ 맞힌 개수는?   15개 중 _____ 개   ✔ 다시 확인할 어휘는?   _____

[01-05] 다음 뜻에 해당하는 어휘를 주어진 초성을 참고하여 쓰시오.

01 황폐하여 거칠고 쓸쓸하다.　　　　　　　　　　　　　→ ㅎ ㄹ ㅎ ㄷ : _____

02 풀, 나무 따위가 자라서 무성해지다.　　　　　　　　　→ ㅇ ㄱ ㅈ ㄷ : _____

03 두 가지 이상의 사물이나 현상이 함께 존재하다.　　　→ ㄱ ㅈ ㅎ ㄷ : _____

04 사람이나 물건이 표준에 약간 미치지 못한 듯하다.　　→ ㅎ ㄹ ㅎ ㄷ : _____

05 어떤 일의 바탕이 되는 돈이나 물자, 소재, 인력 따위가 다하여 없어지다. → ㄱ ㄱ ㄷ ㄷ : _____

[06-10] 다음 문장의 빈칸에 들어갈 알맞은 어휘를 고르시오.

06 흉물처럼 _____ 있던 철근 콘크리트 구조물이 예술 작품으로 탈바꿈하였다.

　① 방목되어　　② 방지되어　　③ 방치되어　　④ 보장되어　　⑤ 보존되어

07 공룡이 _____ 원인에 대한 학설 중 가장 널리 알려진 것은 소행성 충돌설이다.

　① 동원한　　② 멸종한　　③ 우세한　　④ 퇴색한　　⑤ 퇴행한

08 체온이 올라갔을 때 땀이 _____ 현상은 우리 몸이 스스로 체온을 조절하기 위한 작용이다.

　① 노출되는　　② 배열되는　　③ 배출되는　　④ 유출되는　　⑤ 추출되는

09 우리나라는 물을 _____ 상수도 시설이 발달하여 어디서나 안심하고 수돗물을 사용할 수 있다.

　① 정량하는　　② 정리하는　　③ 정비하는　　④ 정지하는　　⑤ 정화하는

10 이번 올림픽에는 세계에서 인정받는 _____ 공식 후원사가 다수 참여하여 선수들에게 편의를 제공했다.

　① 분명한　　② 선명한　　③ 신선한　　④ 우람한　　⑤ 우량한

[11-15] 다음 문장에 어울리는 어휘를 골라 ○표 하시오.

11 (산림 / 산맥)을 훼손하는 것은 우리 몸의 폐를 병들게 하는 것과 같다.

12 (열대화 / 온난화)의 영향으로 극지방의 얼음이 녹으면서 해수면의 높이가 상승하고 있다.

13 공장 기기를 전자식으로 (개량하면서 / 측량하면서) 작업에 필요한 노동력이 현저하게 줄어들었다.

14 환경에 대한 관심이 높아지면서 차세대 (친환경 / 재활용) 자동차로 각광받는 전기차 개발이 주목받고 있다.

15 비닐하우스에서 농작물을 (재배하면서 / 제조하면서) 계절에 관계없이 다양하고 신선한 농작물을 맛볼 수 있게 되었다.

✓ 맞힌 개수는?　15개 중 _____ 개　　✓ 다시 확인할 어휘는? _____

DAY 12 어휘

정답과 해설 · 29쪽

[01-05] 다음 문장에 어울리는 어휘를 골라 ○표 하시오.

01 부산까지 가는 기차의 요금은 중간에 (공유하는 / 경유하는) 지역이 많을수록 저렴하다.

02 외국에서 오랫동안 (체류하던 / 체험하던) 중에 가장 그리웠던 것은 고향의 맛과 향기였다.

03 훼손된 예술 작품을 (복제하는 / 복구하는) 일은 새로운 작품을 창작하는 것만큼이나 어렵다.

04 일본인들은 가업을 (계산하여 / 계승하여) 집안의 전통과 문화를 보존하는 것을 중요시한다.

05 고궁 박물관에 가면 각 시대별 고궁의 모습을 그대로 (재현한 / 재회한) 소품과 자료를 볼 수 있다.

[06-10] 다음 말 상자에서 주어진 뜻에 해당하는 말을 찾아 어휘를 완성하시오.

06 좋게 평함. 또는 그런 평판이나 평가 → ☐☐

07 산이나 들, 강, 바다 따위의 자연이나 지역의 풍경 → ☐☐

08 사람의 물결이란 뜻으로, 수많은 사람을 이르는 말 → ☐☐

09 몸이 떨릴 정도로 감격스러움을 비유적으로 이르는 말 → ☐☐

10 연극이나 영화의 각본으로 각색되거나 다른 나라의 말로 번역되기 이전의 본디 작품 → ☐☐

파	승	작	마	구
인	원	이	비	정
하	생	아	경	주
청	평	관	전	연
호	지	도	율	동

[11-15] 다음 빈칸에 들어갈 알맞은 어휘를 〈보기〉에서 찾아 쓰시오.

> **보기**
>
> 금기   섭외   주역   대중성   인지도

11 그는 힌두교의 _____을/를 어기고 소고기가 들어 있는 음식을 먹었다.

12 대중가요란 많은 사람들이 널리 즐겨 부르는 _____ 있는 노래를 말한다.

13 이번 사건 해결의 _____은/는 평소 엉뚱하지만 관찰력이 뛰어난 박 형사이다.

14 드라마의 주연으로 _____된 아이돌 가수는 연기가 처음이라서 모든 것이 낯설었다.

15 새로 출시된 상품의 _____을/를 높이기 위해 마트에서 시식 행사를 하기로 계획했다.

✓ 맞힌 개수는? 15개 중 _____개   ✓ 다시 확인할 어휘는? _____

정답과 해설 · 30쪽

[01-05] 다음 뜻에 알맞은 어휘를 찾아 연결하시오.

01 반갑고 귀한 손님 •

• ㉠ 홍진

02 뜻밖에 닥쳐오는 불행 •

• ㉡ 가객

03 불만을 길게 늘어놓으며 하소연하는 말 •

• ㉢ 호걸

04 번거롭고 속된 세상을 비유적으로 이르는 말 •

• ㉣ 횡액

05 지혜와 용기가 뛰어나고 기개와 풍모가 있는 사람 •

• ㉤ 넋두리

[06-10] 다음 빈칸에 들어갈 알맞은 어휘를 〈보기〉에서 찾아 쓰시오.

> **보기**
>
> 밑천   액땜   호각   문외한   불청객

06 청춘과 용기는 새로운 도전을 위한 가장 든든한 _____이다.

07 토속 신앙은 _____을 통해 큰 불운을 막고자 하는 염원에서 비롯되었다.

08 패스트푸드와 가공 식품을 즐겨 먹다 보면 비만이라는 _____이 찾아온다.

09 아무리 음악에 _____이더라도 '베토벤'이라는 이름은 누구나 한번쯤 들어 봤을 것이다.

10 팔씨름 대회에서 두 장사의 힘이 워낙 _____이라서 그 누구의 승리도 확신할 수가 없었다.

[11-15] 다음 뜻에 해당하는 말을 주어진 초성을 참고하여 쓰시오.

11 단 하나의 방법이나 방향   → ㅇ ㄱ : _____

12 재물이 계속 나오는 보물단지   → ㅎ ㅅ ㅂ : _____

13 산과 내와 풀과 나무라는 뜻으로, '자연'을 이르는 말   → ㅅ ㅊ ㅊ ㅁ : _____

14 예전에, 벼슬을 하지 아니하고 초야에 묻혀 살던 선비   → ㅊ ㅅ : _____

15 어떤 일을 할 때 일의 주체가 아닌 곁따르는 노릇이나 사람   → ㄷ ㄹ ㄹ : _____

✔ 맞힌 개수는?   15개 중 _____개   ✔ 다시 확인할 어휘는?   _____

[01-05] 다음 말 상자에서 주어진 뜻에 해당하는 어휘를 찾아 쓰시오.

01 알지 못하는 동안 → ☐☐☐

02 오늘이나 내일 사이 → ☐☐☐

03 이제 한창. 또는 지금 바로 → ☐☐☐

04 이날 저 날 하고 자꾸 기한을 미루는 모양 → ☐☐☐☐

05 우리나라에서 가장 험한 산골이라 이르던 삼수와 갑산

→ ☐☐☐☐

금	바	간	나	삼
명	잡	야	수	아
간	신	갑	흐	열
부	산	율	보	로
지	자	파	리	보
중	차	일	피	일

[06-09] 다음 빈칸에 들어갈 알맞은 어휘를 〈보기〉에서 찾아 쓰시오.

> **보기**
>
> 말미   미구   과도기   저잣거리

06 명절을 앞두고 _____는 다양한 물건과 사람들로 북새통을 이루었다.

07 그들은 바쁜 일정 중에도 _____를 내어 어른들을 찾아뵙고 인사를 드렸다.

08 요란한 천둥소리가 들리는 것을 보니 _____에 장대비가 쏟아질 것이 분명했다.

09 처음 운동을 시작하면 근력이 강화되는 _____를 지나는 동안에는 근육통에 시달릴 수 있다.

[10-14] 다음 문장의 빈칸에 들어갈 알맞은 말을 고르시오.

10 (학령기 / 노년기)의 아이들은 호기심이 많고 에너지가 넘친다.

11 돌아가신 부모님을 향한 그리움은 (누거만년 / 누거만금) 동안 사라지지 않을 것 같다.

12 대피소는 한밤중에 번진 산불을 피해 모여든 사람들로 (불야성 / 초신성)을 이루었다.

13 60대를 훌쩍 넘긴 지금까지도 그녀는 (칠흑 / 삼단)같이 검은 머리칼과 젊음을 유지하고 있다.

14 발전소 건설에 있어서 (불모지 / 국유지)와 다름없는 개발 도상국에 우리나라의 선진 기술과 인력을 지원했다.

✓ 맞힌 개수는? [14개 중 _____개]   ✓ 다시 확인할 어휘는? [   ]

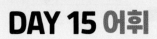
[01-04] 다음 뜻에 알맞은 어휘를 찾아 연결하시오.

01 몹시 부드럽고 친절하다. •

• ㉠ 주목하다

02 분명히 알 수 있도록 또렷하다. •

• ㉡ 투박하다

03 관심을 가지고 주의 깊게 살피다. •

• ㉢ 역연하다

04 생김새가 볼품없이 둔하고 튼튼하기만 하다. •

• ㉣ 곰살맞다

[05-08] 다음 빈칸에 들어갈 알맞은 어휘를 〈보기〉에서 찾아 문맥에 맞게 활용하여 쓰시오.

> 보기
>
> 겸연쩍다　　　무색하다　　　속절없다　　　파다하다

05 식사 시간에 실수로 방귀를 낀 동생이 _____ 웃었다.

06 그녀는 전쟁터에 나간 아들 소식만을 기다리며 _____ 나날을 보내고 있었다.

07 엄청난 미모의 새로운 전학생이 온다는 소문이 _____ 전교생이 술렁이고 있다.

08 이 차는 중고차라는 말이 _____ 정도로 주행 거리도 짧고 관리가 잘 되어 있습니다.

[09-12] 다음 밑줄 친 어휘의 뜻을 〈보기〉에서 찾아 그 기호를 쓰시오.

> 보기
>
> ㉠ 마음속에 품은 불평을 늘어놓다.　　　　　㉡ 섭섭하고 야속하여 마음이 언짢다.
> ㉢ 사람이나 물건 따위가 보기에 매우 실하다.　㉣ 옷 따위가 낡아 해지고 차림새가 너저분하다.

09 그는 남루한 옷차림 따위는 전혀 개의치 않고 당당하게 말했다. (　　　　　)

10 그가 나를 고깝게 생각하는 것은 나에 대해 뭔가 오해가 있어서이다. (　　　　　)

11 늘 자기 신세를 푸념하기 바쁜 사람은 대체로 부정적인 성격을 가지고 있다. (　　　　　)

12 오랜만에 친구네 집에 갔더니 어린 새끼였던 강아지가 실팍하게 자라 있었다. (　　　　　)

[13-16] 다음 문장에 어울리는 어휘를 골라 ○표 하시오.

13 종교적인 율법에는 (심오한 / 심각한) 뜻이 담겨 있다.

14 대청소를 마쳤더니 기분이 (홀가분하다 / 시원섭섭하다).

15 나는 로제 떡볶이의 환상적인 맛에 (매료되었다 / 매수되었다).

16 영선이는 공부도 잘하고 성격도 (사근사근하여 / 사뿐사뿐하여) 또래 친구들에게 인기가 많다.

✓ 맞힌 개수는?　16개 중 _____개　　✓ 다시 확인할 어휘는?

[01-05] 다음 뜻에 해당하는 말을 주어진 초성을 참고하여 쓰시오.

01 욕망을 마음껏 충족하다. → ㅁㄱㅎㄷ : _____

02 둔하고 어리석어 미련하다. → ㄴㄷㅎㄷ : _____

03 남을 단단히 을박질러서 혼을 내다. → ㄷㄷㅎㄷ : _____

04 정신이 얼떨떨하여 어찌할 바를 모르다. → ㅇㄷㅁㅊㅎㄷ : _____

05 이랬다저랬다 하는, 변하기 쉬운 태도나 성질이 있다. → ㅂㄷㅅㄹㄷ : _____

[06-09] 다음 문장의 빈칸에 들어갈 가장 알맞은 말을 고르시오.

06 악당들은 닥치는 대로 집기들을 때려 부수며 _____을 놓았다.

① 변죽   ② 게으름   ③ 어리광   ④ 으름장   ⑤ 으스름

07 가뜩이나 짜증이 나는데 친구의 _____ 말투를 듣고 있자니 화가 폭발할 것 같았다.

① 살가운   ② 곰살맞은   ③ 사근사근한   ④ 서글서글한   ⑤ 비아냥거리는

08 그는 겉보기에는 _____ 듯하지만 실은 세세한 부분까지 챙기고 배려해 준다.

① 고상한   ② 무심한   ③ 상냥한   ④ 유식한   ⑤ 친절한

09 삼촌은 직업도 없으면서 화려한 액세서리를 주렁주렁 달고 다니며 온갖 _____을/를 다 부린다.

① 애교   ② 억척   ③ 엄살   ④ 텃세   ⑤ 허세

[10-13] 다음 빈칸에 들어갈 어휘를 〈보기〉에서 찾아 알맞은 형태로 쓰시오.

> **보기**
>
> 모질다   기민하다   완곡하다   하시하다

10 적진에 침투한 병사들은 몸을 _____ 움직였다.

11 현서는 선생님의 _____ 충고 덕분에 이를 악물고 공부할 수 있었다.

12 택시 기사는 손님에게 차내에서도 마스크를 착용해 달라고 _____ 부탁했다.

13 그는 평소에 동료들을 _____ 태도 때문에 직장 내에서 은근히 따돌림을 받아 왔다.

[14-15] 다음 밑줄 친 말과 바꿔 쓰기에 가장 알맞은 어휘를 고르시오.

14 그는 품위나 몸가짐의 수준이 높고 훌륭한 인격을 갖추어 주변 사람들의 존경을 받는다.

① 고상한   ② 고유한   ③ 나른한   ④ 느릿한   ⑤ 요상한

15 어떤 어려움에도 굴하지 않는 의지가 굳세어서 끄떡없는 태도를 가진 사람은 쉽게 포기하지 않는다.

① 당연한   ② 우매한   ③ 우아한   ④ 의아한   ⑤ 의연한

✔ 맞힌 개수는? 15개 중 _____ 개   ✔ 다시 확인할 어휘는? _____

정답과 해설 · 30쪽

[01-05] 다음 뜻에 알맞은 어휘를 찾아 연결하시오.

01 거짓 없이 사실대로 다 말하다. •

• ㉠ 착수하다

02 일이 잘되도록 여러 가지 방법으로 힘쓰다. •

• ㉡ 실토하다

03 어떤 일을 되풀이하여 음미하거나 생각하다. •

• ㉢ 무마하다

04 분쟁이나 사건 따위를 어물어물 덮어 버리다. •

• ㉣ 반추하다

05 어떤 일에 손을 대다. 또는 어떤 일을 시작하다. •

• ㉤ 주선하다

[06-10] 다음 빈칸에 들어갈 어휘를 〈보기〉에서 찾아 알맞은 형태로 바꾸어 쓰시오.

> 보기
>
> 농권　　　피검　　　선정하다　　　인수하다　　　진압하다

06 그는 무리하게 자회사를 _____ 과정에서 엄청난 손실을 입었다.

07 외국에서 _____된 자국민을 국내로 이송하기 위해 외교부가 노력 중이다.

08 그는 도주하던 소매치기를 현장에서 민첩하게 _____ 용감한 시민상을 받게 되었다.

09 이번 대회에서 우수작으로 _____ 다큐멘터리는 수채화 같은 영상미가 돋보이는 작품이다.

10 새로 부임한 서장은 전관들의 _____으로 피해를 본 무고한 시민들에게 희망과도 같은 존재이다.

[11-14] 다음 뜻에 해당하는 어휘를 주어진 초성을 참고하여 쓰시오.

11 눈으로 직접 보다.　　　　　　　　　　　→ ㅁ ㄷ ㅎ ㄷ : _____

12 여러 곳을 돌아다니며 사정을 살피다.　　　→ ㅅ ㅊ ㅎ ㄷ : _____

13 눈알을 위로 굴리고 눈시울을 위로 치뜨다.　→ ㅎ ㄸ ㄷ : _____

14 일의 빈 구석이나 잘못된 것을 임시변통으로 이리저리 주선하여 꾸며 대다. → ㅁ ㅂ ㅎ ㄷ : _____

✓ 맞힌 개수는?　14개 중 _____개　　　✓ 다시 확인할 어휘는?

[01-05] 다음 밑줄 친 어휘의 뜻을 〈보기〉에서 찾아 그 기호를 쓰시오.

> **보기**
> ㉠ 두말할 것 없이 당연히 ㉡ 한도에 이를 때까지 가득
> ㉢ 아무 까닭이나 실속이 없게 ㉣ 남이 알아차리지 못하게 슬며시
> ㉤ 마음이나 의지, 약속 따위가 매우 굳고 단단하게

01 생일상에는 <u>으레</u> 미역국과 잡채가 빠질 수 없다. (   )

02 우리는 모두가 합심하면 이 위기도 잘 넘기리라 <u>철석같이</u> 믿습니다. (   )

03 저 많은 책을 다 읽지도 못하면서 <u>공연히</u> 쌓아만 두자니 아까운 생각이 든다. (   )

04 아직 식구들이 자고 있는 어스름한 새벽에 나는 <u>슬그머니</u> 집을 나와 길을 걸었다. (   )

05 나는 등산 가방에 불필요한 짐을 <u>잔뜩</u> 챙긴 바람에 산 중턱을 채 못 가서 지치고 말았다. (   )

[06-10] 다음 뜻에 알맞은 어휘를 찾아 연결하시오.

06 더할 나위가 없이 · ·㉠ 더없이

07 조금도 틀리지 아니하고 꼭 들어맞게 · ·㉡ 암팡스레

08 말이나 행동에 망설임이나 거침이 없이 · ·㉢ 사붓이

09 몸은 작아도 야무지고 다부진 면이 있게 · ·㉣ 서슴없이

10 소리가 거의 나지 않을 정도로 발을 가볍게 얼른 내디디는 소리 · ·㉤ 영락없이

[11-15] 다음 빈칸에 들어갈 알맞은 어휘를 〈보기〉에서 찾아 쓰시오.

> **보기**
> 대뜸   부쩍   곰곰이   묵묵히   번연히

11 며칠 사이에 _____ 살이 찐 것 같다.

12 _____ 혼날 줄을 알면서도 군것질은 참을 수가 없다.

13 학급 회장 선거가 있자 친구들은 망설임 없이 _____ 나를 추천했다.

14 창밖을 내다보며 _____ 생각에 잠겨 있는 그의 모습에 괜스레 마음이 설렌다.

15 어떤 유혹이 찾아와도 _____ 자신의 일을 해 온 사람의 진가는 어려움이 찾아올 때 드러나는 법이다.

✓ 맞힌 개수는? 15개 중 _____개   ✓ 다시 확인할 어휘는?

[01-06] 다음 뜻에 알맞은 어휘를 찾아 연결하시오.

01 시의 처음과 끝부분을 비슷하거나 같게 전개하는 방식

· ㉠ 기승전결

02 말장난이나 동음이의어를 활용하여 해학적 분위기를 조성하는 표현 방법

· ㉡ 선경후정

03 시인이 시상을 효과적으로 드러내기 위해 선택한 다양한 시의 조직 방법

· ㉢ 수미상관

04 시의 앞부분에서 경치나 사물을 그리듯 묘사한 후, 뒷부분에서 내면의 정서를 표현하는 시상 전개 방식

· ㉣ 시적 허용

05 '시상의 제기 → 시상의 심화 → 시상의 전환 → 중심 생각의 제시'의 흐름에 따른 시상 전개 방식

· ㉤ 언어유희

06 시적 효과를 위해서 띄어쓰기나 맞춤법에 어긋나게 쓰거나, 단어를 늘여 쓰거나 줄여 쓰는 등 비문법적인 표현을 사용하는 것

· ㉥ 시상 전개 방식

[07-12] 다음 뜻에 해당하는 어휘를 주어진 초성을 참고하여 쓰시오.

07 같거나 비슷한 말을 되풀이하여 표현하는 방법 → ㅂ ㅂ ㅂ : _____

08 형식이나 내용이 비슷한 문장을 나란히 짝 지어 배치하는 방법 → ㄷ ㄱ ㅂ : _____

09 문장 또는 단어를 정상적인 순서와는 다르게 배열하는 표현 방법 → ㄷ ㅊ ㅂ : _____

10 형식이나 내용을 점차 더하여 그 뜻이 확대되고 고조되게 표현하는 방법 → ㅈ ㅊ ㅂ : _____

11 감탄사나 어미 등을 통해 기쁨이나 슬픔 등의 감정을 강하게 표현하는 방법 → ㅇ ㅌ ㅂ : _____

12 쉽게 판단할 수 있는 사실을 의문형으로 표현하여 상대편이 스스로 판단하게 하는 표현 방법

→ ㅅ ㅇ ㅂ : _____

✔ **맞힌 개수는?** 12개 중 _____ 개   ✔ **다시 확인할 어휘는?**

[01-09] 다음 뜻에 해당하는 어휘에 V표 하시오.

01 시간의 흐름에 따라 전개하는 구성 → ☐ 순행적 구성 ☐ 역순행적 구성

02 시간의 순서를 바꾸어 전개하는 구성 → ☐ 순행적 구성 ☐ 역순행적 구성

03 작가, 현실, 독자와 관련지어 감상하는 관점 → ☐ 내재적 관점 ☐ 외재적 관점

04 극적 제시, 장면적 제시, 보여 주기(showing) → ☐ 직접적 제시 ☐ 간접적 제시

05 분석적 제시, 설명적 제시, 해설적 제시, 말하기(telling) → ☐ 직접적 제시 ☐ 간접적 제시

06 하나의 이야기 속에 또 다른 이야기가 포함되어 있는 구성 → ☐ 옴니버스식 구성 ☐ 액자식 구성

07 인물이 다른 인물, 사회, 운명, 자연 등과 충돌하며 겪는 갈등 → ☐ 내적 갈등 ☐ 외적 갈등

08 한 인물의 내면에서 발생하는 심리적 모순이나 가치관의 대립에 의한 갈등 → ☐ 내적 갈등 ☐ 외적 갈등

09 시어, 리듬, 이미지, 어조 또는 인물, 사건, 배경, 구조 등에 주목하여 감상하는 관점 → ☐ 내재적 관점 ☐ 외재적 관점

[10-13] 다음 말 상자에서 주어진 뜻에 해당하는 어휘를 찾아 쓰시오.

10 인물이나 사건, 배경, 장면, 소재 등을 감각적이고 구체적으로 그려 내는 서술 방식

→ ☐☐

11 일정한 사건의 흐름이나 사물의 변화 등을 시간 순서대로 전개해 나가는 서술 방식

→ ☐☐

12 사건 또는 이야기를 구성하는 동기 또는 사건의 중요한 요소가 되는 단위

→ ☐☐☐

13 특정 작품의 소재나 작가의 문체를 흉내 내어 익살스럽게 표현하는 서술 방식

→ ☐☐☐

서	맹	정	성	묘
유	사	전	예	사
기	모	패	러	디
역	티	빙	반	영
설	프	수	효	용

✔ 맞힌 개수는? 13개 중 _____ 개   ✔ 다시 확인할 어휘는?

[01-08] 다음 뜻에 해당하는 어휘를 〈보기〉에서 찾아 쓰시오.

> 보기
>
> | 귀납 | 논제 | 논증 | 연역 |
> |------|------|------|------|
> | 유추 | 토론 | 비언어적 표현 | 준언어적 표현 |

01 토론에서 해결하고자 하는 제안이나 주장 → _____

02 논리적인 근거를 들어 내용의 옳고 그름을 밝히는 것 → _____

03 일반적인 사실에서 개별적이고 특수한 사실을 추론하는 방법 → _____

04 개별적이고 특수한 사실로부터 일반적인 사실을 추론하는 방법 → _____

05 같거나 비슷한 점에 바탕을 두고 다른 사물을 미루어 추론하는 방법 → _____

06 언어가 아닌, 시선, 표정, 자세 등으로 생각이나 느낌을 나타내는 것 → _____

07 말의 높낮이, 속도, 목소리의 크기, 강세 등을 통해 생각이나 느낌을 나타내는 것 → _____

08 어떤 문제에 대하여 찬성과 반대의 입장으로 나뉘어 근거를 들어 정당함을 논하는 말하기 유형 → _____

[09-11] 밑줄 친 어휘의 뜻으로 알맞은 것을 찾아 ○표 하시오.

09 뜨거운 속성을 가진 '불'은 '열정'이라는 의미로 추상화할 수 있다.
→ 구체적이고 감각적인 것이 비감각적이고 (관념적 / 일반적)으로 바뀌는 것

10 개인의 경험을 섣불리 일반화하는 것은 위험하다.
→ (개별적 / 공통적)인 것이나 (평범한 / 특수한) 것이 일반적인 것으로 되게 하는 것

11 신분 질서의 붕괴는 평등 사상의 구체화라고 볼 수 있다.
→ 대상을 경험하거나 지각할 수 있도록 일정한 (형태와 성질 / 체계와 사고)을/를 갖추게 하는 것

[12-14] 〈보기〉의 어휘를 활용하여 다음 글을 완성하시오.

> 보기
>
> 두괄식 미괄식 양괄식

> 문단이나 글의 첫머리에 중심 내용이 오는 구성 방식을 **12**( ) 구성이라 한다. 쉽게 주제를 부각시킬 수 있다는 장점이 있어 논설문에서 많이 쓰인다. 다음으로 문단이나 글의 끝부분에 중심 내용이 오는 구성 방식을 **13**( ) 구성이라 한다. 논리적인 글의 전개 과정을 잘 보여 줄 수 있다는 특징이 있다. 마지막으로 문단이나 글의 앞부분과 끝부분에 중심 내용이 반복하여 나타나는 구성 방식을 **14**( ) 구성이라 한다.

✔ 맞힌 개수는? 14개 중 _____ 개   ✔ 다시 확인할 어휘는? _____

[01-04] 다음 뜻에 알맞은 어휘를 찾아 연결하시오.

01 말의 뜻을 구별해 주는 소리의 가장 작은 단위 ·

02 문장 안에서 문장을 구성하면서 일정한 문법적 기능을 하는 각 부분 ·

03 일부 소리가 단어의 첫머리에서 발음되는 것을 꺼려 나타나지 않거나 다른 소리로 발음되는 현상 ·

04 'ㅏ', 'ㅗ' 따위의 양성 모음은 양성 모음끼리, 'ㅓ', 'ㅜ' 따위의 음성 모음은 음성 모음끼리 어울리는 현상 ·

· ㉠ 음운

· ㉡ 두음 법칙

· ㉢ 모음 조화

· ㉣ 문장 성분

[05-08] 다음 뜻에 해당하는 어휘를 주어진 초성을 참고하여 쓰시오.

05 어떤 음운이 다른 음운으로 바뀌어 발음되는 현상 → ㄱ ㅊ : _____

06 두 음운이 합쳐져 하나의 음운으로 발음되는 현상 → ㅊ ㅇ : _____

07 두 음운이 만날 때 없던 음운이 새로 생겨나는 현상 → ㅊ ㄱ : _____

08 두 개의 자음이나 모음이 이어질 때 하나의 음운이 없어지는 현상 → ㅌ ㄹ : _____

[09-11] 〈보기〉의 어휘를 활용하여 다음 글을 완성하시오.

보기

주성분   독립 성분   부속 성분

문장의 골격을 이루는 필수적인 성분을 **09**(   )이라 하는데, 주어, 서술어, 목적어, 보어가 여기에 속한다. 한편 주성분을 꾸며 뜻을 더하여 주는 문장 성분은 **10**(   )이라 하는데, 관형어와 부사어가 여기에 속한다. 문장의 주성분이나 부속 성분과 직접적인 관련을 맺지 않고 따로 떨어져 있는 성분은 **11**(   )이라 하는데, 독립어가 여기에 속한다.

✔ 맞힌 개수는? 11개 중 _____ 개   ✔ 다시 확인할 어휘는? _____

[01-08] 다음 빈칸에 들어갈 알맞은 한자 성어를 〈보기〉에서 찾아 쓰시오.

> **보기**
>
> 가렴주구　　　격세지감　　　고립무원　　　고진감래
> 괄목상대　　　금상첨화　　　난형난제　　　비분강개

01 ＿＿＿＿＿＿＿＿(이)라더니 드디어 우리 집도 고생 끝, 행복 시작이다.

02 오랜 시간 연습한 끝에 ＿＿＿＿＿＿＿할 만큼 실력이 향상되었다.

03 용모만 준수한 게 아니라 공부까지 잘하니 ＿＿＿＿＿＿＿(이)라고 할 수 있겠다.

04 요즘은 누구에게도 기대지 못하는 외톨이가 된 것 같은 ＿＿＿＿＿＿＿의 기분이 든다.

05 나라가 일제에게 강제로 점령당한 뒤 조선에 대한 탄압이 날로 극심해지자 민중들은 ＿＿＿＿＿＿＿하였다.

06 조선 시대에는 ＿＿＿＿＿＿＿(으)로 고통받던 농민들이 지역 사회를 이탈하는 경우가 많았다.

07 두 사람은 모두 초보 선수에 불과해서 실력이 ＿＿＿＿＿＿＿(이)라 누가 이기든 운에 불과할 뿐이다.

08 예전에는 길을 가다가도 애국가가 나오면 멈춰 서서 국기에 대한 맹세를 하곤 했었는데, 애국가 가사도 잘 모르는 요즘 아이들을 보면 ＿＿＿＿＿＿＿을/를 느낀다.

[09-14] 다음 뜻에 알맞은 한자 성어를 〈보기〉에서 골라 쓰시오.

> **보기**
>
> 산전수전　　　상전벽해　　　맥수지탄
> 누란지위　　　백골난망　　　동병상련

09 고국의 멸망을 한탄함을 이르는 말 → ☐☐☐☐

10 몹시 아슬아슬한 위기를 비유적으로 이르는 말 → ☐☐☐☐

11 세상일의 변천이 심함을 비유적으로 이르는 말 → ☐☐☐☐

12 세상의 온갖 고생과 어려움을 다 겪었음을 이르는 말 → ☐☐☐☐

13 남에게 큰 은덕을 입었을 때 고마움의 뜻으로 이르는 말 → ☐☐☐☐

14 어려운 처지에 있는 사람끼리 서로 가엾게 여김을 이르는 말 → ☐☐☐☐

✓ **맞힌 개수는?** 　14개 중 ＿＿＿＿＿개　　　✓ **다시 확인할 어휘는?**　＿＿＿＿＿＿＿＿＿＿＿

[01-07] 다음 밑줄 친 한자 성어의 뜻을 〈보기〉에서 찾아 그 기호를 쓰시오.

> **보기**
> ㉠ 자나 깨나 잊지 못함.
> ㉡ 고향을 그리워하는 마음
> ㉢ 무슨 일에 대하여 방향이나 갈피를 잡을 수 없음.
> ㉣ 인생의 길흉화복은 변화가 많아서 예측하기가 어려움.
> ㉤ 어느 한쪽이 망하면 다른 한쪽도 그 영향을 받아 온전하기 어려움.
> ㉥ 서로 적의를 품은 사람들이 한자리에 있게 된 경우나 서로 협력하여야 하는 상황
> ㉦ 두 사람이 이해관계로 서로 싸우는 사이에 엉뚱한 사람이 애쓰지 않고 가로챈 이익

01 살인 사건 범인의 행방이 오리무중(五里霧中) 상태이다. ( )

02 새벽이 되어서야 오매불망(寤寐不忘) 그립던 집이 눈앞에 나타났다. ( )

03 삶은 새옹지마(塞翁之馬)라고 하니, 현재 가난하다고 좌절만 할 것도 아니다. ( )

04 수구초심(首丘初心)이라는데, 사람이 고향 생각을 하지 않으니 짐승만도 못하다. ( )

05 인접한 나라가 침범을 당하였으니 순망치한(脣亡齒寒)이 될 것을 염려해야 한다. ( )

06 여당과 야당이 국회에서 의결을 하는 과정은 오월동주(吳越同舟)와 같은 상황일 것이다. ( )

07 어떤 사람들은 정치인들이 다투는 틈을 이용하여 이간하며 어부지리(漁父之利)를 얻으려 한다. ( )

[08-14] 다음 뜻에 알맞은 한자 성어를 찾아 연결하시오.

08 들어갈수록 점점 재미가 있음. · · ㉠ 일촉즉발(一觸卽發)

09 이러지도 저러지도 못하는 어려운 처지 · · ㉡ 사상누각(沙上樓閣)

10 적을 거침없이 물리치고 쳐들어가는 기세 · · ㉢ 풍전등화(風前燈火)

11 잘못한 사람이 아무 잘못도 없는 사람을 나무람. · · ㉣ 적반하장(賊反荷杖)

12 기초가 튼튼하지 못하여 오래 견디지 못할 일이나 물건 · · ㉤ 점입가경(漸入佳境)

13 한 번 건드리기만 해도 폭발할 것같이 몹시 위급한 상태 · · ㉥ 진퇴양난(進退兩難)

14 사물이 매우 위태로운 처지에 놓여 있음. · · ㉦ 파죽지세(破竹之勢)

✔ 맞힌 개수는? 14개 중 _____ 개   ✔ 다시 확인할 어휘는?

똑똑한 독해

똑똑

중학 국어

어휘

2
실력편

———
정답과 해설
———

정답과 해설

DAY 01 철학·윤리와 관련된 말

어휘 확인하기　　　　　　　　　본문 · 012~013쪽

01 성찰	02 직면	03 전제	04 인권	05 정의
06 논증	07 대체	08 관념	09 개별적	

10 자기 자신에 대한 인식이나 생각
11 창작의 실마리가 되는 생각이나 구상
12 아직 증명되지 않은 가정

13 사물을 보거나 생각하는 처지		14 공정	15 발상
16 자아실현	17 가정	18 ⓛ	19 ㉠	20 ㉢

01 '깨달음'이란 '생각하고 궁리하다 알게 되는 것'이란 뜻이므로 '자기의 마음을 반성하고 살핌.'이란 뜻을 가진 '성찰'이 들어가는 것이 알맞다.

02 '어떠한 일이나 사물을 직접 당하거나 접함.'이라는 뜻을 지닌 어휘는 '직면'이다. 사회가 정치적·경제적으로 어려운 상태에 처함을 나타내기 위해 '직면'이 들어가는 것이 알맞다.

03 '약속'을 하는 것은 서로 지키겠다는 것을 내세우는 것이므로 '어떠한 사물이나 현상을 이루기 위하여 먼저 내세우는 것'이라는 뜻을 지닌 '전제'가 들어가는 것이 알맞다.

04 '인간으로서 당연히 가지는 기본적 권리'라는 뜻을 가진 어휘는 '인권'이다.

05 '개인 간의 올바른 도리. 또는 사회를 구성하고 유지하는 공정한 도리'라는 뜻을 가진 어휘는 '정의'이다.

06 '옳고 그름을 이유를 들어 밝힘.'의 뜻을 가진 어휘는 '논증'이다.

07 '대체'는 '다른 것으로 대신함.'이란 뜻이고, '대표'는 '전체의 상태나 성질을 어느 하나로 잘 나타냄.'이란 뜻이다. 인류는 석유를 대신할 연료 개발에 힘을 쏟고 있으므로 문장에 어울리는 어휘는 '대체'이다.

08 '관념'은 '어떤 일에 대한 견해나 생각'이란 뜻이고, '이념'은 '이상적으로 여겨지는 사상'이란 뜻이다. 이 문장에서는 건강에 대한 '나'의 생각을 말하고 있으므로 '관념'을 쓰는 것이 어울린다.

09 '개별적'은 '여럿 중에서 하나씩 따로 나뉘어 있는. 또는 그런 것'이란 뜻이고, '일반적'은 '일부에 한정되지 않고 전체에 걸치는. 또는 그런 것'이란 뜻이다. 제과점에서는 케이크마다 고객들의 요구 사항에 맞게 만든다고 하였으므로 문장에 어울리는 어휘

는 '개별적'이다.

10 '자아'는 '자기 자신에 대한 인식이나 생각'을 뜻하는 어휘로, '자아가 강하다', '자아가 형성되다' 등에 사용된다.

11 '착상'은 '어떤 일이나 창작의 실마리가 되는 생각이나 구상'이란 뜻이다.

12 '가설'은 '연구에서 어떤 내용을 설명하려고 예상한 것으로 아직 증명되지 않은 가정'을 뜻한다.

13 '차원'은 '사물을 보거나 생각하는 처지. 또는 어떤 생각이나 의견 따위를 이루는 사상이나 학식의 수준'을 뜻하는 말이다. '교육적 차원', '개인적 차원', '사회적 차원', '국가적 차원' 등의 경우에 사용된다.

14 '공평하고 올바름.' 즉, '어느 한쪽으로 이익이나 손해가 치우치지 않고 올바름.'이란 뜻을 가진 어휘는 '공정'이다.

15 '어떤 생각을 해 냄.'이란 뜻을 가진 어휘는 '발상'이다.

16 '자아의 본질을 완전히 실현하는 일'이란 뜻을 가진 어휘는 '자아실현'이다.

17 '사실이 아니거나 또는 사실인지 아닌지 분명하지 않은 것을 임시로 인정함.'이란 뜻을 가진 어휘는 '가정'이다.

18 '본질'은 '본래 가지고 있는 사물의 성질이나 모습'이란 뜻이다.

19 '보편적'은 '모든 것에 두루 미치거나 통하는. 또는 그런 것'이란 뜻이다.

20 '추리'는 '어떠한 판단을 근거로 삼아 다른 판단을 이끌어 냄.'이란 뜻이다.

DAY 02 역사와 관련된 말

어휘 확인하기　　　　　　　　　본문 · 016~017쪽

01 ②	02 ②	03 ②	04 번창	05 왜곡
06 약탈	07 ④	08 복원	09 출토	10 봉쇄
11 소멸	12 반세기	13 후기	14 야릇하다	15 문헌
16 ④				

01 '조선 시대 전기'라는 말로 미루어 볼 때 이 문장에 사용된 '전기(前期)'는 '일정 기간을 몇 개로 나눈 첫 시기'라는 뜻이다. '한 사람의 일생을 기록한 글'은 '전기(傳記)'이다.

02 제시된 문장은 서양 문화가 들어왔다는 뜻이므로 이때의 '유입'

은 '문화, 지식, 사상 따위가 들어옴.'이란 뜻의 '유입(流入)'이다. '꾀어 들임.'을 뜻하는 말은 '유입(誘入)'이다.

03 '불가사의'는 '사람의 생각으로는 미루어 헤아릴 수 없이 이상하고 야릇함.'이란 뜻을 가진 어휘다. '이제까지 들어 본 적이 없음.'이란 뜻을 가진 어휘는 '전대미문(前代未聞)'이다.

04 '번창하다'는 '어떤 조직이나 활동 등이 한창 잘되어 크게 일어나다.'라는 뜻으로 '가세가 번창하다.', '마을이 번창하다.', '사업이 번창하다.' 등과 같이 사용된다.

05 '왜곡하다'는 '사실과 다르게 해석하거나 그릇되게 하다.'라는 뜻으로, '역사 왜곡', '진실 왜곡', '사실 왜곡' 등과 같이 사용된다.

06 '약탈하다'는 '폭력을 써서 남의 것을 억지로 빼앗다.'라는 뜻으로, '음식 약탈', '재물 약탈' 등과 같이 사용된다.

07 '문헌'은 '옛날의 제도나 문물을 아는 데 증거가 되는 자료나 기록'이라는 뜻이다. 따라서 ④는 '작가는 새로운 작품을 끊임없이 생각해서 창작한다.'와 같이 써야 한다.

08 '복원'은 '원래대로 회복함.'이란 뜻이고, '복귀'는 '원래의 자리나 상태로 되돌아감.'이란 뜻이다. 이 문장은 학자들이 손상된 문서를 원래의 형태대로 만들기 위해 애썼다는 뜻이므로 '복원'을 쓰는 것이 어울린다.

09 '출품'은 '전람회, 전시회 등에 작품이나 물품을 내어놓음.'이란 뜻이고, '출토'는 '땅속에 묻혀 있던 물건이 밖으로 나옴.'이란 뜻이다. 이 문장은 시골집 수리 중에 조선 시대 그릇들이 나왔다는 뜻이므로 '출토'를 쓰는 것이 어울린다.

10 '봉합'은 '봉투 등에 내용물을 넣고 열리지 않게 단단히 붙임.'이란 뜻이고, '봉쇄'는 '굳게 막아 버리거나 잠금.'이란 뜻이다. 이 문장은 정부가 전염병 확산을 막기 위해 사람들이 도시를 오가지 못하게 했다는 뜻이므로 '봉쇄'를 쓰는 것이 어울린다.

11 '파멸'은 '파괴되어 없어짐.'이란 뜻이고, '소멸'은 '사라져 없어짐.'이란 뜻이다. 태풍은 발생 후 힘을 잃으면 자연적으로 사라지는 것이므로 '소멸'을 쓰는 것이 어울린다.

12 한 세기가 백 년이므로 그 절반인 오십 년은 '반세기'이다.

13 일정 기간을 둘이나 셋으로 나눌 때 맨 뒤 기간은 '후기'라고 한다.

14 무엇이라고 표현할 수 없이 묘하고 이상할 때 '야릇하다'라고 한다.

15 옛날의 제도나 문물을 아는 데 증거가 되는 자료나 기록을 '문헌'이라고 한다.

16 〈보기〉의 내용으로 미루어 볼 때 빈칸에 들어갈 어휘는 부정적인 뜻이 어울린다. '그릇된'은 '어떤 일이 사리에 맞지 아니한', 즉 '옳지 않은'이라는 부정적인 뜻이므로 빈칸에 들어가기에 알맞다. '고단한'은 '몹시 피곤할 정도로 힘든', '험난한'은 '일이 사납고 어려워 고생스러운'이란 뜻이다.

어휘 확인하기   본문 · 020~021쪽

01 방침	**02** 분쟁	**03** 유례	**04** ⓒ	**05** ㉠
06 ㉡	**07** 더불어	**08** 집중	**09** 여파	**10** 저출산
11 규제	**12** 한도	**13** 익명성	**14** 호도하다	**15** ②
16 ③	**17** ⑤			

01 '앞으로 일을 치러 나갈 방향과 계획'을 뜻하는 어휘는 '방침'이다. 제시된 문장은 '교육부가 폭설로 교통이 마비되자 휴교한다는 계획을 세웠다.'라는 뜻이므로 '방침'을 쓰는 것이 알맞다.

02 '말썽을 일으키어 시끄럽고 복잡하게 다툼.'을 뜻하는 어휘는 '분쟁'이다. 여러 가지 문제로 다툼이 발생하는 분쟁 지역은 안전하지 않으므로 여행이 금지되는 경우가 많다. 따라서 빈칸에 들어갈 어휘로 '분쟁'이 알맞다.

03 '같거나 비슷한 예'를 뜻하는 어휘는 '유례'이다. 제시된 문장은 이순신 장군이 명량 해전에서 비슷한 사례가 없을 정도로 대승을 했다는 뜻이므로 빈칸에 들어갈 어휘로 '유례'가 알맞다.

04 '고령화'는 '한 사회에서 노인의 인구 비율이 높은 상태로 나타나는 일'을 가리키는 어휘이다.

05 '유래'는 '사물이나 일이 생겨남.'이란 뜻이다.

06 '자초지종'은 '처음부터 끝까지의 과정'이란 뜻으로, 사건이나 상황의 자세한 내력을 설명할 때 주로 사용하는 어휘이다.

07 '수반하다'는 '어떤 일과 더불어 생기다.'라는 뜻이므로 '더불어'가 알맞다.

08 '동원하다'는 '어떤 목적을 달성하고자 사람을 모으거나 수단과 방법을 집중하다.'라는 뜻이다.

09 '어떤 일이 끝난 뒤에 남아 미치는 영향'을 뜻하는 어휘는 '여파'이다. 제시된 문장은 코로나19의 영향으로 사람들의 이동이 어려워지자 관광업계에서 일하는 사람들이 일자리를 잃었다는 뜻이므로 빈칸에 들어갈 어휘로 '여파'가 알맞다.

10 '아이를 적게 낳음.'이란 사회 현상을 가리키는 말은 '저출산'이다.

11 '규칙이나 규정에 의하여 일정한 한도를 정하거나 정한 한도를 넘지 못하게 막음.'을 뜻하는 어휘는 '규제'이다. 제시된 문장은 불법 다운로드를 하지 못하도록 막는다는 뜻이므로 빈칸에 들어갈 어휘로 '규제'가 알맞다.

12 '그 이상을 넘지 않도록 정해진 정도'에 해당하는 어휘는 '한도'이다.

13 '어떤 행위를 한 사람이 누구인지 드러나지 않는 특성'에 해당

하는 어휘는 '익명성'이다.

14 '명확하게 결말을 내지 않고 흐지부지 덮어 버리다.'에 해당하는 어휘는 '호도하다'이다.

15 '근거도 없이 널리 퍼진 소문'을 뜻하는 어휘는 '유언비어'이다.

오답 풀이

① '가가호호(家家戶戶)'는 '한 집 한 집'이란 뜻을 가진 어휘이다.

③ '조삼모사(朝三暮四)'는 간사한 꾀로 남을 속여 희롱함을 이르는 말로, 먹이를 아침에 세 개, 저녁에 네 개씩 주겠다는 말에는 원숭이들이 적다고 화를 내더니 아침에 네 개, 저녁에 세 개씩 주겠다는 말에는 좋아하였다는 데서 유래한다.

④ '소탐대실(小貪大失)'은 '작은 것을 탐하다가 큰 것을 잃음.'이란 뜻을 가진 어휘이다.

⑤ '감언이설(甘言利說)'은 '귀가 솔깃하도록 남의 비위를 맞추거나 이로운 조건을 내세워 꾀는 말'이란 뜻을 가진 어휘이다.

16 '시설, 품질 등이 매우 떨어지고 나쁘다.'를 뜻하는 어휘는 '열악하다'이다.

오답 풀이

① '아늑하다'는 '포근하게 감싸 안기듯 편안하고 조용한 느낌이 있다.'의 뜻을 가진 어휘이다.

② '평범하다'는 '뛰어나거나 색다른 점이 없이 보통이다.'의 뜻을 가진 어휘이다.

④ '특이하다'는 '보통 것이나 보통 상태에 비하여 두드러지게 다르다.'의 뜻을 가진 어휘이다.

⑤ '무난하다'는 '별로 어려움이 없다.'의 뜻을 가진 어휘이다.

17 '내던져 버리다.'를 뜻하는 어휘는 '투기하다'이다.

오답 풀이

① '규제하다'는 '규칙이나 규정에 의하여 일정한 한도를 정하거나 정한 한도를 넘지 못하게 막다.'의 뜻을 가진 어휘이다.

② '보관하다'는 '물건을 맡아서 간직하고 관리하다.'의 뜻을 가진 어휘이다.

③ '보수하다'는 '건물이나 시설 따위의 낡거나 부서진 것을 손보아 고치다.'의 뜻을 가진 어휘이다.

④ '폐기하다'는 '못 쓰게 된 것을 버리다.'의 뜻을 가진 어휘이다.

DAY 04 정치와 관련된 말

어휘 확인하기

본문 • 024~025쪽

01 ㉠ **02** ㉡ **03** ㉢ **04** 교섭하였다
05 적대 **06** 야당 **07** 신임하였다 **08** 여당
09 수립 **10** 강행 **11** 우세 **12** 진보적 **13** 우호적
14 보수적 **15** 편들어 돕고 지키다가 **16** 선거에 나가라고
17 실제로 행하는 **18** ⑤

01 '선거에서 뽑힘.'이란 뜻을 가진 어휘는 '당선'이다.

02 '정치를 맡아 행하는 권력'이란 뜻을 가진 어휘는 '정권'이다.

03 '정부, 정당, 입후보자 등이 어떤 일에 대하여 국민에게 실행할 것을 약속함.'을 뜻하는 어휘는 '공약'이다.

04 '서로 의논하고 절충하다.'의 뜻을 가진 어휘는 '교섭하다'이다.

05 '적으로 대함.'의 뜻을 가진 어휘는 '적대'이다.

06 '현재 정권을 잡고 있지 않은 정당'을 '야당'이라고 한다.

07 '믿고 일을 맡김.'이란 뜻을 가진 어휘는 '신임'이다.

08 대통령을 배출하여 정권을 잡고 있는 정당을 '여당'이라고 한다. '여당' 외의 나머지 정당들은 '야당'이라고 한다.

09 '수립'은 '국가, 정부, 제도, 계획 등을 이룩하여 세움.'의 뜻을 가진 어휘이다. 제시된 문장은 신라가 통일 정부를 세운 것이므로 '수립'을 쓰는 것이 어울린다. '분립'은 '갈라져서 따로 섬. 또는 따로 나누어서 세움.'이란 뜻이다.

10 '강행하다'는 '어려운 점을 무릅쓰고 행하다.' 또는 '강제로 시행하다.'의 뜻을 가진 어휘이다. 제시된 문장은 폐기물 소각장 건설을 강제로 시행한다는 뜻이므로 '강행'을 쓰는 것이 어울린다. '강화'는 '세력이나 힘을 더 강하고 튼튼하게 함.'이란 뜻이다.

11 '상대편보다 힘이나 세력이 강함.'의 뜻을 가진 어휘는 '우세'이다.

12 '사회의 변화와 발전을 추구하는. 또는 그런 것'의 뜻을 가진 어휘는 '진보적'이다.

13 '개인끼리나 나라끼리 서로 사이가 좋은. 또는 그런 것'의 뜻을 가진 어휘는 '우호적'이다.

14 '새로운 것이나 변화를 반대하고 전통적인 것을 옹호하며 유지하려는. 또는 그런 것'이란 뜻을 가진 어휘는 '보수적'이다. '보수적'은 '진보적'과 대립 관계에 있는 어휘이다.

15 '옹호하다'는 '편들고 도움을 주어 지키다.'라는 뜻이다.

16 '출마하다'는 '선거에 후보자로 나서다.'라는 뜻이다.

17 '시행하다'는 '실제로 행하다.'라는 뜻이다.

18 ㉠: '○○당'은 정치를 하기 위해 조직한 단체인 '정당'을 세운
것이므로 '설립'이 들어가는 것이 알맞다.

㉡: 앞 문장의 '○○당'을 지시하는 말이므로 '정당'이 들어가는
것이 알맞다.

㉢: 문맥상 당 대표 선거에 후보자로 나선 사람들을 지시하므
로 '입후보자'가 들어가는 것이 알맞다.

DAY 05 경제와 관련된 말

본문 · 028~029쪽

어휘 확인하기

01 추세	**02** 전략	**03** 실업	**04** 자금	**05** 적정
06 물가	**07** 탈세	**08** 합리적	**09** 불황	**10** 비중
11 흩어져 널리 퍼져			**12** 관계 기관에 내면	
13 양을 늘리거나 규모를 크게 해야			**14** 합당하다	**15** 비율
16 마케팅	**17** ㉢	**18** ㉡	**19** ㉠	

01 '어떤 현상이 일정한 방향으로 나아가는 경향'이란 뜻을 가진
어휘는 '추세'이다. 제시된 문장은 대학에 진학하는 학생의 수
가 해마다 줄어드는 방향으로 나아간다는 뜻이므로 '추세'가 들
어가는 것이 알맞다.

02 '경제 따위의 사회적 활동을 하는 데 필요한 책략'이라는 뜻을
가진 어휘는 '전략'이다.

03 '일할 의사와 노동력이 있는 사람이 일자리를 잃거나 일할 기
회를 얻지 못하는 상태'를 뜻하는 어휘는 '실업'이다. 제시된 문
장에서 '공공사업'은 '국가나 지방 자치 단체가 공공의 경제적
목적을 위하여 벌이는 사업'이란 뜻으로 일자리를 만들어 실업
문제를 해결하고 경기를 좋게 만들 목적으로 행해진다.

04 '특정한 목적에 쓰이는 돈'의 뜻을 가진 어휘는 '자금'이다.

05 '알맞고 바른 정도'라는 뜻을 가진 어휘는 '적정'이다.

06 '물건의 값'이라는 뜻을 가진 어휘는 '물가'이다.

07 '납세'는 '세금을 냄.'이란 뜻이고 '탈세'는 '납세액의 전부 또는
일부를 내지 않는 일'이란 뜻이다. 제시된 문장에서는 뇌물을
받고 불법을 저지른 일과 관련되었으므로 '탈세'를 쓰는 것이
어울린다.

08 '구체적'은 '실제적이고 세밀한 부분까지 담고 있는. 또는 그런
것'이란 뜻이고, '합리적'은 '이론이나 이치에 합당한. 또는 그

런 것'이란 뜻이다. 제시된 문장에서는 음식의 맛과 재료로 볼
때 가격이 합당하지 못하다는 뜻이므로 '합리적'을 쓰는 것이
어울린다.

09 '불황'은 '경제 활동이 일반적으로 침체되는 상태'란 뜻이고, '호
황'은 '경기가 좋음.'이란 뜻으로 서로 반대되는 의미이다. 소비
가 줄어들고 상인들이 어렵다는 것은 경기가 침체된 상황을 나
타내므로 '불황'을 쓰는 것이 어울린다.

10 '비중'은 '다른 것과 비교할 때 차지하는 중요도'란 뜻이고, '비
율'은 '다른 수나 양에 대한 어떤 수나 양의 비'란 뜻이다. 경기
에서 이기려면 수비보다 공격이 더 중요하다는 뜻이므로 '비중'
을 쓰는 것이 어울린다.

11 '확산'은 '흩어져 널리 퍼짐.'이란 뜻이다. '어떤 상태가 오래 계
속됨.'을 뜻하는 어휘는 '지속'이다.

12 '납부'는 '세금이나 공과금 따위를 관계 기관에 냄.'이란 뜻이다.

13 '증대'는 '양을 늘리거나 규모를 크게 함.'이란 뜻이다.

14 '어떤 기준, 조건, 용도, 도리 따위에 꼭 알맞다.'라는 뜻에 해
당하는 어휘는 '합당하다'이다.

15 '다른 수나 양에 대한 어떤 수나 양의 비'라는 뜻에 해당하는 어
휘는 '비율'이다.

16 '상품을 소비자에게 알리고 많이 판매하기 위하여 생산자가 펼
치는 전반적인 활동'이라는 뜻에 해당하는 어휘는 '마케팅'이다.

17 '침체'는 '어떤 현상이나 사물이 진전하지 못하고 제자리에 머
무름.'이란 뜻이다.

18 '책략'은 '어떤 일을 꾸미고 이루어 나가는 교묘한 방법'이란 뜻
이다.

19 '번영'은 '번성하고 귀하게 되어 이름이 세상에 빛남.'이란 뜻이다.

DAY 06 법률과 관련된 말

본문 · 032~033쪽

어휘 확인하기

01 재판	**02** 규칙	**03** 명령서	**04** ②	**05** ①
06 ②	**07** 소송	**08** 선고	**09** 안건	**10** 민법
11 법안	**12** 이의	**13** 용의자	**14** 피고	**15** 가해자
16 선언	**17** 쌍방	**18** 불복	**19** ②	**20** ④

01 '법원에 재판을 신청한 사람'을 뜻하는 어휘는 '원고'이다.

02 '법으로 정해져서 지키거나 따라야 할 규칙이나 규범'이라는 뜻을 지닌 어휘는 '법규'이다.

03 '사람이나 물건에 대한 체포, 구속, 압수 등을 허락하는 내용의 명령서'라는 뜻을 지닌 어휘는 '영장'이다.

04 '권익'은 '권리와 그에 따르는 이익'이라는 뜻이다. '편리하고 유익함.'을 뜻하는 어휘는 '편익'이다.

05 '규범'은 '한 사회의 구성원으로서 따르고 지켜야 할 가치 판단의 기준'을 뜻한다. '여러 사람이 다 같이 지키기로 작정한 법칙'이란 뜻을 지닌 어휘는 '규칙'이다.

06 '특허'는 '어떤 발명품에 대하여 그것을 발명한 사람만이 이용하거나 권리를 가질 수 있도록 법률로써 허락하는 일'이라는 뜻이다. '법에 의해 금지되어 있는 행위를 특정한 경우에 한해 허용하여 이를 행할 수 있게 함.'이란 뜻을 지닌 어휘는 '허가'이다.

07 '소송'은 '사람들 사이에 일어난 다툼을 법률에 따라 판결해 달라고 법원에 요구함.'이란 뜻이다. 주로 '소송을 걸다', '소송을 제기하다', '소송을 내다', '소송을 당하다'와 같은 형태로 사용된다.

08 '선고'는 '선언하여 널리 알림.'이란 뜻과 '법정에서 재판장이 판결을 알리는 일'이라는 뜻을 가진 어휘이다. '실형'이나 '무죄'와 같은 결정이나 사실을 알릴 때 '선고'를 사용한다.

09 '안건'은 '토의하거나 조사하여야 할 사실'을 뜻하는 어휘이다. '안건으로 채택하다', '안건을 토의하다', '안건이 통과되다' 등과 같은 형태로 사용된다.

10 ㉠에 들어갈 말은 '개인의 권리와 관련된 법규를 통틀어 이르는 말'이란 뜻을 가진 '민법'이다.

11 ㉡에 들어갈 말은 '법으로 제정하고자 하는 사항을 항목별로 정리하여 국회에 제출하는 문서나 안건'이란 뜻을 가진 '법안'이다.

12 ㉢에 들어갈 말은 '다른 의견이나 논의'란 뜻을 가진 '이의'이다.

13 ㉣에 들어갈 말은 '범죄를 저지른 범인으로 의심받는 사람'이란 뜻을 가진 '용의자'이다.

14 변호사가 무죄라고 변론한 것으로 보아 재판에서 소송을 당한 사람인 '피고'가 들어가는 것이 어울린다.

15 사고를 내고 도망간 사람이므로 '가해자'가 들어가는 것이 어울린다.

16 '선언'은 '널리 펴서 말함.'이란 뜻으로 '금연 선언', '독신 선언', '이별 선언' 등과 같이 사용된다. 제시된 문장에서는 아버지가 금연하겠다고 자신의 입장을 분명하게 말하고 있으므로 '선언'이 들어가는 것이 어울린다. '선약'은 '먼저 약속함.'이란 뜻이다.

17 '불복'은 '명령이나 결정에 따르지 않음.'이란 뜻이고, '번복'은 '이리저리 뒤집힘.'이란 뜻이다. 1심에서 받은 판결에 따르지

않고 항소한 것이므로 '불복'을 쓰는 것이 어울린다.

18 '쌍방'은 '이쪽과 저쪽 또는 이편과 저편을 아울러 이르는 말'을 뜻하고, '일방'은 '어느 한쪽, 또는 어느 한편'이란 뜻이다. 계약은 양쪽이 함께 하는 것이므로 '쌍방'을 쓰는 것이 어울린다.

19 '어떤 사실이 판단되어 명백하게 밝혀지다.'의 뜻을 지닌 어휘는 '판명되다'이다.

오답 풀이
① '심판되다'는 '자세히 조사하고 처리되어 옳고 그름이 가려져 판결이 내려지다.'의 뜻을 가진 어휘이다.
③ '설명되다'는 '어떤 일이나 대상의 내용이 상대편이 잘 알 수 있도록 말로 밝혀지다.'의 뜻을 가진 어휘이다.
④ '오판되다'는 '잘못 보거나 잘못 판단되다.'의 뜻을 가진 어휘이다.
⑤ '구별되다'는 '성질이나 종류에 따라 차이가 나다.'의 뜻을 가진 어휘이다.

20 '숨겨져 있는 일이나 드러나지 아니한 것을 들추어내다.'라는 뜻을 지닌 어휘는 '적발하다'이다.

오답 풀이
① '은폐하다'는 '덮어 감추거나 가리어 숨기다.'의 뜻을 가진 어휘이다.
② '비판하다'는 '현상이나 사물의 옳고 그름을 판단하여 밝히거나 잘못된 점을 지적하다.'의 뜻을 가진 어휘이다.
③ '선고하다'는 '선언하여 널리 알리다.'의 뜻을 가진 어휘이다.
⑤ '소송하다'는 '사람들 사이에 일어난 다툼을 법률에 따라 판결해 달라고 법원에 요구하다.'의 뜻을 가진 어휘이다.

종합 문제
본문 · 034~035쪽

| 01 ③ | 02 ③ | 03 ⑤ | 04 ③ | 05 ② |
| 06 ④ | 07 ① | 08 ② | 09 ④ | |

01 '수립'은 국가나 정부, 제도, 계획 따위를 이룩하여 세운다는 뜻이고, '설립'은 기관이나 조직체를 만들어 일으킨다는 뜻이다.

02 '합리적'은 '이론이나 이치에 합당한. 또는 그런 것'이란 뜻이다. 〈보기〉의 문장에 '합리적'의 뜻을 넣으면 '생산비를 절약할 이론이나 이치에 합당한 방법', '모두가 인정할 만한 이론이나 이치에 합당한 수준'과 같이 뜻이 자연스럽게 연결된다.

① '우호적'은 '개인끼리나 나라끼리 서로 사이가 좋은. 또는 그런 것'이란 뜻이므로 〈보기〉의 문장에 들어갈 어휘로 적절하지 않다.

② '구체적'은 '실제적이고 세밀한 부분까지 담고 있는. 또는 그런 것'이란 뜻이다. '구체적'을 ㉠의 문장에 넣으면 '회사의 제품 생산비를 절약할 실제적이고 세밀한 방법'이 되어 문맥이 자연스럽다. 그러나 ㉡의 문장에 넣으면 '통신 요금은 모두가 인정할 만한 실제적이고 세밀한 가격으로 조정될 필요가 있다.'와 같이 되므로 문맥이 자연스럽지 못하다.

④ '주관적'은 '자기의 견해나 관점을 기초로 하는. 또는 그런 것'이란 뜻이므로 〈보기〉의 문장에 공통으로 들어갈 어휘로 적절하지 않다.

⑤ '기초적'은 '사물이나 일 등의 기본이 되는. 또는 그런 것'이란 뜻이므로 〈보기〉의 문장에 공통으로 들어갈 어휘로 적절하지 않다.

03 '오해하다'는 '그릇되게 해석하거나 뜻을 잘못 알다.'의 뜻이므로 모르고 한 행동일 때 사용한다. 그런데 '왜곡하다'는 '사실과 다르게 해석하거나 그릇되게 하다.'란 뜻으로 사실을 알면서도 일부러 다르게 해석한 의도적인 행위이므로 '오해하다'와 바꿔 쓰기에 적절하지 않다.

① '소실(消失)'과 '소멸(消滅)'은 둘 다 '사라져 없어짐.'이란 뜻이므로 바꿔 쓰기에 알맞다.

② '복구(復舊)'는 '손실 이전의 상태로 회복함.'이란 뜻이고, '복원(復元)'은 '원래대로 회복함.'이란 뜻이므로 바꿔 쓰기에 알맞다.

③ '마찰(摩擦)'은 '이해나 의견이 서로 다른 사람이나 집단이 충돌함.'이란 뜻으로 사용되었고, '분쟁(紛爭)'은 '말썽을 일으키어 시끄럽고 복잡하게 다툼.'이란 뜻이므로 바꿔 써도 의미가 서로 통한다.

④ '흐름'은 '한 줄기로 잇따라 진행되는 현상을 비유적으로 이르는 말'이고, '추세(趨勢)'는 '어떤 현상이 일정한 방향으로 나아가는 경향'을 뜻하는 말이다. 이들은 서로 의미가 통하므로 바꿔 쓰기에 알맞다.

04 '비율'은 '다른 수나 양에 대한 어떤 값의 비(比)'를 나타내는 말이다. '비율이 높다', '비율이 증가하다' 등과 같이 다른 것과의 단순한 정도 차이를 나타내는 개념이므로 ㉢에 넣기에는 자연스럽지 않다. ㉢에는 다른 것과의 중요도 차이를 나타내는 개념인 '비중'을 넣는 것이 자연스럽다.

05 '알맞고 바른 정도'라는 뜻을 지닌 어휘는 '적정'이다.

06 '수단과 방법을 집중하다.'의 뜻을 가진 어휘는 '동원하다'이다.
① '보수하다'는 '건물이나 시설의 낡거나 부서진 것을 손보아 고치다.'라는 뜻이다.

② '개조하다'는 '고쳐 만들거나 바꾸다.'라는 뜻이다.

③ '수리하다'는 '고장 난 것을 손보아 고치다.'의 뜻이다.

⑤ '수선하다'는 '오래되거나 고장 난 물건을 고치다.'의 뜻이다.

07 ㉠ 사회의 경제 활동이 활발하지 않다는 내용으로 미루어 볼 때 '불황'이 들어가는 것이 알맞다. '불황'은 '경제 활동이 일반적으로 침체되는 상태'를 뜻하는 말이다.

㉡ 노인의 인구 비율이 점점 높아지는 현상을 '고령화'라고 한다.

㉢ 선거에 나선 후보자들이 당선 후에 국민에게 실행할 것을 약속한 것을 '공약'이라고 한다.

08 '자초지종'은 '처음부터 끝까지의 과정'이라는 뜻이다.

09 '어떤 일을 이루기 위하여 서로 의논하고 절충함.'이란 뜻을 가진 어휘는 '교섭'이다. '논쟁'은 '의견이 다른 사람들이 자신의 생각이 옳다고 말이나 글로 다툼.'이란 뜻이다.

DAY 07 지리와 관련된 말

어휘 확인하기   본문 · 038~039쪽

01 폭염	**02** 비옥	**03** 한파	**04** 온화해지면서
05 완만해서	**06** 울창해서		**07** 자외선	**08** 폭한
09 건기	**10** 움직임이 느릿느릿한	**11** 찬 기운	
12 비스듬히 기울어진 상태나 정도			
13 성격. 태도 따위가 온순하고 부드럽고			**14** 반도
15 경도	**16** 위도	**17** 적도	**18** ④

01 '매우 심한 더위'라는 뜻을 지닌 어휘는 '폭염'이다. 피서지로 떠나는 사람들이 늘고 있는 원인에 해당하는 부분에 '폭염'이 들어갈 수 있다.

02 '땅이 걸고 기름짐.'이라는 뜻을 지닌 어휘는 '비옥'이다. 곡물과 채소의 생산량이 달라지는 원인에 해당하는 부분에 토질이 '비옥'한 정도가 들어갈 수 있다.

03 '겨울철에 기온이 갑자기 내려가는 현상'이란 뜻을 지닌 어휘는 '한파'이다. 도시가 꽁꽁 얼어붙은 상황의 원인에 해당하는 부분에 '한파'가 들어갈 수 있다.

04 낮부터 날씨가 맑고 따뜻하며 바람이 부드러워지는 상황을 표

현하기 위해 '온화하다'라는 어휘를 사용할 수 있다.

05 산세가 험하지 않고 경사가 급하지 않아 누구나 쉽게 오를 수 있음을 표현하기 위해 '완만하다'라는 어휘를 사용할 수 있다.

06 해안가의 소나무 숲이 빽빽하게 우거지고 푸르러 볼거리를 제공하는 모습을 표현하기 위해 '울창하다'라는 어휘를 사용할 수 있다.

07 여름철에 피부암을 일으키는 원인에 해당하는 어휘이므로, '파장이 엑스선보다 길고, 가시광선보다 짧은 전자기파'를 가리키는 '자외선'이 들어가야 한다.

08 겨울철 난방비가 급상승하게 되는 원인에 해당하는 어휘이므로, '갑자기 닥치는 몹시 심한 추위'를 가리키는 '폭한'이 들어가야 한다.

09 비가 오는 날이 많아진 것이나 장마의 형태가 바뀐 것과 관련 있으면서 '우기'와 구분되는 상대적 의미를 지닌 어휘가 들어가야 하므로, '기후가 건조한 시기'를 가리키는 어휘인 '건기'가 들어가야 한다.

10 제시된 문장에서 '완만한'은 '움직임이 느릿느릿'이라는 뜻으로 쓰여서 국내 경제가 천천히 회복되고 있는 상황을 표현하고 있다. '눈에 보이는 것처럼 아주 뚜렷한'은 '완연한'의 뜻이다.

11 제시된 문장에서 '냉기'는 '찬 기운'이라는 뜻으로 쓰여서 불을 때지 않은 방에서 느껴지는 기운을 표현하고 있다. '정성을 들이지 않고 아무렇게나 하는 대접'은 '냉대'의 뜻이다.

12 제시된 문장에서 '경사'는 '비스듬히 기울어진 상태나 정도'라는 뜻으로 쓰여서 계단의 기울어진 정도를 가리키고 있다. '축하할 만한 기쁜 일'은 '경사(慶事)'의 뜻이다.

13 제시된 문장에서 '온화하고'는 '성격, 태도 따위가 온순하고 부드럽고'라는 뜻으로 쓰여서 '그녀'의 얼굴빛이 온순하고 부드러움을 표현하고 있다. '태도가 미적지근하고'는 '미온적이고'의 뜻이다.

14 삼면이 바다로 둘러싸이고 한 면은 육지에 이어진 땅을 '반도'라고 한다.

15 지구 위의 위치를 나타내는 좌표축 중에서 세로로 된 것을 '경도'라고 한다.

16 지구 위의 위치를 나타내는 좌표축 중에서 가로로 된 것을 '위도'라고 한다.

17 위도의 기준이 되는 선, 지구의 남북 양극으로부터 같은 거리에 있는 지구 표면에서의 점을 이은 선을 '적도'라고 한다.

18 세계 시간의 기준이 되는 선은 '자오선'으로 '천구(天球)의 두 극과 천정(天頂)을 지나 적도와 수직으로 만나는 큰 원'을 가리킨다.

오답 풀이
① '경계선'은 '경계(境界)가 되는 선'을 가리킨다.
② '수평선'은 '물과 하늘이 맞닿아 경계를 이루는 선'을 가리킨다.

③ '자력선'은 '자기장의 크기와 방향을 나타내는 선'을 가리킨다.
⑤ '지평선'은 '편평한 대지의 끝과 하늘이 맞닿아 경계를 이루는 선'을 가리킨다.

DAY 08 보건·의료와 관련된 말

어휘 확인하기

본문 · 042~043쪽

01 생장	**02** 증식	**03** 축적	**04** 사멸	**05** 발현
06 감염	**07** ③	**08** ①	**09** ⑤	**10** ⓒ
11 ⑦	**12** ⓒ	**13** ⓐ	**14** ⓒ	**15** ⓒ
16 ⑦	**17** ④			

01 '나서 자람. 또는 그런 과정'이라는 뜻을 지닌 어휘는 '생장'이다.

02 '늘어서 많아짐. 또는 늘려서 많게 함.'이라는 뜻을 지닌 어휘는 '증식'이다.

03 '지식, 경험, 자금 따위를 모아서 쌓음. 또는 모아서 쌓은 것'이라는 뜻을 지닌 어휘는 '축적'이다.

04 '죽어 없어짐.'의 뜻에 해당하는 어휘는 '사멸'이다. '침강'은 '밑으로 가라앉음.'이라는 뜻을 지닌다.

05 '속에 있거나 숨은 것이 밖으로 나타나거나 그렇게 나타나게 함.'에 뜻에 해당하는 어휘는 '발현'이다. '중화'는 '서로 다른 성질을 가진 것이 섞여 각각의 성질을 잃거나 그 중간의 성질을 띠게 함.'을 의미한다.

06 '병원체인 미생물이 동물이나 식물의 몸 안에 들어가 증식하는 일'의 뜻에 해당하는 어휘는 '감염'이다. '면역'은 '몸속에 들어온 병원 미생물에 대항하는 항체를 생산하여 독소를 중화하거나 병원 미생물을 죽여서 다음에는 그 병에 걸리지 않도록 된 상태'를 가리킨다.

07 '호전'은 '병의 증세가 나아짐.'이라는 뜻을 지닌 어휘이므로, 밑줄 친 '나아지는'은 '호전되는'으로 바꿔 쓸 수 있다.

오답 풀이
① '중화'는 '서로 다른 성질을 가진 것이 섞여 각각의 성질을 잃거나 그 중간의 성질을 띠게 함.'이라는 뜻을 지닌다.

② '이전'은 '장소나 주소 따위를 다른 데로 옮김.' 또는 '권리 따위를 남에게 넘겨주거나 또는 넘겨받음.'이라는 뜻을 지닌다.

④ '악화'는 '일의 형세가 나쁜 쪽으로 바뀜.'이라는 뜻을 지닌다.

⑤ '호송'은 '목적지까지 보호하여 운반함.'이라는 뜻을 지닌다.

08 '경화'는 '물건이나 몸의 조직 따위가 단단하게 굳어짐.'이라는 의미를 지닌 어휘이므로, 밑줄 친 '굳어지면'은 '경화하면'으로 바꿔 쓸 수 있다.

오답 풀이

② '고착'은 '물건 같은 것이 굳게 들러붙어 있음.'이라는 뜻을 지닌다.

③ '강화'는 '세력이나 힘을 더 강하고 튼튼하게 함.'이라는 뜻을 지닌다.

④ '수축'은 '근육 따위가 오그라듦.' 또는 '부피나 규모가 줄어듦.'이라는 뜻을 지닌다.

⑤ '강하'는 '높은 곳에서 아래로 향하여 내려옴.'이라는 뜻을 지닌다.

09 '결핍'은 '있어야 할 것이 없어지거나 모자람.'이라는 의미를 지닌 어휘이므로, 밑줄 친 '부족'은 '결핍'으로 바꿔 쓸 수 있다.

오답 풀이

① '결정'은 '행동이나 태도를 분명하게 정함.'이라는 뜻을 지닌다.

② '결석'은 '나가야 할 자리에 나가지 않음.'이라는 뜻을 지닌다.

③ '결근'은 '근무해야 할 날에 출근하지 않고 빠짐.'이라는 뜻을 지닌다.

④ '결집'은 '한곳에 모여 뭉침.'이라는 뜻을 지닌다.

10 '결절'은 '살갗 밑에 비정상적인 조직이 생겨서 강낭콩 또는 그보다 크게 겉으로 솟아난 것'이라는 뜻을 지닌다.

11 '재활'은 '신체장애자가 장애를 극복하고 생활함.'이라는 뜻을 지닌다.

12 '경련'은 '근육이 별다른 이유 없이 갑자기 수축하거나 떨게 되는 현상'이라는 뜻을 지닌다.

13 '면역'은 '몸속에 들어온 병원 미생물에 대항하는 항체를 생산하여 독소를 중화하거나 병원 미생물을 죽여서 다음에는 그 병에 걸리지 않도록 된 상태'를 가리킨다.

14 '항원'은 '생체 속에 침입하여 항체를 형성하게 하는 단백성 물질'을 가리킨다.

15 '항체'는 '항원의 자극에 의하여 생체 내에 만들어져 특이하게 항원과 결합하는 단백질'을 가리킨다.

16 '소진'은 '점점 줄어들어 다 없어짐.'을 가리킨다.

17 빈칸에 공통으로 들어갈 어휘는 '서로 다른 성질을 가진 것이 섞여 각각의 성질을 잃거나 그 중간의 성질을 띠게 함.'이라는 뜻을 지닌 '중화'이다.

오답 풀이

① '동화'는 '성질, 양식(樣式), 사상 따위가 다르던 것이 서로

같게 됨.'이라는 뜻을 지닌다.

② '소화'는 '섭취한 음식물을 분해하여 영양분을 흡수하기 쉬운 형태로 변화시키는 일'이라는 뜻을 지닌다.

③ '경화'는 '물건이나 몸의 조직 따위가 단단하게 굳어짐.'이라는 뜻을 지닌다.

⑤ '감화'는 '좋은 영향을 받아 생각이나 감정이 바람직하게 변화함. 또는 그렇게 변하게 함.'이라는 뜻을 지닌다.

DAY 09 과학·기술과 관련된 말

본문 · 046~047쪽

어휘 확인하기

01 구동	02 구축	03 빈도	04 농도	05 증명
06 발달	07 복잡, 이질		08 바깥	09 등질
10 물리적	11 중력	12 수렴	13 비약	14 관측
15 감쇄	16 추이	17 구심력	18 ④	

01 '동력을 가하여 움직임.'이라는 뜻의 어휘는 '구동'이다.

02 '체제, 체계 따위의 기초를 닦아 세움.'이라는 뜻의 어휘는 '구축'이다.

03 '같은 현상이나 일이 반복되는 도수(度數)'라는 뜻의 어휘는 '빈도'이다.

04 '어떤 성질이나 성분이 깃들어 있는 정도'라는 뜻의 어휘는 '농도'이다.

05 '검증하다'는 '검사하여 증명하다.'라는 뜻을 지닌다.

06 '진화하다'는 '일이나 사물 따위가 점점 발달하여 가다.'라는 뜻을 지닌다.

07 '분화하다'는 '단순하거나 등질인 것에서 복잡하거나 이질인 것으로 변하다.'라는 뜻을 지닌다.

08 '원심력'은 '원운동을 하는 물체나 입자에 작용하는, 원의 바깥으로 나아가려는 힘'이라는 뜻을 지닌다.

09 '등질'은 '성분이나 특성이 고루 같음.'이라는 의미를 지닌 어휘이다. 밥솥을 누가 작동해도 '밥맛이 같도록' 밥솥의 기능을 개선했다는 내용이므로 '등질'을 사용하는 것이 알맞다.

10 '물리적'은 '물질의 원리에 기초한 것'을 가리키는 말로, 증강 현실이 사람이 직접 가 보지 못하는 공간의 한계를 넘게 해 준다는 문장의 맥락에서 사용될 수 있다.

11 '중력'은 '지구 위의 물체가 지구로부터 받는 힘'을 가리키는 말로, 고층 빌딩에서 떨어지지 않고 자유롭게 걷는 모습을 표현하는 문장의 맥락에서 사용될 수 있다.

12 '광선, 유체, 전류 따위가 한 점에 모이다.'에 해당하는 어휘는 '수렴하다'이다.

13 '지위나 수준 따위가 갑자기 빠른 속도로 높아지거나 향상되는 것'에 해당하는 어휘는 '비약적'이다.

14 '육안이나 기계로 자연 현상 특히 천체나 기상의 상태, 추이, 변화 따위를 관찰하여 측정하다.'에 해당하는 어휘는 '관측하다'이다.

15 제시된 문장의 빈칸에는 '줄어 없어짐.'이라는 뜻의 '감쇄'가 어울린다. '감별'은 '보고 식별함.'이라는 뜻을 지닌다.

16 제시된 문장의 빈칸에는 '일이나 형편이 시간의 경과에 따라 변하여 나감. 또는 그런 경향'이라는 뜻을 지닌 '추이'가 어울린다. '추리'는 '알고 있는 것을 바탕으로 알지 못하는 것을 미루어서 생각함.'이라는 뜻을 지닌다.

17 제시된 문장의 빈칸에는 '원운동을 하는 물체나 입자에 작용하는, 원의 중심으로 나아가려는 힘'이라는 뜻의 '구심력'이 어울린다. '구동력'은 '동력 기구를 움직이는 힘'이라는 뜻을 지닌다.

18 〈보기〉 문장들의 빈칸에는 '이미 있던 것을 고쳐 새롭게 함.' 또는 '법률 관계의 존속 기간이 끝났을 때 그 기간을 연장함.'이라는 뜻의 '갱신'이 공통적으로 들어갈 수 있다.

오답 풀이

① '과신'은 '지나치게 믿음.'이라는 뜻을 지닌다.

② '교신'은 '우편, 전신, 전화 따위로 정보나 의견을 주고받음.'이라는 뜻을 지닌다.

③ '발신'은 '소식이나 우편 또는 전신을 보냄.'이라는 뜻을 지닌다.

⑤ '착신'은 '편지, 전보 따위의 통신이 도착함.'이라는 뜻을 지닌다.

DAY 10 예술과 관련된 말

어휘 확인하기 본문·050~051쪽

01 걸작 **02** 지평 **03** 각본 **04** 참신하여 **05** 산뜻하다
06 통찰하여 **07** 다채로워서 **08** 현학적 **09** 상투적
10 개작 **11** 비평 **12** 독창성
13 감정이나 분위기가 한껏 드러나게 하여
14 생각이나 구상 따위를 잡았다 **15** 생각 따위를 불러일으키기
16 ①

01 '매우 훌륭한 작품'이라는 의미를 지닌 어휘는 '걸작'이다. 각고의 노력 끝에 '매우 훌륭한 작품'이 탄생되었다는 의미를 전달하기 위해 '걸작'이라는 표현을 쓸 수 있다.

02 '사물의 전망이나 가능성 따위를 비유적으로 이르는 말'이라는 뜻을 지닌 어휘는 '지평'이다. 전염병 사태가 장기화되면서 배달 음식이 외식계의 전망이나 가능성을 열었다는 내용이므로 '지평'이라는 표현을 쓸 수 있다.

03 '연극이나 영화를 만들기 위하여 쓴 글'이라는 뜻을 지닌 어휘는 '각본'이다. 배우는 '연극이나 영화를 만들기 위하여 쓴 글'을 숙지해야 좋은 연기를 할 수 있다는 의미를 나타내기 위해 '각본'이라는 표현을 쓸 수 있다.

04 '새롭고 산뜻하다.'라는 의미를 지닌 어휘는 '참신하다'이다. '참신하다'를 문맥에 맞게 '참신하여'로 활용하여 '그의 생각은 늘 참신하여 그와 대화를 나누는 것이 즐겁다.'라고 바꾸면 문장이 자연스러워진다.

05 '기분이나 느낌이 깨끗하고 시원하다.'라는 의미를 가진 어휘는 '산뜻하다'이다. '집 안을 대청소하고 샤워까지 마쳤더니 산뜻하다.'라고 바꾸면 청소와 샤워를 마친 후 깨끗하고 시원한 감정을 적절하게 표현한 자연스러운 문장이 된다.

06 '예리한 관찰력으로 꿰뚫어 보다.'라는 의미를 가진 어휘는 '통찰하다'이다. 문맥에 맞게 활용하면 '상담사는 상담을 받는 사람의 마음을 통찰하여 적절한 질문을 해야 한다.'로 표현할 수 있다.

07 '여러 가지 색채나 형태, 종류 따위가 한데 어울리어 호화스럽다.'라는 의미를 가진 어휘는 '다채롭다'이다. 문맥에 맞게 활용하면 '이 브랜드의 신발은 디자인이 다채로워서 청소년들에게 인기가 많다.'라고 표현할 수 있다.

08 '학식이 있음을 자랑하는 것'이라는 뜻의 어휘는 '현학적'이다.

09 '늘 써서 버릇이 되다시피 한 것'이라는 뜻의 어휘는 '상투적'이다.

10 '작품이나 원고 따위를 고쳐 다시 지음. 또는 그렇게 한 작품' 이라는 뜻을 주어진 낱말 카드에서 조합해 보면 '개작'이 알맞 다. '이 드라마는 할리우드에서 흥행했던 영화를 개작한 작품 이다.'라고 빈칸을 채우면 자연스러운 문장이 된다.

11 '사물의 옳고 그름, 아름다움과 추함 따위를 분석하여 가치를 논함.'이라는 뜻을 주어진 낱말 카드에서 조합해 보면 가장 적 절한 어휘는 '비평'이다. '그의 신랄한 비평을 듣고 나니 내가 쓴 소설이 보잘것없이 느껴졌다.'라고 빈칸을 채우면 문맥상 자연스러운 문장이 된다.

12 '독창적인 성향이나 성질'이라는 의미의 어휘를 주어진 낱말 카 드에서 찾아보면 '독창성'이 가장 적절하다. '동물의 움직임에 서 착안한 그녀의 안무는 독창성이 뛰어나다는 평가를 받는 다.'라고 빈칸을 채워 문장을 완성하면 자연스러운 문장이 된 다.

13 '발산하다'는 '감정이나 분위기가 한껏 드러나다. 또는 그렇게 되게 하다.'라는 의미를 지닌 어휘이다. '발산하다'는 '냄새, 빛, 열 따위가 사방으로 퍼져 나가다. 또는 그렇게 되게 하다.'라는 의미도 가지고 있지만, 주어진 문장에서는 '감정이나 분위기가 한껏 드러나게 하다.'의 의미로 사용되었다.

14 '생각이나 구상 따위를 잡다.'라는 뜻을 지닌 어휘는 '착상하다' 이다. '착상하다'는 '포유류의 수정란이 자궁벽에 접착하여 모 체의 영양을 흡수할 수 있는 상태가 되다.'라는 뜻의 동음이의 어도 있지만, 주어진 문맥에는 어울리지 않는다.

15 '환기하다'는 '생각 따위를 불러일으키다.'라는 의미를 가지고 있다. '여론'이란 '사회 대중의 공통된 의견'을 나타내므로, 주 어진 문장에서 '환기하다'는 '국민들의 공통된 의견을 불러일으 키다.'의 의미를 나타내고 있다.

16 좋은 연설의 조건에 대해서 설명하고 있는 전체적인 문맥을 고 려할 때 빈칸에 들어갈 말로 가장 적절한 것은 '강한 인상을 주어 마음을 사로잡을 수 있는 힘'이라는 뜻을 지닌 '호소력'이다.

오답 풀이

② '친화력'은 '다른 사람들과 사이좋게 잘 어울리는 능력'이라 는 의미를 지닌 어휘이다.

③ '자제력'은 '자기의 감정이나 욕망을 스스로 억제하는 힘'을 의미하는 어휘이다.

④ '추진력'은 '목표를 향하여 밀고 나아가는 힘'을 의미한다.

⑤ '창의력'은 '새로운 것을 생각해 내는 능력'을 의미한다.

DAY 11 환경과 관련된 말

어휘 확인하기

본문 · 054~055쪽

01 우량	**02** 배출	**03** 개량	**04** 정화	**05** 기온
06 산림	**07** 온난화	**08** 친환경	**09** 없어지다	**10** 미치지 못한
11 ㉠	**12** ㉢	**13** ㉣	**14** ㉢	**15** ㉢
16 ㉠	**17** ㉢			

01 '우량하다'는 '물건의 품질이나 상태가 좋다.'라는 뜻을 지닌 어 휘이다. 제주도에서 재배한 열대 과일이 품질과 상태가 좋기 때문에 상품성이 높다는 뜻의 문장을 표현하기 위해서는 '우량 하다'를 쓰는 것이 자연스럽다.

02 '안에서 밖으로 밀어 내보내다.'라는 뜻을 지닌 어휘는 '배출하 다'이다. 주어진 문장에서 쓰레기를 밖에 내놓을 때 정해진 시 간과 장소를 준수해서 청결한 환경을 유지하자는 의미가 자연 스럽게 연결되기 위해 빈칸에 어울리는 말은 '배출'이다.

03 '나쁜 점을 보완하여 더 좋게 고치다.'라는 뜻을 지닌 어휘는 '개량하다'이다. 주어진 문장에서 화재 대피 훈련에서 더 신속 하고 민첩하게 대응할 수 있도록 대피로를 좋게 고쳤다는 의미 가 드러날 수 있도록 빈칸을 채우려면 주어진 초성을 참고할 때 '개량'이 가장 적절하다.

04 '불순하거나 더러운 것을 깨끗하게 하다.'라는 뜻을 지닌 어휘 는 '정화하다'이다. 주어진 문장에 이를 적용해 보면, '자연은 오염되었을 때 스스로 일정 수준까지 더러운 것을 정화하는데 이를 자정 작용이라고 한다.'라는 문장이 되어 문맥에 따른 의 미의 연결이 자연스러워진다.

05 '대기의 온도'를 나타내는 어휘는 '기온'이다.

06 '산과 숲, 또는 산에 있는 숲'이라는 의미를 가진 어휘는 '산림' 이다.

07 '지구의 기온이 높아지는 현상'을 '온난화'라고 한다.

08 '자연환경을 오염하지 않고 자연 그대로의 환경과 잘 어울리는 일'을 '친환경'이라고 한다.

09 '고갈되다'는 '어떤 일의 바탕이 되는 돈이나 물자, 소재, 인력 따위가 다하여 없어지다.'라는 뜻을 지닌 어휘이다. 주어진 문 장에 이를 적용해 보면, '인류는 식량 자원이 없어질 미래에 대 비하기 위해 대체 식량 개발에 힘쓰고 있다.'라는 의미가 되어 문맥의 흐름이 자연스러워진다.

10 '허름하다'는 '사람이나 물건이 표준에 약간 미치지 못한 듯하 다.'라는 뜻을 지닌 어휘이다. 이를 주어진 문장에 적용해 보 면, '그는 어눌한 말투부터 자신감 없는 표정과 구부정한 자세

까지 표준에 약간 미치지 못하는 인상을 풍겼다.'라는 의미가 된다. '웃돌다'는 '어떤 정도를 넘어서다.'라는 의미를 가지고 있으므로, 그를 묘사하는 부정적인 느낌의 어휘들과 어울리지 않는다.

11 '황량하다'는 '황폐하여 거칠고 쓸쓸하다.'라는 의미를 지닌 어휘이다. 이는 새 아파트를 짓기 위해 산에 있는 나무를 모두 베어 냈다는 글의 내용과도 자연스럽게 연결된다.

12 '우거지다'는 '풀, 나무 따위가 자라서 무성해지다.'라는 의미를 가진 어휘이다. 나무가 우거진 산이 있어서 공기도 좋고 보기에도 좋았다는 글의 흐름을 보아도 '우거지다'는 나무가 풍성하고 빼곡하게 들어선 것임을 짐작할 수 있다.

13 '멸종하다'는 '생물의 한 종류가 아주 없어지다. 또는 생물의 한 종류를 아주 없애 버리다.'라는 의미를 가진 어휘이다. 산에 나무를 베고 깎아서 아파트를 지었을 때, 그 산에 살던 동식물들이 이에 적응하지 못하면 멸종할 수도 있다는 글의 흐름을 미루어 볼 때, '멸종하다'가 '없어지다, 사라지다, 살지 못하다'라는 의미를 내포하고 있음을 짐작할 수 있다.

14 '공존하다'는 '서로 도와서 함께 존재하다.'라는 뜻을 지닌 어휘이다. 주어진 문장의 내용을 통해 '공존하다'가 인간과 자연이 '함께 살아가다, 함께 존재하다'의 의미를 가진 어휘라는 것을 유추할 수 있다.

15 '무성하다'는 '풀이나 나무 따위가 자라서 우거져 있다.'라는 뜻을 가진 어휘이다. 주어진 문장의 내용을 살펴보면, 처음에는 작은 묘목이었는데 어느새 잎이 무성한 나무가 되었다는 것에서 '무성한'은 '작은 묘목'과 대조되는 내용임을 짐작할 수 있다.

16 '방치하다'는 '내버려 두다.'라는 의미를 지닌 어휘이다. 주어진 문장을 살펴보면, 상처가 생겼을 때는 그냥 내버려 두지 말고 즉시 소독을 해서 세균 감염을 막아야 한다는 내용이므로, '방치하다'가 '그냥 두다, 내버려 두다'의 의미를 가진 어휘임을 짐작할 수 있다.

17 '재배하다'는 '식물을 심어 가꾸다.'라는 뜻을 가진 어휘이다. 주어진 문장이 '스트레스 완화와 안전한 먹거리 마련을 위해 직접 채소를 심어 가꾸고, 생산하여 먹는 가정이 늘고 있다.'라는 내용이므로 '재배하다'의 의미를 문맥상에서 유추할 수 있다.

DAY 12 문화와 관련된 말

어휘 확인하기 본문 · 058~059쪽

01 ㉠ **02** ㉣ **03** ㉢ **04** ㉡ **05** 경유하는
06 계승하는 **07** 전율 **08** 체류했던 **09** ㉠
10 ㉡ **11** ㉢ **12** ④ **13** ③ **14** ④
15 금기, 예) 타 지역을 방문할 때에는 그 지역의 금기를 깨지 않도록 조심해야 한다.
16 객지, 예) 오랫동안 객지 생활을 하면 향수병에 걸리기도 한다.
17 주역, 예) 이번 작품의 주역을 두고, 엄청난 경쟁이 예상된다.
18 원작, 예) 웹툰을 원작으로 한 영화나 드라마가 활발하게 제작되어 대중에게 많은 사랑을 받고 있다.

01 '손실 이전의 상태로 회복하다.'라는 의미를 가진 어휘는 '복구하다'이다.

02 '연락을 취하여 의논하다.'라는 뜻을 가진 어휘는 '섭외하다'이다.

03 '다시 나타나다. 또는 다시 나타내다.'라는 의미를 가진 어휘는 '재현하다'이다.

04 '사물이나 일 따위가 자신에게 해가 될까 하여 피하거나 싫어하다.'라는 의미를 가진 어휘는 '꺼리다'이다.

05 '경유하다'는 '어떤 곳을 거쳐 지나다.'라는 의미를 가진 어휘이다. 주어진 문장에서 목적지에 가는 길에 휴게소를 거쳐 간 것이 원인이고, 도착 시간이 늦어진 것이 결과라고 볼 때, 빈칸에 들어갈 적절한 어휘는 '경유하는'이다. '경계하다'는 '뜻밖의 사고가 생기지 않도록 조심하여 단속하다.'라는 의미를 가진 어휘로 주어진 문장의 의미와는 어울리지 않는다.

06 '계승하다'는 '조상의 전통이나 문화유산, 업적 따위를 물려받아 이어 나가다.'라는 뜻을 가진 어휘이다. 주어진 문장이 자연스러워지려면 '우리의 전통문화를 물려받아 이어 나가는 것이 우리 민족의 정신을 이어 가는 것이다.'라는 의미가 되어야 하므로, 빈칸에 들어갈 적절한 어휘는 '계승하는'이다. '환승하다'는 '다른 노선이나 교통수단으로 갈아타다.'라는 뜻의 어휘로 주어진 문맥과는 어울리지 않는다.

07 '전율'은 '몸이 떨릴 정도로 감격스러움을 비유적으로 이르는 말'이다. 따라서 주어진 문장이 자연스럽게 연결되려면 '대한민국 양궁 대표 선수들의 금메달 획득 소식은 국민들에게 감동과 전율을 선사했다.'라고 해야 한다. '운율'은 시의 음성적 형식을 가리키는 어휘로 주어진 문장의 의미와 어울리지 않는다.

08 '체류하다'는 '객지에 가서 머물러 있다.'라는 뜻을 가진 어휘이

다. 주어진 문장은 어린 시절 외국에서 머물렀던 경험 덕분에 다양한 민족과 문화를 이해할 수 있었다는 내용이므로 빈칸에 들어갈 적절한 어휘는 '체류했던'이다. '체불했던'의 기본형인 '체불하다'는 '마땅히 지급하여야 할 것을 지급하지 못하여 미루다.'라는 의미를 가진 어휘이므로 문맥과 어울리지 않는다.

09 '어떤 사람이나 사물을 알아보는 정도'를 뜻하는 어휘는 '인지도'이다.

10 '어떤 언어로 된 글을 다른 언어의 글로 옮김.'이라는 뜻을 가진 어휘는 '번역'이다.

11 '일반 대중이 친숙하게 느끼고 즐기며 좋아할 수 있는 성질'을 뜻하는 어휘는 '대중성'이다.

12 ①~③은 모두 '산이나 들, 강, 바다 따위의 자연이나 지역의 풍경'이라는 뜻을 가진 ⑤ '경관'과 유사한 의미를 가진 어휘들이다. 하지만 ④ '주관'은 '자신만의 견해나 관점'을 뜻하는 말로 아름다운 풍경이나 정치 등과는 무관한 어휘이다.

13 ①, ④, ⑤는 모두 '좋게 평함. 또는 그런 평판이나 평가'라는 뜻을 가진 ② '호평'과 유사한 의미의 어휘들이다. 하지만 ③ '혹평'은 '가혹하게 비평함.'이라는 뜻을 가진 어휘로, 나머지 어휘들과는 대조되는 개념이므로 바꾸어 쓰기에 적절하지 않다.

14 ②, ③, ⑤는 공통적으로 '사람의 물결이란 뜻으로, 수많은 사람을 이르는 말'이라는 뜻을 가진 ① '인파'와 유사한 의미를 담고 있다. 하지만 ④ '접객'은 '손님을 접대함.'이라는 뜻을 가지고 있어서 중심 의미가 '사람'이 아닌 '행위'를 나타내고 있으므로 바꾸어 쓸 수 없다.

15 '마음에 꺼려서 하지 않거나 피함.'이라는 뜻을 가진 어휘는 '금기'이다.

16 '자기 집을 멀리 떠나 임시로 있는 곳'이라는 뜻을 가진 어휘는 '객지'이다.

17 '주된 역할. 또는 주된 역할을 하는 사람'이라는 뜻을 가진 어휘는 '주역'이다.

18 '연극이나 영화의 각본으로 각색되거나 다른 나라의 말로 번역되기 이전의 본디 작품'이라는 뜻을 가진 어휘는 '원작'이다.

종합 문제

01 '분화하다'는 '단순하거나 등질인 것에서 복잡하거나 이질인 것으로 변하다.'라는 뜻을 가진 어휘이다. '생물이 생명의 기원 이후부터 점진적으로 변해 가다.'는 '진화하다'의 의미이다.

02 '항체'는 '항원의 자극에 의하여 생체 내에 만들어져 특이하게 항원과 결합하는 단백질'을 뜻하는 어휘이다. 우리가 예방 접종을 하는 것은 특정 질병이나 바이러스에 대한 면역력과 대항력을 획득하는 것을 목적으로 하는데, 이러한 작용은 생체 내에 '항체'가 형성됨으로써 이루어진다. 따라서 주어진 문장의 내용을 미루어 볼 때, ㉠에 들어갈 적절한 어휘는 '항체'이다. '면역'은 '몸속에 들어온 병원 미생물에 대항하는 항체를 생산하여 독소를 중화하거나 병원 미생물을 죽여서 다음에는 그 병에 걸리지 않도록 된 상태'라는 뜻을 가진 어휘이다. 백신 접종을 하면 외부 병원균에 대항하는 항체를 생산하는 과정에서 우리 몸에 이상 반응이 나타나기도 하는데, 이는 면역을 획득하기 위한 과정이다. 따라서 앞뒤 내용의 흐름상 ㉡에 들어갈 적절한 어휘는 '면역'이다.

오답 풀이

① '사멸'은 '죽어 없어짐.'이라는 뜻을 가진 어휘이다. 백신을 접종하면 우리 몸에서 바이러스가 죽어 없어지는 것이 아니라, 항체 형성 과정을 통해 외부 병원균과 싸울 수 있는 능력을 학습하여 다음에 그러한 병에 걸리지 않도록 하는 것이다. 따라서 ㉡에 들어갈 말로 '사멸'이라는 어휘는 적절하지 않다.

② '발현'은 '속에 있거나 숨은 것이 밖으로 나타나거나 그렇게 나타나게 함. 또는 그런 결과'라는 의미를 가진 어휘이다. 문맥에 따라서는 빈칸 ㉡ 바로 앞에 오는 '발열, 두통, 구토' 등의 내용과 연관지었을 때, 우리 몸에서 외부적으로 드러나는 증상이라는 면에서는 빈칸 ㉡에 들어가기에 적절할 수 있다. 하지만 ㉠에 들어갈 말로 '항원'이 적절하지 않으므로, 정답이 아니다.

④ '항원'은 '생체 속에 침입하여 항체를 형성하게 하는 단백성 물질'을 뜻하는 어휘로, 항원에는 세균이나 독소 따위가 있다. 주어진 문장을 보면, ㉠에 들어갈 말은 백신 접종을 통해 우리가 궁극적으로 추구하는 목표이며 세균이나 독소 따위에 맞설 최종 산물이라는 의미를 가져야 하므로, '항원'이라는 어휘는 적절하지 않다.

⑤ '호전'은 '일의 형세가 좋은 쪽으로 바뀜.' 혹은 '병의 증세가 나아짐.'이라는 뜻을 가진 어휘이다. ㉡ 바로 앞에 오는 '발열, 두통'은 '호전'이라는 어휘와는 어울리지 않는다.

03 '구축하다'는 구체적인 대상을 목적어로 할 때는 '어떤 시설물을 쌓아 올려 만들다.'라는 의미를 갖는다. 반면에, 추상적인 관념이나 대상을 목적어로 할 때는 '체제, 체계 따위의 기초를 닦아 세우다.'라는 의미를 가지고 있다. 〈보기〉에서는 두 번째 의미를 제시하고 있으므로, 추상적인 개념이나 관념이 아닌 구체적인 대상에 대한 표현을 찾아야 한다. ①에서는 구체적인

대상인 '고대 건축물'의 특징을 서술하고 있으므로 〈보기〉의 의미와 거리가 멀다.

오답 풀이

② '정치 철학'은 무형의 추상적인 개념이므로 이 문장에서의 '구축'은 〈보기〉에 제시된 의미로 사용되었다.

③ '시스템'은 무형의 추상적인 개념이므로 이 문장에서의 '구축'은 〈보기〉에 제시된 의미로 사용되었다.

④ '민주주의'는 추상적인 개념이므로 이 문장에서의 '구축'은 〈보기〉에 제시된 의미로 사용되었다.

⑤ '사상과 체계'는 추상적인 개념이므로 이 문장에서의 '구축'은 〈보기〉에 제시된 의미로 사용되었다.

04 '물리적'은 '물질의 원리에 기초한 것', '신체와 관련되어 있거나 신체를 써서 폭력을 행사하는 것'이라는 두 가지 의미를 지닌다. 〈보기〉의 첫 번째 문장에서는 수온이 물고기의 성장에 영향을 끼친다는 물질의 원리를 말하고 있으므로 '물리적 환경 요인'이라고 표현하는 것이 알맞다. 두 번째 문장에서는 토지 개발에 반대하는 주민들과 당국의 충돌이 신체와 관련된 폭력과 연관되므로 '물리적 충돌'이라고 표현하는 것이 알맞다. 따라서 두 문장에 공통적으로 '물리적'이라는 어휘를 사용하는 것이 적절하다.

오답 풀이

① '구체적'은 '실제적이고 세밀한 부분까지 담고 있는 것'이라는 의미를 지닌다. 따라서 〈보기〉의 첫 번째 문장에만 사용될 수 있다.

③ '사회적'은 '사회에 관계되거나 사회성을 지닌 것'이라는 의미를 지닌다. 따라서 〈보기〉의 두 번째 문장에만 사용될 수 있다.

④ '자연적'은 '자연이나 자연법칙을 따르는 것'이라는 의미를 지닌다. 따라서 〈보기〉의 첫 번째 문장에만 사용될 수 있다.

⑤ '화학적'은 '화학 현상의 특징을 띠거나 화학 현상과 관련된 것'이라는 의미를 지닌다. 이는 〈보기〉의 두 문장에 모두 사용되기 어렵다.

05 '반도'는 '삼면이 바다로 둘러싸이고 한 면은 육지에 이어진 땅.'을 뜻하는 말로 대륙에서 바다 쪽으로 좁다랗게 돌출한 육지를 말한다. 〈보기〉의 ⊙ 바로 앞에 '삼면이 바다로 둘러싸인'이라는 부분에서 '반도'에 대한 힌트를 얻을 수 있다. '적도'는 '위도의 기준이 되는 선으로, 지구의 남북 양극으로부터 같은 거리에 있는 지구 표면에서의 점을 이은 선'이다. '고온 다습한 기후'라는 정보를 통해 ㉡에 들어갈 말이 '적도'임을 유추할 수 있다. '경도'는 '지구 위의 위치를 나타내는 좌표축 중에서 세로로 된 것'을 뜻하는 말로, 한 지점의 경도는 그 지점을 지나는 자오선과 런던의 그리니치 천문대를 지나는 본초 자오선이 이루는 각도이다. '그리니치 천문대의 경선을 기준으로 한다.'라는 내용에서 ㉢에 들어갈 말이 '경도'임을 알 수 있다.

06 '정화하다'는 '불순하거나 더러운 것을 깨끗하게 하다.'라는 의미를 가지고 있으므로, ⊙의 '깨끗하게'와 가장 유사한 의미를 가지고 있다.

오답 풀이

① '정직하다'는 '마음에 거짓이나 꾸밈이 없이 바르고 곧다.'라는 의미를 가진 어휘이다.

② '정숙하다'는 '몸가짐이나 차림새가 바르고 엄숙하다.'라는 의미를 가진 어휘이다.

③ '정돈하다'는 '어지럽게 흩어진 것을 규모 있게 고쳐 놓거나 가지런히 바로잡아 정리하다.'라는 뜻을 가진 어휘이다.

④ '정착하다'는 '일정한 곳에 자리를 잡아 붙박이로 있거나 머물러 살다.' 혹은 '새로운 문화 현상, 학설 따위가 당연한 것으로 사회에 받아들여지다.'라는 뜻을 가진 어휘이다.

07 '멸종하다'는 '생물의 한 종류가 아주 없어지다. 또는 생물의 한 종류를 아주 없애 버리다.'라는 의미를 가진 어휘이다. '없어지다'라는 의미가 포함되긴 하지만, 생명체를 대상으로 하고 잔존하는 것이 없이 아주 없어진다는 의미이므로, 주어진 문장의 '기력이 다하다', '기력이 떨어지다'의 의미와 유사하다고 보기는 어렵다. 주어진 문장의 '기력이 없어지다'는 '어떤 일의 바탕이 되는 돈이나 물자, 소재, 인력 따위가 다하여 없어지다.'라는 의미를 가진 '고갈되다'와 더 유사하다고 보는 것이 적절하다.

오답 풀이

① '구동하다'는 '동력을 가하여 움직이다.'라는 의미를 가지고 있으므로, 전동 킥보드를 '운전하는' 것과 그 의미가 유사하다고 볼 수 있다.

② '울창하다'는 '나무가 빽빽하게 우거지고 푸르다.'라는 뜻을 가진 어휘이다. '우거지다'는 '풀, 나무 따위가 자라서 무성해지다.'라는 뜻을 지닌 어휘이므로, 두 어휘의 의미가 유사하다고 볼 수 있다.

③ '개량하다'는 '나쁜 점을 보완하여 더 좋게 고치다.'라는 뜻을 가진 어휘이다. 따라서 '고치다'와 바꾸어 쓰기에 적절하다.

④ '우량하다'는 '물건의 품질이나 상태가 좋다.'라는 의미를 가지고 있으므로, '좋다'와 바꾸어 쓰기에 적절하다.

08 〈보기〉에 주어진 문장의 앞뒤 문맥을 통해 빈칸에 들어갈 어휘는 '보다, 관찰하다'와 유사한 의미를 지닐 것임을 유추할 수 있다. '관측하다'는 '육안이나 기계로 자연 현상 특히 천체나 기상의 상태, 추이, 변화 따위를 관찰하여 측정하다.'라는 의미를 지닌 어휘로, 빈칸에 들어갈 어휘로 가장 적절하다.

오답 풀이

① '감시하다'는 '단속하기 위하여 주의 깊게 살피다.'라는 의미를 가진 어휘이다.

② '검사하다'는 '사실이나 일의 상태 또는 물질의 구성 성분 따위를 조사하여 옳고 그름과 낫고 못함을 판단하다.'라는 뜻을 지닌 어휘이다.

③ '검출하다'는 '시료(試料) 속에 있는 화학종이나 미생물 따위

의 존재 유무를 알아내다.'라는 뜻을 지닌 어휘이다.
⑤ '관철하다'는 '어려움을 뚫고 나아가 목적을 기어이 이루다.'라는 뜻을 지닌 어휘이다.

09 '상투적'은 '늘 써서 버릇이 되다시피 한 것'이라는 의미를 지닌 어휘이다. 주어진 문장에서는 '상품을 사고파는 행위를 통하여 이익을 얻는 것'이라는 의미를 지닌 '상업적'을 쓰는 것이 자연스럽다.

오답 풀이
① '호소력'은 '강한 인상을 주어 마음을 사로잡을 수 있는 힘'이라는 뜻이다. 따라서 아역 배우의 눈물 연기가 강한 인상을 주어 관객들의 마음을 사로잡았다는 문장의 내용에 잘 호응되는 쓰임이 적절한 어휘이다.
② '대중성'은 '일반 대중이 친숙하게 느끼고 즐기며 좋아할 수 있는 성질'이라는 뜻을 가진 말로, 주어진 문장에서 '예술성'과 대조되며 적절하게 쓰였다.
③ '비약적'은 '지위나 수준 따위가 갑자기 빠른 속도로 높아지거나 향상되는 것'을 의미한다. 우리나라가 경제 개발 5개년 계획을 통해 갑자기 빠르게 발전했다는 내용이므로 '비약적'을 사용하는 것이 알맞다.
④ '공존하다'는 '두 가지 이상의 사물이나 현상이 함께 존재하다.' 혹은 '서로 도와서 함께 존재하다.'라는 뜻을 지닌 말로, 다양한 인종이 어우러져 살아가는 다민족 국가에서는 인종에 따라 차별하지 말고 서로 도우며 함께 살아가기 위한 정책이 필요하다는 문장의 내용과 잘 호응된다.

10 '호전'은 '병세가 진전되고 악화됨.'이라는 의미가 아니라, '병의 증세가 나아짐.'이라는 의미를 가진 어휘이다. 따라서 주어진 문장의 빈칸에 들어갈 어휘로는 적절하지만 그 뜻풀이가 올바르지 않다.

오답 풀이
② '영양은 과잉인 반면 정서적으로 부족함이 있는 결핍이 사회적 문제가 되고 있다.'라는 내용의 문장이므로, 그 의미와 쓰임이 모두 적절하다.
③ 문맥상 전자책과 미디어의 발달로 사람들의 인쇄 출판물에 대한 수요가 '줄어들었다'라는 의미가 되어야 하므로 '감쇄하다'의 의미와 쓰임이 적절하다.
④ 주어진 문장을 살펴보면, '그는 파격적인 문체와 신선한 소재로 소설의 새로운 가능성을 열었다는 평가를 받는다.'라는 내용이 되어야 하므로, '지평'의 의미와 쓰임이 적절하다.
⑤ '차량 운전자는 모퉁이를 돌 때 회전함으로써 발생하는 어떠한 힘이 작용하는 것을 염두에 두고 속도를 줄여야 한다.'라는 내용이 되어야 하므로, '원심력'의 의미와 쓰임이 적절하다.

어휘 확인하기   본문 · 066~067쪽

01 기개   **02** 홍진   **03** 액땜   **04** 밑천   **05** 호각
06 호걸   **07** 불청객   **08** 산천초목   **09** 곁따른다
10 어떤 일에 지식이 없는 사람   **11** 주체가 아닌 곁따르는 사람
12 단 하나의 방법이나 방향   **13** 재물이 계속 나오는 보물단지
14 횡액   **15** 처사   **16** 역량   **17** 가객   **18** ④

01 '씩씩한 기상과 굳은 절개'라는 뜻을 가진 말은 '기개'이다. '우리 민족의 기상과 절개를 만천하에 떨치고 돌아온 선수단이 자랑스럽다.'라는 의미를 나타내기 위해 '기개'라는 말을 쓸 수 있다.

02 '번거롭고 속된 세상을 비유적으로 이르는 말'은 '홍진'이다. '그는 번거롭고 속된 세상에 대한 욕심과 미련을 모두 버리고 한적한 시골로 떠났다.'라는 의미를 나타내기 위해 '홍진'이라는 말을 쓸 수 있다.

03 '앞으로 닥쳐올 액을 다른 가벼운 곤란으로 미리 겪음으로써 무사히 넘김.'이라는 뜻을 가진 말은 '액땜'이다. 흔히 '액때우다', '액땜을 하다'와 같은 형태로 자주 사용된다.

04 '어떤 일을 하는 데 바탕이 되는 돈이나 물건, 기술, 재주 따위를 이르는 말'은 '밑천'이다. '장사를 해 보려 해도 해 본 적도 없거니와 마땅한 돈이나 기술이 없어서 엄두가 나지 않는다.'라는 의미를 나타내기 위해 '밑천'이라는 말을 쓸 수 있다.

05 '쇠뿔의 양쪽이 서로 길이나 크기가 같다는 데에서 유래하였으며, 서로 우열을 가릴 수 없을 정도로 역량이 비슷한 것'을 나타내는 말은 '호각'이다.

06 '지혜와 용기가 뛰어나고 기개와 풍모가 있는 사람'을 일컫는 말은 '호걸'이다.

07 '불청객'은 '오라고 청하지 않았는데도 스스로 찾아온 손님'이라는 뜻을 가진 말로 '반갑지 않은 손님'을 뜻하기도 한다. 한여름에 찾아오는 모기는 해충이므로 '방청하는 사람'이라는 뜻을 지닌 '방청객'보다는 '불청객'과 의미상 잘 어울린다.

08 '산천초목'은 '산과 내와 풀과 나무'라는 뜻으로 '자연'을 나타내는 말이다. '청산유수'는 '푸른 산에 흐르는 맑은 물'이라는 뜻으로 '막힘없이 썩 잘하는 말을 비유적으로 이르는 말'이다.

09 '곁따르다'는 '어떤 것에 덧붙어서 따르다.'라는 의미를 지닌 말이다. 범죄와의 전쟁을 선포하고 시민들을 보호하는 일에는 항상 위험이 덧붙어서 따르므로, 주어진 문장에 어울리는 어휘는 '곁따른다'이다. '곁돈다'의 기본형인 '곁돌다'는 '사물이 한데 섞이지 않고 따로따로 되다.'라는 의미를 가진 말이므로, 주어진

문장에 자연스럽게 연결되지 않는다.

10 '문외한'은 '어떤 일에 직접 관계가 없거나, 어떤 일에 전문적인 지식이 없는 사람'을 뜻하는 말이다. 따라서 주어진 문장은 '그녀는 운동에 관해서는 전문적인 지식이 없는 사람이다.' 또는 '그녀는 운동에 관해서는 잘 모르고 서툰 사람이다.'라는 의미이다.

11 '들러리'는 '어떤 일을 할 때 일의 주체가 아닌 곁따르는 노릇이나 사람을 비유적으로 이르는 말'이다. 주어진 문장에서 '들러리'는 '주인공'과 대조되는 개념으로 모두의 주목을 받아 책임감이 막중한 주인공에 비해 곁따르는 사람인 들러리가 부담이 덜하다는 내용이다.

12 '외곬'은 주로 '외곬으로'의 형태로 쓰이며 '단 하나의 방법이나 방향'을 나타내는 말이다. '외곬으로' 생각하는 것은 다양한 관점을 가지고 융통성 있게 생각하지 못하므로 한쪽으로 치우친 편향된 사고방식을 가지기 쉽다는 문장 전체의 내용과 자연스럽게 호응된다.

13 '화수분'은 '재물이 계속 나오는 보물단지'를 뜻하는 말로 그 안에 온갖 물건을 담아 두면 끝없이 새끼를 쳐 그 내용물이 줄어들지 않는다는 설화상의 단지를 이르는 말이다. 따라서 관용 표현 중에서 '황금알을 낳는 거위'와도 유사한 표현이다. 주어진 문장에서 '군것질하는 습관을 고친 것'이 원인이 되어 '용돈이 모인다.'라는 결과를 가져왔고, 용돈이 많이 모인다는 의미를 강조하기 위하여 '화수분'이라는 표현을 쓴 것이다.

14 '뜻밖에 닥쳐오는 불행'이라는 뜻을 가진 말은 '횡액'이다. 머나먼 타지에서 부모님이 돌아가셨다는 소식을 듣는 것은 뜻밖에 닥쳐온 큰 불행이므로 빈칸에 들어갈 적절한 말은 '횡액'이다.

15 '처사'는 '예전에, 벼슬을 하지 아니하고 초야에 묻혀 살던 선비'를 가리키는 말이다.

16 '역량'은 '어떤 일을 해낼 수 있는 힘'이라는 뜻을 가진 말이다. 주어진 문장에서 '우리 회사는 직원들의 학벌과 인맥이 아니라 개개인의 능력과 가능성을 중요하게 본다.'는 내용이 문맥상 자연스럽기 때문에 빈칸에 들어갈 적절한 말은 '역량'이다.

17 '가객'이란 '반갑고 귀한 손님'을 가리키는 말이다. 주어진 문장은 '그는 나에게 가장 편하고 흉허물 없는 친구임과 동시에 가장 잘 대접해야 할 손님이다.'라는 내용이 와야 자연스럽게 연결되므로 빈칸에 들어갈 적절한 말은 '가객'이다.

18 '넋두리'는 '불만을 길게 늘어놓으며 하소연하는 말'이라는 뜻이다. 따라서 선택지 가운데 이와 가장 유사한 의미의 말은 '억울한 일이나 잘못된 일, 딱한 사정 따위를 말함.'이라는 뜻을 가진 '하소연'이다.

오답 풀이

① '넉살'은 '부끄러운 기색이 없이 비위 좋게 구는 짓이나 성미'라는 의미를 지닌 말이다.

② '변명'은 '어떤 잘못이나 실수에 대하여 구실을 대며 그 까닭

을 말함.'이라는 의미를 지닌 말이다.

③ '고자질'은 '남의 잘못이나 비밀을 일러바치는 짓'이라는 의미를 지닌 말이다.

⑤ '혼잣말'은 '말을 하는 상대가 없이 혼자서 하는 말'이라는 의미를 지닌 말이다.

DAY 14 시간·장소와 관련된 말

어휘 확인하기   본문 • 070~071쪽

01 부지중	02 바야흐로		03 금명간	04 과도기
05 불야성	06 ⓒ	07 ②	08 ⓛ	09 Ⓣ
10 ①	11 ①	12 ②	13 ①	14 칠흑
15 미구	16 겨를			

01 '알지 못하는 동안'이라는 뜻을 가진 말은 '부지중'이다. '은연중'은 '남이 모르는 가운데'라는 뜻을 가진 말이다.

02 '이제 한창. 또는 지금 바로'라는 뜻을 가진 말은 '바야흐로'이다. '시나브로'는 '모르는 사이에 조금씩 조금씩'이라는 뜻을 가진 말이다.

03 '오늘이나 내일 사이'라는 뜻을 가진 말은 '금명간'이다. 이를 주어진 문장에 적용하면 '검사 결과는 오늘이나 내일 사이에 나온다고 했으니 너무 불안해하지 말고 기다려 보세요.'라는 문장이 완성된다.

04 '한 상태에서 다른 새로운 상태로 옮아가거나 바뀌어 가는 도중의 시기'라는 뜻을 가진 말은 '과도기'이다. 흔히 바뀌어 가는 중간 단계이기 때문에 온전치 못하고 불안정한 상태를 나타낸다. 이를 주어진 문장에 적용하면 '변화를 위해서는 반드시 새로운 상태로 바뀌어 가는 도중의 시기를 거쳐야만 좀 더 안정적인 상태로 정착하게 된다.'라는 문장이 완성된다.

05 '등불 따위가 휘황하게 켜 있어 밤에도 대낮같이 밝은 곳을 이르는 말'은 '불야성'이다. 깜깜한 밤에도 아주 화려하게 밝거나 인파로 북적이는 곳을 묘사할 때 자주 쓰인다. 이를 주어진 문장에 적용하면 '유명 맛집으로 방송에 소개된 작은 점포는 늦은 밤에도 북적이는 손님들로 대낮같이 밝았다. 또는 인산인해를 이루었다.'라는 의미가 완성된다.

06 '가게가 죽 늘어서 있는 거리'를 뜻하는 말은 '저잣거리'이다.

07 '우리나라에서 가장 험한 산골이라 이르던 삼수와 갑산'을 뜻하는 말은 '삼수갑산'이다.

08 '일정한 직업이나 일 따위에 매인 사람이 다른 일로 말미암아 얻는 겨를'이라는 뜻을 가진 말은 '말미'이다.

09 '어떤 일이 가장 활기 있고 왕성하게 일어나는 때. 또는 어떤 상태가 가장 무르익은 때'를 뜻하는 말은 '한창'이다.

10 '차일피일'은 '이날 저 날 하고 자꾸 기한을 미루는 모양'을 나타내는 말이다. '어떤 일이 일어나는 때가 언제인지 알 수 없을 때 쓰는 말'은 '이제나저제나'이다.

11 '누거만년'은 '아주 오랜 세월'이라는 뜻을 가진 말이다. '세상에 태어나서 죽을 때까지의 동안'은 '일생'이라는 말로 나타낸다.

12 '학령기'는 '초등학교에서 의무 교육을 받아야 할 나이의 시기'를 가리키는 말로, 만 6~12세이다. '학교에서 교육을 받는 시기를 통틀어 이르는 말'은 '학창 시절'이라는 말로 나타낸다.

13 '불모지'는 원래 '식물이 자라지 못하는 거칠고 메마른 땅'이라는 뜻을 갖는데 주로 '어떠한 사물이나 현상이 발달되어 있지 않은 곳이나 그런 상태'를 비유적으로 나타낸다.

14 '칠흑'은 '옻칠처럼 검고 광택이 있음. 또는 그런 빛깔'이라는 의미를 가진 말이다. '빈집에 들어서자 깜깜한 어둠 때문에 아무것도 보이지 않았다.'라는 의미를 완성하려면 어둠의 깜깜한 이미지를 강조하기 위하여 '칠흑 같다'라는 표현을 사용할 수 있다.

15 '얼마 오래지 아니함.'이라는 뜻을 가진 말은 '미구'로 주로 '미구에'라는 형태의 부사어로 사용된다. '수평선 너머가 붉게 물들어 가는 것을 보니 머지않아 해가 뜰 것 같다.'라는 의미의 문장을 완성하기 위해서는 '얼마 오래지 않아, 곧'이라는 의미를 가진 '미구'라는 말을 사용할 수 있다.

16 '어떤 일을 하다가 생각 따위를 다른 데로 돌릴 수 있는 시간적인 여유'를 뜻하는 말은 '겨를'이다. '그는 비행기에서 내리자마자 숨 돌릴 시간적인 여유도 없이 급하게 택시를 탔다.'라는 의미의 문장을 완성하기 위해 빈칸에 들어갈 적절한 말은 '겨를'이다.

DAY 15 감정·상태와 관련된 말

본문 · 074~075쪽

어휘 확인하기

01 파다하다   **02** 사근사근하다   **03** 겸연쩍다
04 ②   **05** 고깝게   **06** 너저분한   **07** 심오한   **08** 속절없는
09 역연한   **10** 무색하게   **11** 곰살맞게   **12** 홀가분하다
13 실팍   **14** 푸념   **15** 남루   **16** 부질없게
17 매료되었다(매료됐다)   **18** 투박하더라도

01 '파다하다'는 '소문 따위가 널리 퍼져 있다.'라는 뜻을 가진 말로, '소문이 파다하다', '명성이 파다하다' 등의 표현으로 자주 쓰인다.

02 '사근사근하다'는 '생김새나 성품이 상냥하고 시원스럽다.'라는 뜻을 가진 말로 '서근서근하다'의 형태로도 쓰인다.

03 '겸연쩍다'는 '쑥스럽거나 미안하여 어색하다.'라는 뜻을 가진 말로 잘못한 일이 있거나 낯선 곳에서 적응을 하지 못하고 쭈뼛대고 있을 때의 심정을 나타내는 형용사이다.

04 '주목하다'는 '관심을 가지고 주의 깊게 살피다.' 혹은 '조심하고 경계하는 눈으로 살피다.'라는 뜻을 가진 말이다. 주어진 문장에서는 '그가 무대 위에 올랐을 때, 공연장에 모인 사람들은 모두 그를 관심을 가지고 주의 깊게 살폈다.', '야간 경비를 서던 안전 요원은 소리가 나는 쪽을 경계하는 눈으로 살폈다.'의 의미로 '주목하다'가 공통적으로 쓰였다.

오답 풀이

① '주의하다'는 '마음에 새겨 두고 조심하다.'라는 의미를 지닌 말이다.

③ '주모하다'는 '주장하여 일을 꾸미다.'라는 의미를 지닌 말이다.

④ '주도하다'는 '주동적인 처지가 되어 이끌다.'라는 의미를 지닌 말이다.

⑤ '주최하다'는 '행사나 모임을 주장하고 기획하여 열다.'라는 의미를 지닌 말이다.

05 '섭섭하고 야속하여 마음이 언짢다.'라는 뜻을 가진 말은 '고깝다'이다. '제가 당신의 부탁을 거절하더라도 행여 고깝게 생각하지 말아 주세요.'라고 하면 자연스러운 문장이 완성된다.

06 '질서가 없이 마구 널려 있어 어지럽고 깨끗하지 않다.'라는 뜻을 가진 말은 '너저분하다'이다.

07 '심오하다'는 '사상이나 이론 따위가 깊이가 있고 오묘하다.'라는 뜻을 가진 말이다. 주어진 문장에 이를 적용하면 '감나무 꼭대기의 열매를 따지 않고 남겨 두는 데에는 새들의 몫을 남겨

두려는 우리 조상들의 심오한 이치가 담겨 있다.'라고 활용하여 쓸 수 있다.

08 '단념할 수밖에 달리 어찌할 도리가 없다.'라는 뜻을 가진 말은 '속절없다'이다. '손꼽아 기다려 온 여름 휴가 전까지 코로나가 진정되기를 바라는 것은 지금 상황에서는 속절없는 행동이다.'와 같이 나타낼 수 있다.

09 '역연하다'는 '분명히 알 수 있도록 또렷하다.' 또는 '기억이 분명하다.'라는 뜻을 가진 말이다. 반면에 '막연하다'는 '갈피를 잡을 수 없게 아득하다.' 또는 '뚜렷하지 못하고 어렴풋하다.'라는 뜻을 가진 말이다. 두 어휘는 서로 상반된 의미를 가지고 있으므로 주어진 문장의 문맥을 해석하여 적절한 어휘를 골라야 한다. 주어진 문장의 의미는 '꿈이 너무나 분명하고 생생하여 마치 현실과도 같은 착각이 들 정도이다.'이므로 '역연하다'의 활용형인 '역연한'을 고르는 것이 자연스럽다.

10 '무식하다'는 '배우지 않은 데다 보고 듣지 못하여 아는 것이 없다.' 또는 '행동 따위가 격에 맞거나 세련되지 않고 우악스럽다.'라는 뜻을 가진 말이다. 반면, '무색하다'는 '겸연쩍고 부끄럽다.' 또는 '본래의 특색을 드러내지 못하고 보잘것없다.'라는 의미를 지닌 말이다.

11 '쌀쌀맞다'는 '성격이나 행동이 따뜻한 정이나 붙임성이 없이 차갑다.'라는 뜻을 가진 말이다. 반면에 '곰살맞다'는 '몹시 부드럽고 친절하다.'라는 뜻을 가진 말이다. 주어진 문장에서 '처음 운전을 배울 때 강사님께서 따뜻하고 친절하게 설명해 주셨기 때문에 운전을 겁내지 않고 잘 배울 수 있었다.'라고 하는 것이 문장의 앞뒤 호응이 자연스러우므로 들어갈 적절한 말은 '곰살맞게'이다.

12 '홀가분하다'는 '거추장스럽지 아니하고 가볍고 편안하다.'라는 뜻을 가진 말이다. 반면에 '너저분하다'는 '질서가 없이 마구 널려 있어 어지럽고 깨끗하지 않다.'라는 뜻을 가진 말이다. 주어진 문장에서 모든 경기를 마치고 난 사람의 마음은 지저분하기보다는 가볍고 편안한 것이 어울리므로 빈칸에 들어갈 적절한 말은 '홀가분하다'이다.

13 '사람이나 물건 따위가 보기에 매우 실하다.'라는 의미를 가진 말은 '실팍하다'이다. 따라서 '제철을 맞아 물이 오른 오징어가 실팍하고 먹음직스러워 보인다.'라고 빈칸을 채워 넣으면 자연스러운 문장이 된다.

14 '마음속에 품은 불평을 늘어놓다.'라는 의미를 가진 말은 '푸념하다'이다.

15 '옷 따위가 낡아 해지고 차림새가 너저분하다.'라는 의미를 가진 말은 '남루하다'이다.

16 '대수롭지 아니하거나 쓸모가 없다.'라는 뜻을 가진 말은 '부질없다'이다. '배가 너무 부르면 그 어떤 산해진미도 부질없게 느껴진다.'가 된다.

17 '사람의 마음이 완전히 사로잡혀 홀리게 되다.'라는 의미를 가진 말은 '매료되다'이다. 주어진 문장에 알맞게 빈칸을 채우면 '피겨 스케이트를 신고 빙판 위에서 화려한 점프를 하는 그녀에게 세계인이 매료되었다(매료됐다).'라고 표현할 수 있다.

18 '생김새가 볼품없이 둔하고 튼튼하기만 하다.'라는 뜻을 가진 말은 '투박하다'이다. 주어진 뜻과 문장에 맞게 활용하여 빈칸을 채우면 '실리를 추구하는 성향의 사람들은 모양새가 투박하더라도 내구성이 강한 제품을 선호한다.'라고 표현할 수 있다.

DAY 16 성격·태도와 관련된 말

어휘 확인하기
본문 • 078~079쪽

01 닦달하는　　　　**02** 무심한　**03** 변덕스럽기
04 비아냥거리는　　　**05** 만끽, 예 우리는 승리의 기쁨을 만끽했다.
06 의연, 예 그는 어떠한 유혹에도 흔들리지 않는 의연한 태도를 가졌다.
07 고상, 예 그녀는 꽃꽂이와 독서 등의 고상한 취미를 가졌다.
08 완곡, 예 그는 완곡한 표현을 썼지만, 단호한 거절의 의사를 분명하게 전달했다.
09 하시하는　　　　**10** 미련하기　**11** 기민한
12 우두망찰하게　　　**13** 노둔　**14** 으름장　**15** 빈정
16 허세　　**17** 일관　**18** ④

01 '닦달하다'는 '남을 단단히 윽박질러서 혼을 내다.'라는 뜻을 가진 말이다. 주어진 대화를 보면 엄마가 유빈이에게 잔소리를 하고 혼내는 내용이 나오고 있으므로 적절하게 어울리는 말을 골라 문맥에 맞게 활용하면 '닦달하는'이 된다.

02 '무심하다'는 '아무런 생각이나 감정 따위가 없다.'라는 뜻을 가진 말이다. 주어진 대화를 보면, 희재는 엄마의 잔소리와 꾸중이 듣기 싫다며 투덜대는 유빈이를 위로하기 위해 아무런 관심이 없는 엄마보다는 낫지 않냐고 이야기하고 있는데, 이때 어울리는 말은 '무심하다'이다. 문장에 잘 어울리게 활용형을 쓰면 '무심한'이 된다.

03 '변덕스럽다'는 '이랬다저랬다 하는, 변하기 쉬운 태도나 성질이 있다.'라는 뜻을 가진 말이다. 대화의 내용을 보면, 유빈이의 엄마는 어떤 때는 유빈이에게 무관심한 듯했다가도 어떤 때

는 지나치게 관심을 많이 갖는 듯한 태도를 보이고 있으므로, 빈칸에 들어갈 적절한 말은 '변덕스럽다'이다. 문장의 연결이 자연스럽게 활용하여 바꾸어 쓰면 '변덕스럽기'이다.

04 '비아냥거리다'는 '얄밉게 빈정거리며 자꾸 놀리다.'라는 뜻을 가진 말이다. 대화의 내용에서 희재가 오빠와 5분 이상 대화하면 화가 머리끝까지 난다고 말한 내용으로 미루어 보아, 상대방을 화나게 하는 태도와 관련된 '비아냥거리다'가 적절하다는 것을 알 수 있다. 문장을 매끄럽게 연결하기 위해서는 '비아냥거리는'이라고 활용하여 쓰면 된다.

05 '욕망을 마음껏 충족하다.'라는 뜻을 가진 말은 '만끽하다'이다. '자유를 만끽하다', '환희를 만끽하다', '전원생활을 만끽하다' 등으로 활용하여 쓸 수 있다.

06 '의지가 굳세어서 끄떡없다.'라는 뜻을 가진 말은 '의연하다'이다. '의연함을 잃지 않다', '의연한 태도를 갖다' 등으로 활용하여 쓸 수 있다.

07 '품위나 몸가짐의 수준이 높고 훌륭하다.'라는 뜻을 가진 말은 '고상하다'이다. '말투가 고상하다', '고상한 품격을 갖추다' 등으로 활용하여 쓸 수 있다.

08 '말하는 투가, 듣는 사람의 감정이 상하지 않도록 모나지 않고 부드럽다.'라는 뜻을 가진 말은 '완곡하다'이다. '완곡한 표현을 사용하다', '완곡하게 거절하다' 등으로 활용하여 쓸 수 있다.

09 '중시하다'는 '가볍게 여길 수 없을 만큼 매우 크고 중요하게 여기다.'라는 뜻이고, '하시하다'는 '남을 얕잡아 낮추다.'라는 의미이다.

10 '아련하다'는 '똑똑히 분간하기 힘들게 아렴풋하다.'라는 뜻을 가진 말이고, '미련하다'는 '터무니없는 고집을 부릴 정도로 매우 어리석고 둔하다.'라는 뜻을 가진 말이다. 주어진 문장에서 한꺼번에 많은 음식을 먹고 탈이 난 사람에게 할 수 있는 말로 더 적절한 것은 '미련하다'이다.

11 '기민하다'는 '눈치가 빠르고 동작이 날쌔다.'라는 뜻을 가진 말이고, '예민하다'는 '무엇인가를 느끼는 능력이나 분석하고 판단하는 능력이 빠르고 뛰어나다.' 혹은 '자극에 대한 반응이나 감각이 지나치게 날카롭다.'라는 뜻을 가진 말이다. 주어진 문장에서 위험이 뒤따르고 순간적인 판단 능력이 중요한 업무에 잘 맞는 사람은 '눈치가 빠르고 동작이 날쌘', '기민한' 사람이다.

12 '우두망찰하다'는 '정신이 얼떨떨하여 어찌할 바를 모르다.'라는 뜻을 가진 말이고, '어리숙하다'는 '겉모습이나 언행이 치밀하지 못하여 순진하고 어리석은 데가 있다.'라는 뜻을 가진 말이다. 주어진 문장은 건물에 불이 나서 급하게 피신한 사람들이 불타고 있는 건물을 망연자실하게 바라보고 있는 상황을 묘사하고 있으므로, 빈칸에 들어갈 적절한 말은 '우두망찰하다'의 활용형인 '우두망찰하게'이다.

13 '둔하고 어리석어 미련하다.'라는 뜻을 가진 말은 '노둔하다'이다.

14 '말과 행동으로 위협하는 짓'이라는 뜻을 가진 말은 '으름장'이다.

15 '남을 은근히 비웃는 태도로 자꾸 놀리다.'라는 뜻을 가진 말은 '빈정거리다'이다.

16 '실속이 없이 겉으로만 드러나 보이는 기세'라는 뜻을 가진 말은 '허세'이다.

17 '하나의 방법이나 태도로써 처음부터 끝까지 한결같이 하다.'라는 뜻을 가진 말은 '일관하다'이다.

18 '모질다'는 '마음씨가 몹시 매섭고 독하다.'라는 뜻을 가진 말이다. 경우에 따라서는 '기세가 몹시 매섭고 사납다.' 또는 '참고 견디기 힘든 일을 능히 배기어 낼 만큼 억세다.'라는 뜻으로도 쓰인다. 예문에서 첫 번째 문장은 '이번에는 기필코 저 고집을 꺾으리라 몹시 매섭고 독하게 마음먹었다.'라는 의미로 '모질다'가 쓰였다. 두 번째 문장은 '고요한 밤하늘과는 대조적으로 기세가 몹시 매섭고 사나운 바람이 불었다.'라는 의미로 '모질다'가 쓰였다. 세 번째 문장에서는 '어머님은 참고 견디기 힘든 일을 능히 배기어 낼 만큼 억세게 매를 드셨지만 나를 진정으로 사랑하시는 마음이 느껴졌다.'라는 의미로 '모질다'가 쓰였다. 따라서 세 개의 문장에서 공통적으로 쓰일 수 있는 말은 '모질다'이다.

오답 풀이

① '굳게'는 '흔들리거나 바뀌지 아니할 만큼 힘이나 뜻이 강하게'라는 의미를 가지고 있다.

② '세차게'는 '기세나 형세 따위가 힘 있고 억세게'라는 의미를 가지고 있다.

③ '힘차게'는 '힘이 있고 씩씩하게'라는 의미를 가지고 있다.

⑤ '심하게'는 '정도가 지나치게'라는 의미를 가지고 있다.

DAY 17 행동을 나타내는 말

어휘 확인하기   본문 · 082~083쪽

01 ㉣	02 ㉢	03 ㉠	04 ㉡	05 농권
06 주선	07 피검	08 미봉	09 무마하려	10 음미하며
11 순찰할	12 ⑤	13 받다	14 음미하거나	
15 치뜨다	16 직접			

01 '착수하다'는 '어떤 일에 손을 대다. 또는 어떤 일을 시작하다.'라는 뜻을 가진 말이다. 주어진 문장에서는 '경찰이 정보를 입수하여 수사를 시작했다.'라는 의미로 사용되었다.

02 '진압하다'는 '강압적인 힘으로 억눌러 진정시키다.'라는 뜻을 가진 말로, 주어진 문장에서는 '경찰이 용의자를 검거할 때, 반항하지 못하도록 강력하게 저지한다.'라는 의미로 쓰였다.

03 '주도하다'는 '주동적인 처지가 되어 이끌다.'라는 뜻을 가진 말이다. 주어진 문장에서는 '검거된 일당 가운데 범행을 주동적으로 이끈'이라는 의미로 사용되었다.

04 '실토하다'는 '거짓 없이 사실대로 다 말하다.'라는 뜻을 가진 말이다. 주어진 문장에서는 '검거된 범인들이 자신이 저지른 잘못을 거짓 없이 사실대로 다 고백하다.'의 의미로 사용되었다.

05 '권력을 마음대로 함부로 씀.'이라는 뜻을 가진 말은 '농권'이다.

06 '일이 잘되도록 여러 가지 방법으로 힘쓰다.'라는 뜻을 가진 말은 '주선하다'이다. 주로 '모임을 주선하다', '만남을 주선하다' 등의 의미로 활용된다.

07 '수사 기관에 잡혀감.'이라는 뜻을 가진 말은 '피검'이다. '피검'은 '검사를 받음.'이라는 의미도 가지고 있다.

08 '일의 빈 구석이나 잘못된 것을 임시변통으로 이리저리 주선하여 꾸며 대다.'라는 뜻을 가진 말은 '미봉하다'이다. 주로 잘못된 일을 얼렁뚱땅 마무리 지으려 할 때 쓰는 말이다.

09 '무마하다'는 '분쟁이나 사건 따위를 어물어물 덮어 버리다.'라는 뜻을 가진 말이고, '무시하다'는 '사물의 존재 의의나 가치를 알아주지 아니하다.'라는 뜻을 가진 말이다. 주어진 문장을 보면, '그는 뇌물 청탁을 받고 횡령 사건을 어물어물 덮어 버리려 했다.'라고 하는 것이 '횡령 사건을 알아주지 아니하려고 했다.'라고 하는 것보다 내용상 더 자연스러우므로 적절한 말은 '무마하려'이다.

10 '음미하다'는 '어떤 사물 또는 개념의 속 내용을 새겨서 느끼거나 생각하다.'라는 뜻을 가진 말이고, '음유하다'는 '시를 지어 읊으며 여기저기 떠돌아다니다.'라는 뜻을 가진 말이다. 주어진 문장과 어울리는 말은 '음미하다'로, 이를 문장에 적용하면 '프랑스 사람들은 음식의 맛과 향을 천천히 새겨서 느끼고 충분히 생각하며 두 시간에 걸쳐 식사를 한다.'와 같은 뜻이 된다.

11 '순찰하다'는 '여러 곳을 돌아다니며 사정을 살피다.'라는 뜻을 가진 말이고, '관찰하다'는 '사물이나 현상을 주의하여 자세히 살펴보다.'라는 뜻을 가진 말이다. 주어진 문장에 자연스럽게 어울리는 말은 '순찰할'로, 이를 적용하면 '우리 아파트 부녀회에서는 하교 시간에 아파트 주변을 돌아다니며 사정을 살필 자원봉사자를 모집한다.'라는 내용의 문장이 된다.

12 '선언되다'는 '널리 퍼져 언급되다.'라는 뜻을 가진 말로 '선정되다, 선발되다, 선출되다, 선택되다'가 공통적으로 가지고 있는 '여럿 가운데서 뽑히다, 결정되다.'라는 의미와는 거리가 멀다.

오답 풀이

① '선정되다'는 '여럿 가운데서 어떤 것이 뽑혀 정해지다.'라는 뜻을 가진 말이다.

② '선발되다'는 '많은 가운데서 골라져 뽑히다.'라는 뜻을 가진 말이다.

③ '선출되다'는 '여럿 가운데서 골라지다.'라는 뜻을 가진 말이다.

④ '선택되다'는 '여럿 가운데서 필요한 것이 골라져 뽑히다.'라는 뜻을 가진 말이다.

13 '인수하다'는 '물건이나 권리를 건네받다.'라는 의미를 갖는다. 반대로 '사물이나 권리 따위를 넘겨주다.'라는 의미를 갖는 말은 '인도하다'이다.

14 '반추하다'는 '어떤 일을 되풀이하여 음미하거나 생각하다.'라는 뜻을 가진 말이다. 흔히 지나간 일에 대해 다시 한번 깊이 새기며 회상한다는 의미로 쓰이므로 '되풀이하여 음미하는 것'이 '반추하다'의 의미를 명확하게 설명하고 있다.

15 '흡뜨다'는 '눈알을 위로 굴리고 눈시울을 위로 치뜨다.'라는 의미를 가진 말로, 눈을 한껏 위로 올려서 억지스럽게 뜨고 있는 모양새를 묘사하는 말이다. '치뜨다'의 '치-'는 강조의 의미를 갖는 접두어로 눈알과 눈시울을 있는 힘껏 위로 치켜뜬 모양새를 강조한다. 따라서 '흡뜨다'의 의미를 올바르게 설명한 것은 '붉히다'가 아닌 '치뜨다'이다.

16 '목도하다'는 '눈으로 보다.'라는 의미이고, 실제로도 '눈으로 직접 보다, 목격하다.'의 의미를 가진 말이다. 따라서 '목도하다'의 의미를 정확하게 설명하는 말은 '눈으로 멀리서 보다.'가 아니라 '눈으로 직접 보다.'이다.

DAY 18 뜻을 명확히 하는 말

어휘 확인하기

본문 · 086~087쪽

01 으레	**02** 잔뜩	**03** 대뜸	**04** 부쩍	**05** 슬그머니
06 번연히	**07** 서슴없이		**08** 철석같이	**09** ④

10 ㉢   **11** ㉣   **12** ㉠   **13** ㉡

14 어떤 일이 저절로 이루어져 공교롭게

15 조금도 틀리지 아니하고 꼭 들어맞게

16 발을 가볍고 조용하게 얼른 내디디는 모양

17 주변 상황에 신경 쓰지 않고 말없이 잠잠하게

01 '틀림없이 언제나'라는 의미를 가진 부사는 '으레'이다. 빈칸을 채워 문장을 완성하면 '도은이는 방과 후에는 으레 친구들과 편의점으로 달려간다.'가 된다.

02 '한도에 이를 때까지 가득'이라는 의미를 가진 부사는 '잔뜩'이다. 빈칸을 채워 문장을 완성하면 '해야 할 숙제가 잔뜩 쌓여 있는 모습을 보니 엄두가 나지 않는다.'가 된다.

03 '이것저것 생각할 것 없이 그 자리에서 곧'이라는 뜻을 가진 부사는 '대뜸'이다. 빈칸을 채워 문장을 완성하면 '마감 세일을 시작한다는 방송이 흘러나오자 엄마의 표정이 대뜸 밝아지셨다.'가 된다.

04 '어떤 사물이나 현상의 상태, 빈도, 양 따위가 매우 거침새 없이 갑자기 늘거나 주는 모양'이라는 뜻을 가진 부사는 '부쩍'이다. 빈칸을 채워 문장을 완성하면 '사촌 동생은 벌써 사춘기가 오는지 부쩍 말수가 줄고 자기 방에 혼자 있는 시간이 많아졌다.'가 된다.

05 '물끄러미'는 '우두커니 한곳만 바라보는 모양'이라는 뜻을 가진 말이고, '슬그머니'는 '남이 알아차리지 못하게 슬며시'라는 뜻을 가진 말이다. 주어진 문장은 '이제 와서 슬며시 발을 빼는 것이 비겁하다.'라는 의미이므로 어울리는 말은 '슬그머니'이다.

06 '번연히'는 '어떤 일의 결과나 상태 따위가 훤하게 들여다보이듯이 분명하게'라는 뜻을 가진 말이고, '묵묵히'는 '말없이 잠잠하게'라는 뜻을 가진 말이다. 주어진 문장은 '친구가 다칠 것을 훤하게 들여다보이듯이 분명하게 알면서도 모른 척했다는 사실에 화가 났다.'라는 의미이므로 어울리는 말은 '번연히'이다.

07 '하염없이'는 '어떤 행동이나 심리 상태 따위가 자신의 의지와는 상관없이 계속되는 상태로'라는 의미를 가진 말이고, '서슴없이'는 '말이나 행동에 망설임이나 거침이 없이'라는 의미를 가진 말이다. 주어진 문장은 '그는 처음 만난 사람에게도 망설임 없이, 스스럼없이 말을 걸고 친근하게 다가갔다.'라는 의미이므로 어울리는 말은 '서슴없이'이다.

08 '철석같이'는 '마음이나 의지, 약속 따위가 매우 굳고 단단하게'라는 뜻을 가진 말이고, '야무지게'는 '사람의 성질이나 행동, 생김새 따위가 빈틈이 없이 꽤 단단하고 굳세게'라는 뜻을 가진 말이다. 주어진 문장은 '언니는 크리스마스에 눈이 온다는 일기 예보를 한 치의 의심도 없이 굳게 믿고 있다.'라는 의미이므로 어울리는 말은 '철석같이'이다.

09 '공연히'는 '아무 까닭이나 실속이 없게, 괜히'라는 뜻을 가진 말이다. 예문에 주어진 두 문장에 공통적으로 들어갈 부사는 '아무 이유 없이, 별다른 실속이 없이, 괜스레'라는 의미를 가진 말이어야 하므로, '공연히'가 들어가는 것이 가장 자연스럽다.

오답 풀이

① '엔간히'는 '대중으로 보아 정도가 표준에 꽤 가깝게'라는 의미를 지닌 말이다.

② '우연히'는 '어떤 일이 뜻하지 아니하게 저절로 이루어져 공교롭게'라는 의미를 지닌 말이다.

③ '묵묵히'는 '말없이 잠잠하게'라는 의미를 지닌 말이다.

⑤ '확연히'는 '아주 확실하게'라는 의미를 지닌 말이다.

10 '곰곰이'는 '여러모로 깊이 생각하는 모양'을 나타내는 말이다.

11 '은근히'는 '행동 따위가 함부로 드러나지 아니하고 은밀하게'라는 뜻을 지닌 말이다.

12 '더없이'는 '더할 나위가 없이'라는 뜻을 지닌 말이다.

13 '암팡스레'는 '몸은 작아도 야무지고 다부진 면이 있게'라는 뜻을 지닌 말이다.

14 '우연히'는 '어떤 일이 저절로 이루어져 공교롭게'라는 뜻을 가진 말이다. 흔히 뜻하지 않았던 일이 예상치 못하게 갑자기 벌어졌을 때 쓰이는 부사어이다.

15 '영락없이'는 '조금도 틀리지 아니하고 꼭 들어맞게'라는 뜻을 가진 말이다. 흔히 예상했던 일이나 상황이 그대로 이루어졌을 때 쓰이는 부사어이다.

16 '사붓이'는 '발을 가볍고 조용하게 얼른 내디디는 소리나 모양'을 나타내는 말로 발을 조심스럽고 재빠르게 움직여서 거의 소리가 나지 않을 정도의 모습을 묘사하는 부사어이다. 비슷한 표현으로는 '사뿐히'가 있다.

17 '묵묵히'는 '주변 상황에 신경 쓰지 않고 말없이 잠잠하게'라는 뜻을 갖는다. 조용하고 변함없이 일관된 태도를 유지하는 상황을 꾸며 주는 부사어이다.

종합 문제

본문 · 088~089쪽

01 ③	**02** ⑤	**03** ①	**04** ⑤	**05** ③
06 ⑤	**07** ①	**08** ①	**09** ③	**10** ②
11 ④				

01 '완곡하다'는 '말하는 투가, 듣는 사람의 감정이 상하지 않도록 모나지 않고 부드럽다.'라는 뜻을 가진 말이다. 반면, '확고하다'는 '태도나 상황 따위가 튼튼하고 굳다.'라는 뜻으로, 상대의 감정을 배려하여 부드럽게 말하는 것과는 상충되는 느낌이 있으므로, 바꾸어 쓰기에 적절하지 않다.

오답 풀이

① '하소연하다'는 '억울한 일이나 잘못된 일, 딱한 사정 따위를 말하다.'라는 뜻을 가진 말이고, '푸념하다'는 '마음속에 품은 불평을 늘어놓다.'라는 뜻을 가진 말이다. '하소연하다'와 '푸념하다'는 유사한 의미를 가지고 있어 바꾸어 쓰기에 적절하다.

② '부질없다'는 '대수롭지 아니하거나 쓸모가 없다.'라는 뜻을 가진 말이고, '소용없다'는 '아무런 쓸모나 득이 될 것이 없다.'라는 뜻을 가진 말이다. '부질없다'와 '소용없다'는 유사한 의미를 가지고 있어 바꾸어 쓰기에 적절하다.

④ '사근사근하다'는 '생김새나 성품이 상냥하고 시원스럽다.'라는 뜻을 가진 말이고, '곰살맞다'는 '몹시 부드럽고 친절하다.'라는 뜻을 가진 말이다. '사근사근하다'와 '곰살맞다'는 유사한 의미를 가지고 있으므로 바꾸어 쓰기에 적절하다.

⑤ '서슴없이'는 '말이나 행동에 망설임이나 거침이 없이'라는 뜻을 가진 말이고, '거침없이'는 '일이나 행동 따위가 중간에 걸리거나 막힘이 없이'라는 뜻을 가진 말이다. '서슴없이'와 '거침없이'는 유사한 의미를 가지고 있으므로 바꾸어 쓰기에 적절하다.

02 '주목'은 '관심을 가지고 주의 깊게 살핌.'이라는 뜻과 '조심하고 경계하는 눈으로 살핌.'이라는 뜻을 가진 다의어이다. 선택지 ①~④는 '관심을 가지고 주의 깊게 살핌.'이라는 뜻의 '주목'이 쓰인 반면, 선택지 ⑤는 '조심하고 경계하는 눈으로 살핌.'이라는 뜻의 '주목'이 쓰였으므로, 쓰임이 다른 하나는 ⑤이다.

03 '은연중'은 '남이 모르는 가운데'라는 뜻을 가진 말이다. '알지 못하는 동안'이라는 뜻을 가진 말은 '부지중'이다.

04 '가객'은 '반갑고 귀한 손님'이라는 뜻을 가진 말이다. 〈보기〉의 첫 번째 문장은 '그 어떤 반갑고 귀한 손님일지라도 더위가 가장 기승을 부리는 한여름에 찾아오는 것은 반갑지 않다.'라는 의미를 가지고 있으므로, 빈칸에 들어갈 적절한 말은 '가객'이다. '착수하다'는 '어떤 일에 손을 대다. 또는 어떤 일을 시작하다.'라는 뜻을 가진 말이다. 〈보기〉의 두 번째 문장은 '우리 아파트는 안전 정밀 진단을 시작하여 재건축에 한걸음 다가섰다.'라는 의미이므로 빈칸에 들어갈 알맞은 말은 '착수'이다. '실토하다'는 '거짓 없이 사실대로 다 말하다.'라는 뜻을 가진 말이다. 〈보기〉의 세 번째 문장은 '잘못을 저질렀을 때는 일단 솔직하게 다 말하고 해결 방법을 모색하는 것이 현명하다.'라는 의미이므로 빈칸에 들어갈 알맞은 말은 '실토'이다.

오답 풀이

① '순찰하다'는 '여러 곳을 돌아다니며 사정을 살피다.'라는 의미를 지닌 말이므로, 문장의 내용과 어울리지 않는다. 또한 '무마하다'는 '분쟁이나 사건 따위를 어물어물 덮어 버리다.'라는 뜻을 가진 말인데 〈보기〉의 세 번째 문장에서 빈칸의 바로 앞에 '솔직하게'라는 부사어와 상충되는 의미를 가지고 있으므로 빈칸에 들어가기에 적절하지 않다.

② '과객'은 '지나가는 나그네'라는 뜻을 가진 말로 '손님'이라는 의미가 '가객'과 중복되어 〈보기〉의 첫 번째 문장의 빈칸에 넣을 수 있다고 생각하더라도, '무마'가 〈보기〉의 세 번째 문장과 어울리지 않으므로 정답이라 할 수 없다.

③ '통과하다'는 '어떤 곳이나 때를 거쳐서 지나가다.' 혹은 '검사, 시험, 심의 따위에서 해당 기준이나 조건에 맞아 인정

되거나 합격하다.'라는 뜻을 가진 말이다. 따라서 〈보기〉의 두 번째 문장의 빈칸에 어울리는 말이라고 생각할 수 있지만, '무마'가 〈보기〉의 세 번째 문장의 빈칸에 들어가기에 적절하지 않으므로 정답이라 할 수 없다.

④ '인수하다'는 '물건이나 권리를 건네받다.'라는 뜻을 가진 말인데, 〈보기〉의 두 번째 문장에 들어가기에는 목적어와의 호응도 올바르지 않고 의미상으로도 어색하기 때문에 적절하지 않다.

05 '대뜸'은 '이것저것 생각할 것 없이 그 자리에서 곧'이라는 뜻을 가진 부사어이다. 주어진 문장의 내용은 '부자들이라면 늘상, 당연히 비싼 음식을 먹을 줄 알았는데 그의 소박한 밥상을 보고 놀랐다.'라는 것이므로 '대뜸'은 문장의 내용을 적절하게 수식하지 못한다. '대뜸' 대신에 '두말할 것 없이 당연히'라는 의미를 가진 '으레'를 넣으면 문장이 훨씬 자연스러워진다.

오답 풀이

① '잔뜩'은 '한도에 이를 때까지 가득'이라는 뜻을 가진 말로 주어진 문장에서 '화가 매우 많이 난 상황'을 보충하기 위하여 쓰였다.

② '공연히'는 '아무 까닭이나 실속이 없게'라는 뜻을 가진 말로 주어진 문장에서 '쓸데없이, 괜스레, 아깝게' 등의 의미를 보충하기 위하여 쓰였다.

④ '슬그머니'는 '혼자 마음속으로 은근히'라는 뜻을 가진 말로 주어진 문장에서 '내심'과 유사한 의미로 쓰였다.

⑤ '묵묵히'는 '말없이 잠잠하게'라는 뜻을 가진 말로, '한결같고, 근면한' 농부들의 태도를 부연하기 위한 수식어로 사용되었다.

06 '무심하다'는 '아무 생각이나 감정 따위가 없다.' 또는 '남의 일에 걱정하거나 관심을 두지 않다.'라는 뜻을 가진 다의어이다. 선택지 ①~④는 '아무 생각이나 감정 따위가 없다.'라는 뜻의 '무심하다'가 쓰인 반면, 선택지 ⑤에서는 친구가 바로 옆에서 넘어진 상황에서도 신경 쓰거나 염려하지 않고 휴대 전화만 만지작거리는 '남의 일에 걱정하거나 관심을 두지 않다.'라는 뜻의 '무심하다'가 쓰였다.

07 〈보기〉의 두 문장에 공통적으로 들어갈 말은 '욕망을 마음껏 충족하다.'라는 뜻의 '만끽하다'이다.

오답 풀이

② '만회하다'는 '바로잡아 회복하다.'라는 뜻을 가진 말로, 〈보기〉의 주어진 문장들과 어울리지 않는다.

③ '만연하다'는 '전염병이나 나쁜 현상이 널리 퍼지다.'라는 뜻을 가진 말로 〈보기〉의 주어진 문장들과 어울리지 않는다.

④ '만만하다'는 '부담스럽거나 무서울 것이 없어 쉽게 다루거나 대할 만하다.'라는 뜻을 가진 말로 〈보기〉의 주어진 문장들과 어울리지 않는다.

⑤ '만발하다'는 '추측이나 웃음 따위가 한꺼번에 많이 일어나다.'라는 뜻을 가진 말로 〈보기〉의 주어진 문장들과 어울리

지 않는다.

08 '본래의 특색을 드러내지 못하다.'라는 뜻을 가진 말은 '무색하다'이므로 이를 주어진 문장에 알맞은 형태로 활용하면 '무색할'이 된다.

오답 풀이
② '무모하다'는 '앞뒤를 잘 헤아려 깊이 생각하는 신중성이나 꾀가 없다.'라는 뜻을 가진 말이다.
③ '무지하다'는 '아는 것이 없다.' 또는 '미련하고 우악스럽다.'라는 뜻을 가진 말이다.
④ '무관하다'는 '관계나 상관이 없다.'라는 뜻을 가진 말이다.
⑤ '무사하다'는 '아무 탈 없이 편안하다.'라는 뜻을 가진 말이다.

09 '처음부터 끝까지 한결같이 하다.'라는 뜻을 가진 말은 '일관하다'이므로, 이를 주어진 문장에 어울리게 활용하면 '일관하며'가 된다.

오답 풀이
① '일신하다'는 '아주 새로워지다. 또는 아주 새롭게 하다.'라는 뜻을 가진 말이다.
② '일조하다'는 '얼마간의 도움이 되다.'라는 뜻을 가진 말이다.
④ '일주하다'는 '일정한 경로를 한 바퀴 돌다.'라는 뜻을 가진 말이다.
⑤ '일진하다'는 '나날이 나아지다.'라는 뜻을 가진 말이다.

10 '잘못된 것을 임시변통으로 이리저리 주선하여 꾸며 대다.'라는 뜻을 가진 말은 '미봉하다'이므로 이를 주어진 문장에 활용하면 '미봉한'이 된다.

오답 풀이
① '동봉하다'는 '두 가지 이상을 같은 곳에 넣거나 싸서 봉하다.'라는 뜻을 가진 말이다.
③ '개봉하다'는 '봉하여 두었던 것을 떼거나 열다.'라는 뜻을 가진 말이다.
④ '밀봉하다'는 '단단히 붙여 꼭 봉하다.'라는 뜻을 가진 말이다.
⑤ '상봉하다'는 '서로 만나다.'라는 뜻을 가진 말이다.

11 '한 상태에서 다른 새로운 상태로 옮아가거나 바뀌어 가는 도중의 시기'라는 뜻을 가진 말은 '과도기'이다. 따라서 선택지 ④의 문장은 '국민의 의식 수준은 오랜 과도기를 거치며 점점 성숙해졌다.'라고 해야 한다.

어휘 확인하기   본문 · 094~095쪽

01 수미상관	**02** 시상 전개 방식	**03** 선경후정
04 기승전결	**05** ④ **06** ②	**07** 설의법
08 반복법 **09** 영탄법 **10** 점층법 **11** ③ **12** ⑤		

01 시의 처음과 끝부분을 비슷하거나 같게 전개하는 방식을 '수미상관'이라고 한다.

02 시인이 시상을 효과적으로 드러내기 위해 선택한 다양한 시의 조직 방법을 '시상 전개 방식'이라고 한다.

03 시의 앞부분에서 경치나 사물을 그리듯 묘사한 후, 뒷부분에서 내면의 정서를 표현하는 시상 전개 방식을 '선경후정'이라고 한다.

04 '시상의 제기(기) → 시상의 심화(승) → 시상의 전환(전) → 중심 생각의 제시(결)'의 흐름에 따라 시상을 전개하는 방식을 '기승전결'이라고 한다.

05 〈보기〉에서 설명하고 있는 표현 방법은 '시적 허용'이다. ④에는 시적 허용이 사용되지 않았다.

오답 풀이
① '날으고'가 시적 허용에 해당한다.
② '화안한'이 시적 허용에 해당한다.
③ '빨질한', '도도네'가 시적 허용에 해당한다.
⑤ '모오든'이 시적 허용에 해당한다.

06 〈보기〉의 ㉠~㉢에는 모두 '언어유희'가 사용되었다. '언어유희'는 동음이의어를 활용하거나 각운을 맞추거나, 도치법으로 문장의 앞뒤를 바꾸는 등의 말장난을 활용하여 해학적 분위기를 조성하는 표현 방법이다.

오답 풀이
① '과장법'에 대한 설명이다.
③ '연쇄법'에 대한 설명이다.
④ '반어법'에 대한 설명이다.
⑤ '의인법'에 대한 설명이다.

07 '님 향한 일편단심(一片丹心)은 가실 줄이 없다.'의 의미를 의문형으로 나타내어 상대편이 직접 판단하게 함으로써 그 의미를 강조하고 있으므로 설의법이 사용된 것으로 볼 수 있다.

08 '곧은 소리'를 되풀이하고 있으므로 반복법이 사용된 것으로 볼 수 있다.

09 '외씨버선이여!'에서 감탄하는 화자의 감정이 드러나고 있으므로 영탄법이 쓰인 것으로 볼 수 있다.

10 '영하 → 영상 → 영상 5도 → 영상 13도'로 온도가 점점 올라가며 밀고 가는 상황이 제시되어 있으므로 점층법이 쓰인 것으로 볼 수 있다.

11 ③에는 문장 또는 단어를 정상적인 순서와 다르게 배열한 곳이 없다.

오답 풀이

① '저녁이 오는 소리를 가만히 들었습니다.'가 일반적인 어순이다.
② '나는 가끔 후회한다.'의 목적어인 '그때 ~ 모르는데……'를 뒤로 배치하고 있다는 점에서 일반적인 어순과 다르다.
④ '누구던가!'가 맨 뒤로 가는 것이 일반적인 어순이다.
⑤ '임께서 부르시면'이 맨 앞으로 오는 것이 일반적인 어순이다.

12 〈보기〉의 ㉠에는 형식이나 내용이 비슷한 문장을 나란히 짝 지어 배치하는 방법인 대구법이 쓰였다. 하지만 ⑤에는 유사한 어구가 짝지어 표현된 부분이 없다.

오답 풀이

① '꽃'과 '여름', '열매'와 '가을'이 짝을 이루고 있다.
② '햇발'과 '샘물'이 짝을 이루고 있다.
③ '노래하지 않고'와 '소리하지 않는'이 짝을 이루고 있다.
④ '영영 잃어버린 벗'과 '멀리 떠나버린 벗'이 짝을 이루고 있다.

DAY 20 문학 필수 개념어_ 소설

어휘 확인하기

본문 • 098~099쪽

01 묘사	**02** 서사	**03** ④	**04** ④
05 순행적 구성(평면적 구성)		**06** 액자식 구성	
07 역순행적 구성(입체적 구성)		**08** 내적 갈등 **09** ②	
10 ㉠	**11** ㉣	**12** ㉡	**13** ㉢ **14** 서술
15 모티프 **16** 패러디			

01 인물의 모습을 감각적이고 구체적으로 그려 내고 있으므로, '묘사'에 해당한다.

02 사건의 흐름을 시간 순서대로 전개해 나가고 있으므로 '서사'에 해당한다.

03 〈보기〉의 밑줄 친 부분에서는 서술자가 인물의 성격이나 심리 등을 직접 이야기해 주고 있으므로, '직접적 제시'의 방법이 사용되었다. 직접적 제시는 분석적 제시, 설명적 제시, 해설적 제시, 말하기(telling)라고도 한다. '보여 주기(showing)'는 인물의 말과 행동, 외양 묘사 등을 통해 인물의 성격이나 심리 등을 간접적으로 제시하는 방법인 간접적 제시를 말한다.

04 ④는 인물의 말과 표정으로 인물의 분노를 제시하고 있으므로 간접적 제시 방법이 쓰였다고 볼 수 있다. 나머지는 모두 서술자가 인물의 성격이나 심리 등을 직접 이야기해 주는 직접적 제시 방법이 쓰였다.

05 사건을 '과거 – 현재 – 미래'의 시간의 순서에 따라 전개하는 구성을 '순행적 구성(평면적 구성)'이라고 한다.

06 외화가 내화를 감싸고 있는 형태로, 하나의 이야기 속에 또 다른 이야기가 포함되어 있는 구성을 '액자식 구성'이라고 한다.

07 현재에서 과거를 회상하거나 과거와 현재를 오가는 것과 같이 시간의 순서를 바꾸어 전개하는 구성을 '역순행적 구성(입체적 구성)'이라고 한다.

08 내적 갈등은 한 인물의 내면에서 발생하는 심리적 모순이나 가치관의 대립에 의한 갈등으로 〈보기〉의 밑줄 친 부분에는 집으로 돌아갈 것인지 계속 일을 할 것인지 고민하는 김 첨지의 내적 갈등이 드러나 있다.

09 〈보기〉에는 '나'와 '점순이'의 갈등이 드러나 있으므로, 외적 갈등 중 인물과 인물의 갈등이 드러나 있다고 할 수 있다.

10 '내재적 관점'은 작품 자체의 내적 요소들을 중시하여 분석, 비평, 감상하는 관점이다.

11 '반영론적 관점'은 외재적 관점의 하나로, 작품이 쓰인 당시의 시대적 배경이나 사회상과 관련하여 작품을 감상하는 관점이다.

12 '표현론적 관점'은 외재적 관점의 하나로, 작가의 삶이나 작품의 창작 의도 등과 관련하여 작품을 감상하는 관점이다.

13 '효용론적 관점'은 독자가 작품에서 받는 교훈, 감동, 흥미에 초점을 두고 작품을 감상하는 방법으로 외재적 관점에 속한다.

14 서술자가 독자에게 인물, 사건, 배경 등을 직접 설명하는 서술 방식을 '서술'이라고 한다.

15 사건 또는 이야기를 구성하는 동기 또는 사건의 최소 단위를 '모티프'라고 한다.

16 특정 작품의 소재나 작가의 문체를 흉내 내어 익살스럽게 표현하는 서술 방식을 '패러디'라고 한다.

비문학 필수 개념어

어휘 확인하기

본문 · 102~103쪽

01 논제	**02** 논증	**03** 토론	**04** 유추	**05** 연역
06 귀납	**07** 중고생의 화장을 규제 / 정책 논제		**08** ⓒ	
09 ⓐ	**10** ⓔ	**11** ③	**12** 일반화	**13** 추상화
14 구체화				

01 토론에서 해결하고자 하는 제안이나 주장을 '논제'라고 한다.

02 논리적인 근거를 들어 내용의 옳고 그름을 밝히는 것을 '논증'이라고 한다.

03 어떤 문제에 대하여 찬성과 반대의 입장으로 나뉘어 근거를 들어 정당함을 논하는 말하기 유형은 '토론'이다.

04 (가)는 책을 읽는 것과 산에 오르는 것의 유사점을 바탕으로 책을 읽는 것도 산에 오르는 것처럼 인내와 노력 뒤에 즐거움과 감동이 온다는 결론을 내리고 있으므로, 같거나 비슷한 점에 바탕을 두고 다른 사물을 미루어 추론하는 방법인 '유추'가 쓰였음을 알 수 있다.

05 (나)는 '모든 생명체는 죽음을 맞이한다.'라는 일반적인 사실로부터 '이 동물은 결국 죽음을 맞이할 것이다.'라는 개별적이고 특수한 사실을 이끌어 내고 있으므로, 일반적인 사실에서 개별적이고 특수한 사실을 추론하는 방법인 '연역'이 쓰였음을 알 수 있다.

06 (다)는 수많은 사과를 관찰한 결과 모두 둥글었다는 개별적이고 특수한 사실로부터 '모든 사과는 둥글다.'라는 일반적인 사실을 이끌어 내고 있으므로, 개별적이고 특수한 사실로부터 일반적인 사실을 추론하는 방법인 '귀납'이 쓰였음을 알 수 있다.

07 〈보기〉의 찬성 측과 반대 측이 토론하고 있는 주제, 즉 논제는 '중고생의 화장을 규제해야 한다.'이고, 이 논제는 구체적인 실행 방법이나 문제 해결 방안을 포함하는 논제인 '정책 논제'에 해당한다.

08 '두괄식'은 문단이나 글의 첫머리에 중심 내용이 오는 구성 방식이다.

09 '미괄식'은 문단이나 글의 끝부분에 중심 내용이 오는 구성 방식이다.

10 '양괄식'은 문단이나 글의 앞부분과 끝부분에 중심 내용이 반복하여 나타나는 구성 방식이다.

11 '고개를 숙여 인사하며'는 몸짓 또는 자세이므로, 언어가 아닌, 시선, 표정, 몸짓, 자세, 옷차림 등으로 생각이나 느낌을 나타내는 '비언어적 표현'에 해당한다. '목소리를 낮추어 비밀을 말하듯이'는 목소리의 높낮이나 크기와 관련되므로, 말의 높낮이, 속도, 목소리의 크기, 강세 등과 같이 언어에 준하는 의사소통 수단을 언어와 함께 쓰면서 생각이나 느낌을 나타내는 '준언어적 표현'에 해당한다.

12 개별적인 것이나 특수한 것이 일반적인 것으로 되게 하는 것을 '일반화'라고 한다.

13 여러 가지 사물이나 개념에서 공통되는 특성이나 속성 따위를 추출하여 파악하는 것을 '추상화'라고 한다.

14 대상을 직접 경험하거나 지각할 수 있도록 일정한 형태와 성질을 갖추게 하는 것을 '구체화'라고 한다.

문법 필수 개념어

어휘 확인하기

본문 · 106~107쪽

01 ⓛ	**02** ⓐ	**03** ⓒ	**04** ⓔ	**05** ②
06 ⑤	**07** ⑤	**08** ③	**09** 주어, 서술어, 목적어, 보어	
10 관형어, 부사어		**11** 독립어	**12** ③	

01 '교체'는 어떤 음운이 다른 음운으로 바뀌어 발음되는 현상이다.

02 '첨가'는 없던 음운이 새로 생겨나는 현상이다.

03 '축약'은 두 음운이 합쳐져 하나의 음운으로 발음되는 현상이다.

04 '탈락'은 두 개의 자음이 이어지거나 두 개의 모음이 이어질 때 하나의 음운이 없어지는 현상이다.

05 〈보기〉는 음절의 끝소리 규칙에 대한 설명이다. '부엌'이 [부억]으로 소리 나는 것은 음절 끝 받침 'ㅋ'이 음절의 끝소리 규칙에 의해 [ㄱ]으로 바뀌어 발음되기 때문이다.

오답 풀이

① 콧소리가 아닌 'ㄱ'이 콧소리인 [ㅇ]으로 바뀐 것으로, 비음화가 일어난 예이다.

③ 유음이 아닌 'ㄴ'이 유음 'ㄹ' 앞에서 [ㄹ]로 바뀐 것으로, 유음화가 일어난 예이다.

④ 'ㄱ'이 'ㅎ'과 합쳐져 거센소리 [ㅋ]으로 바뀐 것으로, 거센소리되기(유기음화)가 일어난 예이다.

⑤ 두 음운이 만날 때 'ㄴ'이 첨가된 것으로, 'ㄴ' 첨가의 예이다.

06 〈보기〉의 단어들은 모두 끝 자음 'ㄷ, ㅌ'이 모음 'ㅣ'나 반모음 'ㅣ'로 시작하는 형식 형태소와 만나면 그 'ㄷ, ㅌ'이 센입천장소리(구개음) [ㅈ, ㅊ]으로 발음되는 현상인 '구개음화'의 예이다.

오답 풀이

① 유음화에 대한 설명이다.

② 비음화에 대한 설명이다.

③ 거센소리되기(유기음화)에 대한 설명이다.

④ 탈락에 대한 설명이다.

07 〈보기〉는 모두 예사소리가 된소리로 바뀌어서 소리 나는 현상인 된소리되기가 일어난 예이다.

08 '녀자'가 아닌 '여자', '로인'이 아닌 '노인'으로 적는 것은 일부 소리가 단어의 첫머리에 발음되는 것을 꺼려 나타나지 않거나 다른 소리로 발음되는 '두음 법칙' 때문이다. 또한 '꼼지락꼼지락/꿈지럭꿈지럭', '모락모락/무럭무럭'으로 적는 것은 'ㅏ', 'ㅗ' 따위의 양성 모음은 양성 모음끼리, 'ㅓ', 'ㅜ' 따위의 음성 모음은 음성 모음끼리 어울리는 현상인 '모음 조화' 때문이다.

09 문장의 골격을 이루는 필수적인 성분은 '주성분'으로, 주어, 서술어, 목적어, 보어가 이에 속한다.

10 주성분의 내용을 꾸며 뜻을 더하여 주는 문장 성분은 '부속 성분'으로, 관형어, 부사어가 이에 속한다.

11 문장의 주성분이나 부속 성분과 직접적인 관련을 맺지 않고 따로 떨어져 있는 성분은 '독립 성분'으로, 독립어가 이에 속한다.

12 '아이고'는 독립어, '내가'는 주어, '이렇게'는 부사어, '널'은 목적어, '만나다니'는 서술어이다. 〈보기〉의 문장에서 '어떠한'에 해당하는 부분으로 체언 앞에서 체언의 뜻을 꾸며 주는 기능을 하는 문장 성분인 '관형어'는 찾아볼 수 없다.

DAY 23 한자 성어 (1)

어휘 확인하기

본문 • 110~111쪽

01 가렴주구	**02** 산전수전	**03** 백골난망
04 동병상련	**05** 비분강개	**06** 누란지위
07 상전벽해	**08** 맥수지탄	**09** 격세지감
10 설상가상	**11** 고립무원	**12** 고진감래
13 괄목상대	**14** 금상첨화	**15** ④

01 세금을 가혹하게 거두어들이고, 무리하게 재물을 빼앗음을 뜻하는 한자 성어는 '가렴주구(苛斂誅求)'이다.

02 산에서도 싸우고 물에서도 싸웠다는 뜻으로, 세상의 온갖 고생과 어려움을 다 겪었음을 이르는 말은 '산전수전(山戰水戰)'이다.

03 죽어서 백골이 되어도 잊을 수 없다는 뜻으로, 남에게 큰 은덕을 입었을 때 고마움의 뜻으로 이르는 말은 '백골난망(白骨難忘)'이다.

04 같은 병을 앓는 사람끼리 서로 가엾게 여긴다는 뜻으로, 어려운 처지에 있는 사람끼리 서로 가엾게 여김을 이르는 말은 '동병상련(同病相憐)'이다.

05 슬프고 분하여 마음이 북받침을 뜻하는 한자 성어는 '비분강개(悲憤慷慨)'이다.

06 층층이 쌓아 놓은 알의 위태로움이라는 뜻으로, 몹시 아슬아슬한 위기를 비유적으로 이르는 말은 '누란지위(累卵之危)'이다.

07 뽕나무밭이 변하여 푸른 바다가 된다는 뜻으로, 세상일의 변천이 심함을 비유적으로 이르는 말은 '상전벽해(桑田碧海)'이다.

08 옛 도읍지를 돌아보면서 느끼는 감정은 고국의 멸망을 한탄함을 이르는 말인 '맥수지탄(麥秀之嘆)'과 어울린다.

09 예전에 500원이던 아이스크림의 가격이 3,000원으로 변한 것을 깨달았을 때 느끼는 감정은, 오래지 않은 동안에 몰라보게 변하여 아주 다른 세상이 된 것 같은 느낌을 가리키는 한자 성어인 '격세지감(隔世之感)'과 어울린다.

10 직장을 잃은 데다가 교통사고까지 당한 상황은 난처한 일이나 불행한 일이 잇따라 일어남을 이르는 말인 '설상가상(雪上加霜)'과 어울린다.

11 고립되어 구원을 받을 데가 없음을 뜻하는 한자 성어는 '고립무원(孤立無援)'이다.

12 쓴 것이 다하면 단 것이 온다는 뜻으로, 고생 끝에 즐거움이 옴을 이르는 말은 '고진감래(苦盡甘來)'이다.

13 눈을 비비고 상대편을 본다는 뜻으로, 남의 학식이나 재주가 놀랄 만큼 부쩍 늚을 이르는 말은 '괄목상대(刮目相對)'이다.

14 비단 위에 꽃을 더한다는 뜻으로, 좋은 일 위에 또 좋은 일이 더하여짐을 비유적으로 이르는 말은 '금상첨화(錦上添花)'이다.

15 〈보기〉의 빈칸에는 누구를 형이라 하고 누구를 아우라 하기 어렵다는 뜻으로, 두 사물이 비슷하여 낫고 못함을 정하기 어려움을 이르는 말인 '난형난제(難兄難弟)'가 들어가는 것이 적절하다.

오답 풀이

① '금상첨화'는 비단 위에 꽃을 더한다는 뜻으로, 좋은 일 위에 또 좋은 일이 더하여짐을 비유적으로 이르는 말이다.

② '누란지위'는 층층이 쌓아 놓은 알의 위태로움이라는 뜻으로, 몹시 아슬아슬한 위기를 비유적으로 이르는 말이다.

③ '상전벽해'는 뽕나무 밭이 변하여 푸른 바다가 된다는 뜻으로, 세상일의 변천이 심함을 비유적으로 이르는 말이다.

⑤ '설상가상'은 눈 위에 서리가 덮인다는 뜻으로, 난처한 일이나 불행한 일이 잇따라 일어남을 이르는 말이다.

DAY 24 한자 성어 (2)

어휘 확인하기   본문 • 114~115쪽

01 새옹지마   **02** 적반하장   **03** 오리무중
04 ⑤   **05** ②   **06** ③   **07** ②   **08** ⓒ
09 ㉠   **10** ㉡   **11** ⓒ   **12** ㉠   **13** ㉡
14 순망치한

01 인생의 길흉화복은 변화가 많아서 예측하기가 어렵다는 말은 '새옹지마(塞翁之馬)'이다.

02 잘못한 사람이 아무 잘못도 없는 사람을 나무람을 이르는 말은 '적반하장(賊反荷杖)'이다.

03 무슨 일에 대하여 방향이나 갈피를 잡을 수 없음을 이르는 말은 '오리무중(五里霧中)'이다.

04 〈보기〉의 첫 번째 문장에는 '들어갈수록 점점 재미가 있음.'이라는 뜻의 한자 성어가 들어가는 것이 적절하고, 두 번째 문장에는 '시간이 지날수록 하는 짓이나 몰골이 더욱 꼴불견임.'을 비유적으로 이르는 한자 성어가 들어가는 것이 적절하다. 이 두 가지 의미를 가진 한자 성어는 '점입가경(漸入佳境)'이다.

05 '자나 깨나 잊지 못함.'을 바꿔 쓸 수 있는 한자 성어는 '오매불망(寤寐不忘)'이다.

06 '고향을 그리워하는 마음'을 바꿔 쓸 수 있는 한자 성어는 '수구초심(首丘初心)'이다.

07 '이러지도 저러지도 못하고 있는 상황'을 바꿔 쓸 수 있는 한자 성어는 '진퇴양난(進退兩難)'이다.

08 '사상누각(沙上樓閣)'은 모래 위에 세운 누각이라는 뜻으로, 기초가 튼튼하지 못하여 오래 견디지 못할 일이나 물건을 이르는 말이다.

09 '파죽지세(破竹之勢)'는 대를 쪼개는 기세라는 뜻으로, 적을 거침없이 물리치고 쳐들어가는 기세를 이르는 말이다.

10 '풍전등화(風前燈火)'는 바람 앞의 등불이라는 뜻으로, 사물이 매우 위태로운 처지에 놓여 있음을 비유적으로 이르는 말이다.

11 '오월동주(吳越同舟)'는 서로 적의를 품은 사람들이 한자리에 있게 된 경우나 서로 협력하여야 하는 상황을 비유적으로 이르는 말이다.

12 '일촉즉발(一觸卽發)'은 한 번 건드리기만 해도 폭발할 것같이 몹시 위급한 상태를 이르는 말이다.

13 '어부지리(漁父之利)'는 두 사람이 이해관계로 서로 싸우는 사이에 엉뚱한 사람이 애쓰지 않고 가로챈 이익을 이르는 말이다.

14 '순망치한(脣亡齒寒)'은 입술이 없으면 이가 시리다는 뜻으로, 서로 이해관계가 밀접한 사이에 어느 한쪽이 망하면 다른 한쪽도 그 영향을 받아 온전하기 어려움을 이르는 말이다. '중국은 북한과 지리적으로 인접하여 있으므로 서로 순망치한(脣亡齒寒)의 관계를 맺고 있다고 볼 수 있다.'에서와 같이 국제적 외교 관계에서 전략적 동맹 관계를 가리킬 때 자주 쓰인다.

종합 문제   본문 • 116~117쪽

01 ②   **02** ①   **03** ②   **04** ②   **05** ③
06 ④   **07** ⑤

01 '배꽃 가지 / 반쯤 가리고 / 달이 가네.'가 시의 앞과 뒤에서 반복되고 있으므로, 시의 처음과 끝부분을 비슷하거나 같게 전개하는 방식인 '수미상관'이 쓰였음을 알 수 있다.

오답 풀이

① 기승전결은 '시상의 제기 → 시상의 심화(승) → 시상의 전환(전) → 중심 생각의 제시(결)'의 흐름에 따라 시상을 전개하는 방식이다.

③ 선경후정은 시의 앞부분에서 경치나 사물을 그리듯 묘사한 후, 뒷부분에서 내면의 정서를 표현하는 시상 전개 방식이다.

④ 시간의 흐름 순으로 사건을 서술하는 방식을 '서사'라고 하는데, 시상을 전개할 때에는 '과거 → 현재 → 미래'의 순행적 구성이나 자연적인 시간의 흐름과는 다른 역순행적 구성 방식이 쓰이기도 한다.

⑤ 시선의 이동은 시상을 전개할 때 묘사하는 대상을 시선의 이동 방향에 따라 '상 → 하', '좌 → 우', '안 → 밖' 등의 순으로 표현하는 방식이다.

02 〈보기〉의 밑줄 친 부분을 일반적인 어순으로 배열하면 '그런데

위태로움 속에 아름다움이 스며 있다는 것이, 땅끝은 늘 젖어 있다는 것이, 그걸 보려고 또 몇 번은 여기에 이르리라는 것이 이상하기도 하지'이다. 제시된 시에서는 이러한 문장의 서술어를 앞에 두고 주어들을 뒤로 배치함으로써 의미를 강조하고 있다. 이처럼 문장 또는 단어를 정상적인 순서와는 다르게 배열하는 표현 방법을 '도치법'이라고 한다.

오답 풀이

② '영탄법'에 대한 설명이다.

③ '점강법'에 대한 설명이다.

④ '시적 허용'에 대한 설명이다.

⑤ '언어 유희'에 대한 설명이다.

03 ㉠을 바르게 이해하기 위해서는 일본군 위안부와 관련된 역사적 사실에 대한 이해가 필요하다. 이처럼 작품이 쓰인 당시의 시대적 배경이나 사회상과 관련하여 작품을 감상하는 것은 외재적 관점 중 '반영론적 관점'이다. '효용론적 관점'은 독자가 작품에서 받는 교훈, 감동, 흥미에 초점을 두고 감상하는 것을 말한다.

04 '연역'은 일반적인 사실에서 개별적이고 특수한 사실을 추론하는 방법이다. 개별적이고 특수한 사실로부터 일반적인 사실을 추론하는 방법은 '귀납'이다.

05 '구개음화'는 실질 형태소의 끝 자음 'ㄷ, ㅌ'이 모음 'ㅣ'나 반모음 'ㅣ'로 시작하는 형식 형태소와 만나면 그 'ㄷ, ㅌ'이 센입천장소리(구개음) [ㅈ, ㅊ]으로 발음되는 현상으로, 'ㄷ, ㅌ'이 [ㅈ, ㅊ]으로 바뀌어 발음되는 것이므로 '축약'이 아닌 '교체'에 속하는 음운 변동이다.

06 '영희가'는 주어, '새'는 관형어, '책을'은 목적어, '읽고 있다'는 서술어이다. 이 문장에 보어, 부사어, 독립어는 사용되지 않았다.

07 '풍전등화(風前燈火)'는 바람 앞의 등불이라는 뜻으로, 사물이 매우 위태로운 처지에 놓여 있음을 비유적으로 이르는 말이고, '누란지위(累卵之危)'는 층층이 쌓아 놓은 알의 위태로움이라는 뜻으로, 몹시 아슬아슬한 위기를 비유적으로 이르는 말이다. 따라서 두 한자 성어는 모두 위태로운 상황을 가리키는 말이라는 점에서 그 의미가 유사하다고 볼 수 있다.

오답 풀이

① '가렴주구(苛斂誅求)'는 세금을 가혹하게 거두어들이고, 무리하게 재물을 빼앗음을 뜻하고, '격세지감(隔世之感)'은 오래지 않은 동안에 몰라보게 변하여 아주 다른 세상이 된 것 같은 느낌을 뜻한다.

② '금상첨화(錦上添花)'는 비단 위에 꽃을 더한다는 뜻으로, 좋은 일 위에 또 좋은 일이 더하여짐을 비유적으로 이르는 말이고, '설상가상(雪上加霜)'은 눈 위에 서리가 덮인다는 뜻으로, 난처한 일이나 불행한 일이 잇따라 일어남을 이르는 말이다.

③ '오매불망(寤寐不忘)'은 자나 깨나 잊지 못함을 뜻하고, '오

리무중(五里霧中)'은 오 리나 되는 짙은 안개 속에 있다는 뜻으로, 무슨 일에 대하여 방향이나 갈피를 잡을 수 없음을 이르는 말이다.

④ '상전벽해(桑田碧海)'는 뽕나무밭이 변하여 푸른 바다가 된다는 뜻으로, 세상일의 변천이 심함을 비유적으로 이르는 말이고, '수구초심(首丘初心)'은 여우가 죽을 때에 머리를 자기가 살던 굴 쪽으로 둔다는 뜻으로, 고향을 그리워하는 마음을 이르는 말이다.

일차별 어휘 TEST

DAY 01 어휘
본문 • 120쪽

01 자아실현 　 02 인권 　 03 개별적 　 04 정의
05 전제 　 06 논증 　 07 차원 　 08 가설 　 09 성찰
10 발상 　 11 보편적 　 12 직면 　 13 대체 　 14 관념

DAY 02 어휘
본문 • 121쪽

01 ⓛ 　 02 ② 　 03 ⓘ 　 04 ⓒ 　 05 봉쇄
06 반세기 　 07 후기 　 08 소멸 　 09 유입 　 10 복원
11 역대 　 12 왜곡 　 13 약탈 　 14 번창

DAY 03 어휘
본문 • 122쪽

01 투기 　 02 자초지종 　 03 유언비어 04 열악하다
05 분쟁 　 06 규제 　 07 고령화 　 08 여파 　 09 방침
10 익명성 　 11 호도 　 12 유례 　 13 저출산 　 14 수반
15 동원

DAY 04 어휘
본문 • 123쪽

01 출마 　 02 여당 　 03 강행하다 04 교섭하다 05 신임
06 야당 　 07 당선 　 08 적대 　 09 우세 　 10 정권
11 진보적 　 12 ⑤ 　 13 ④ 　 14 ① 　 15 ③

DAY 05 어휘
본문 • 124쪽

01 ② 　 02 ⓒ 　 03 ⓛ 　 04 ⓘ 　 05 번영
06 적정 　 07 불황 　 08 물가 　 09 실업 　 10 마케팅
11 추세 　 12 확산 　 13 전략 　 14 자금 　 15 증대

DAY 06 어휘
본문 • 125쪽

01 선고 　 02 쌍방 　 03 법안 　 04 특허 　 05 판명
06 법규 　 07 권익 　 08 영장 　 09 원고 　 10 가해자
11 적발 　 12 피고 　 13 용의자 　 14 이의

DAY 07 어휘
본문 • 126쪽

01 냉기 　 02 폭염 　 03 건기 　 04 한파 　 05 자오선
06 반도 　 07 위도 　 08 자외선 　 09 경도 　 10 적도
11 ② 　 12 ① 　 13 ④ 　 14 ③

DAY 08 어휘
본문 • 127쪽

01 결핍 　 02 경화 　 03 경련 　 04 발현 　 05 결절
06 생장 　 07 항체 　 08 축적 　 09 사멸 　 10 호전
11 증식 　 12 재활 　 13 항원 　 14 감염 　 15 면역

DAY 09 어휘
본문 • 128쪽

01 감쇄하다 　 02 구축 　 03 농도 　 04 수렴하다
05 진화 　 06 원심력 07 ① 　 08 ② 　 09 ②
10 ② 　 11 동력 　 12 새롭게 　 13 반복 　 14 관찰
15 빠른

DAY 10 어휘
본문 • 129쪽

01 ⓘ 　 02 ② 　 03 ⓛ 　 04 ⓒ 　 05 걸작
06 현학적 　 07 상투적 　 08 지평 　 09 다채로운 10 각본
11 호소력 　 12 개작 　 13 참신 　 14 ④ 　 15 ③

DAY 11 어휘
본문 • 130쪽

01 황량하다 　 02 우거지다 　 03 공존하다
04 허름하다 　 05 고갈되다 　 06 ③
07 ② 　 08 ③ 　 09 ⑤ 　 10 ⑤ 　 11 산림
12 온난화 　 13 개량하면서 　 14 친환경 　 15 재배하면서

DAY 12 어휘
본문 • 131쪽

01 경유하는 　 02 체류하던 　 03 복구하는 04 계승하여
05 재현한 　 06 호평 　 07 경관 　 08 인파 　 09 전율
10 원작 　 11 금기 　 12 대중성 　 13 주역 　 14 섭외
15 인지도

DAY 13 어휘
본문 • 132쪽

01 ⓛ	02 ⓔ	03 ⓜ	04 ⓖ	05 ⓒ

06 밑천 **07** 액땜 **08** 불청객 **09** 문외한 **10** 호각
11 외곬 **12** 화수분 **13** 산천초목 **14** 처사 **15** 들러리

DAY 14 어휘
본문 • 133쪽

01 부지중 **02** 금명간 **03** 바야흐로 **04** 차일피일 **05** 삼수갑산
06 저잣거리 **07** 말미 **08** 미구 **09** 과도기
10 학령기 **11** 누거만년 **12** 불야성 **13** 칠흑
14 불모지

DAY 15 어휘
본문 • 134쪽

01 ⓔ	02 ⓒ	03 ⓖ	04 ⓛ	05 겸연쩍게

06 속절없는 **07** 파다하여 **08** 무색할
09 ⓔ **10** ⓛ **11** ⓖ **12** ⓒ **13** 심오한
14 홀가분하다 **15** 매료되었다
16 사근사근하여

DAY 16 어휘
본문 • 135쪽

01 만끽하다 **02** 노둔하다 **03** 닦달하다
04 우두망찰하다 **05** 변덕스럽다 **06** ④
07 ⑤ **08** ② **09** ⑤ **10** 기민하게 **11** 모진
12 완곡하게 **13** 하시는 **14** ① **15** ⑤

DAY 17 어휘
본문 • 136쪽

01 ⓛ	02 ⓜ	03 ⓔ	04 ⓒ	05 ⓖ

06 인수하는 **07** 피검 **08** 진압하여 **09** 선정된
10 농권 **11** 목도하다 **12** 순찰하다 **13** 흡뜨다
14 미봉하다

DAY 18 어휘
본문 • 137쪽

01 ⓖ	02 ⓜ	03 ⓒ	04 ⓔ	05 ⓛ
06 ⓖ	07 ⓜ	08 ⓔ	09 ⓛ	10 ⓒ

11 부쩍 **12** 번연히 **13** 대뜸 **14** 곰곰이 **15** 묵묵히

DAY 19 어휘
본문 • 138쪽

01 ⓒ	02 ⓜ	03 ⓗ	04 ⓛ	05 ⓖ

06 ⓔ **07** 반복법 **08** 대구법 **09** 도치법 **10** 점층법
11 영탄법 **12** 설의법

DAY 20 어휘
본문 • 139쪽

01 순행적 구성	02 역순행적 구성	03 외재적 관점
04 간접적 제시	05 직접적 제시	06 액자식 구성
07 외적 갈등	08 내적 갈등	09 내재적 관점

10 묘사 **11** 서사 **12** 모티프 **13** 패러디

DAY 21 어휘
본문 • 140쪽

01 논제 **02** 논증 **03** 연역 **04** 귀납 **05** 유추
06 비언어적 표현 **07** 준언어적 표현 **08** 토론
09 관념적 **10** 개별적, 특수한 **11** 형태와 성질
12 두괄식 **13** 미괄식 **14** 양괄식

DAY 22 어휘
본문 • 141쪽

01 ⓖ	02 ⓔ	03 ⓛ	04 ⓒ	05 교체

06 축약 **07** 첨가 **08** 탈락 **09** 주성분 **10** 부속 성분
11 독립 성분

DAY 23 어휘
본문 • 142쪽

01 고진감래	02 괄목상대	03 금상첨화
04 고립무원	05 비분강개	06 가렴주구
07 난형난제	08 격세지감	09 맥수지탄
10 누란지위	11 상전벽해	12 산전수전
13 백골난망	14 동병상련	

DAY 24 어휘
본문 • 143쪽

01 ⓒ	02 ⓖ	03 ⓔ	04 ⓛ	05 ⓜ
06 ⓗ	07 ⓢ	08 ⓜ	09 ⓗ	10 ⓢ

11 ⓔ **12** ⓛ **13** ⓖ **14** ⓒ

똑똑한 독해

똑독

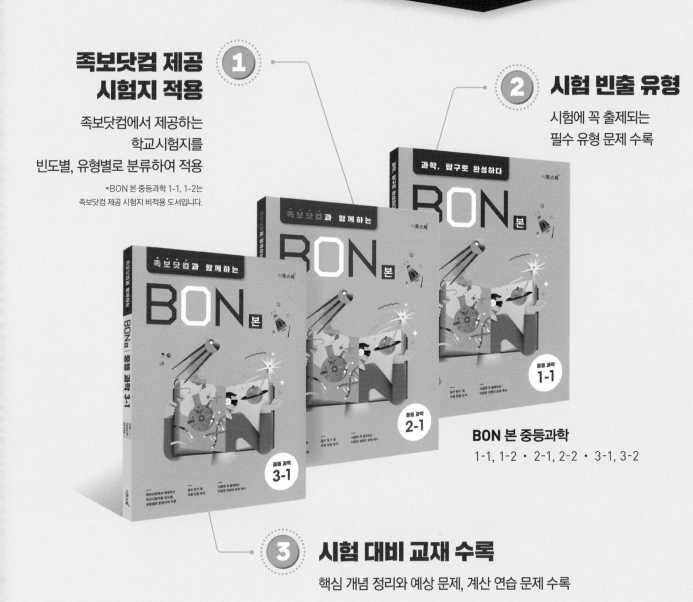